教育部人文社会科学研究青年基金项目资助（项目编号：18YJC790144）

智能经济时代劳动形态演变与就业结构研究

孙晓芳　著

中国财经出版传媒集团
中国财政经济出版社

图书在版编目（CIP）数据

智能经济时代劳动形态演变与就业结构研究／孙晓芳著．——北京：中国财政经济出版社，2023.6

ISBN 978-7-5223-2162-2

Ⅰ.①智… Ⅱ.①孙… Ⅲ.①就业-研究-中国 Ⅳ.①D669.2

中国国家版本馆 CIP 数据核字（2023）第 068089 号

责任编辑：彭　波　　　　　责任印制：刘春年
封面设计：卜建辰　　　　　责任校对：胡永立

中国财政经济出版社 出版

URL：http://www.cfeph.cn
E-mail：cfeph@cfeph.cn

（版权所有　翻印必究）

社址：北京市海淀区阜成路甲 28 号　邮政编码：100142
营销中心电话：010-88191522
天猫网店：中国财政经济出版社旗舰店
网址：https://zgczjjcbs.tmall.com
北京财经印刷厂印刷　各地新华书店经销
成品尺寸：170mm×240mm　16 开　18 印张　270 000 字
2023 年 6 月第 1 版　2023 年 6 月北京第 1 次印刷
定价：78.00 元
ISBN 978-7-5223-2162-2
（图书出现印装问题，本社负责调换，电话：010-88190548）
本社质量投诉电话：010-88190744
打击盗版举报热线：010-88191661　QQ：2242791300

前　　言

社会发展的历史浪潮中，人类自身的进步是关注的焦点。在摆脱繁重劳动的历史进程中，每一次技术革命亦伴随着人类自身的解放。充分的可自由支配时间是人类全面自由发展的基础和前提。

技术革命推动了人类社会的不断进步。机器替代劳动的结果源于技术进步和生产效率的提升，进而带来劳动时间的节约。技术进步引发的机器自动化浪潮对人类劳动的替代，其本质在于自动化提高了生产力水平，进而节约了生产的必要劳动时间，一切必要劳动时间的节约均意味着自由劳动时间的延长。历次工业革命引发的自动化浪潮，其核心在于机器的应用大大提高了物质生产力，实现了对人的手臂的延伸和拓展，从而实现对人类体力和体能的替代，节约了大量的体力劳动。智能机器人的应用，大大提升了精神生产力，实现了对人思维的拓展和延伸，进而实现对人类智力和智能一定程度的替代，节约了大量智能劳动。如果技术应用仅以资本增殖为目的，劳动力市场的替代和挤出效应势不可挡，甚至会造成大量劳动力的瞬间失业。但如果技术应用是以节约劳动、解放人类劳动为目的，技术进步带来的劳动替代顺应趋势和潮流，社会演进即以自然的历史过程呈现。

劳动让生活更美好。充分的可自由支配时间是人类全面自由发展的基础和前提。时间对于人的本质意义分为两部分：工作和闲暇。物质资料的生产是人类生存的必要基础，工作时间的劳动首要用于物质生产，技术进步的意义最先体现于人的体力和体能的解放，技术进步提升物质生产力，从而节约了物质生产过程的必要劳动时间。当人类利用新技术可以在更短的时间内创造出更加充裕的物质产品与财富，就意味着人类通过技术进步获得了更多的自由时间。然而，如果技术的力量仅局限于体力和体能的节约，人类的必要劳动仍将大量存在。新一轮智能革命的意义在于拓展了人类的思维边界，延伸了人类智力和智能劳动的空间，促进和提升了精神生产力，智能机器人的应用，在缩短和节约生产必要劳动时间方面，大大超越了体能机器人，这或许真的意味着奇点时代的来临，因为人类思维的可达性在时空上超越了人类手臂的可达性，智能机器人作为人类智力劳动的助手，有可能将必要劳动时间缩短到极致，智能革命终将成为自由时间获取和自由劳动实现的技术基础。体力与智力是人类创造物质财富和精神财富的主要劳动形态，智能革命促使人类物质文明和精神文明的生产均以自动化形式实现，自动化就意味着效率提升和时间缩短，当投入生产过程的必要劳动时间无限缩减，剩余劳动时间无限延长，人类的自由劳动将全面实现，劳动作为人的本质的内在需求，也将从工作转化为劳动者的闲暇。

多元融合的新型就业结构。伴随着智能经济时代的到来，劳动力市场呈现出新型就业结构特征。第一，就业的职业结构自由多元。机器对人类劳动替代的直接结果就是部分职业的消失，而伴随着智能经济的就业创造也催生了很多新的业态和就业形式，劳动者就业突破了固定场所、固定时间，而且一个人可以从事多种职业、获取多份收入。第二，就业的部门结构呈现融合趋势。产业大融合、人机共存共生带来部门协同、互相带动的发展态势，打破原有就业结构伴随产业演进的一般规律，呈现就业结构的融合发展。第三，就业的区域结构空间极化。智能经济时代区域经济发展的创新活动会集中在区域性中心城市，中心城市的就业汇聚功能会形成区域就业中心。因此，智能经济时代就业的区域结构性矛盾表现为，区域中一线、二线中心城市和周边三线、四线城市的就业差距扩大。第四，就业的技能结构技术极化。智能经济时代对劳动者素质和技能水平要求提高，机器代替的不仅是人类从事的繁重体力劳动，重复性、程序化的脑力劳动也会逐渐被人工智能取代，劳动者需要从事的是更具创新性的智能劳动。

经济政策和公共政策的制度响应。技术变革的发展方向和社会影响，依赖于经济政策和制度。为了人类的全面自由发展和社会公平，政府应该在经济政策激励和公共政策完善方面履行制度建设的重任，引领新一轮技术革命向着实现人民美好生活的方向前进。在考虑智能革命引发的新型就业结构特征与发展趋势的基础上，政策激励和制度建设应该围绕以下几方面开展：协调实体经济与非实体经济融合发展，为实体经济实现可持续发展创造有利环境；夯实互联网大数据等基础设施建设，顺应就业融合发展大趋势；鼓励大众创业、万众创新对就业的带动能力，鼓励和支持灵活就业形式并保障就业安全及劳动者权益；打造更多区域制造中心和区域就业中心，避免就业的空间极化；大力培养创新型人力资本，以工匠精神支撑中国智造。

人工智能始于技术创新，智能经济作为新技术革命的盛宴，在人类发展史上将引发奇点经济的到来，也是人类在历史演进中更加接近自由全面发展的重大跨越。

作者

2023 年 2 月

目录

第1篇 引 言

第1章 研究概述 ……………………………………………………… 3

1.1 选题背景 ……………………………………………………… 3
1.2 研究目的和意义 ……………………………………………… 3
1.3 研究的技术路线和方法 ……………………………………… 4
1.4 框架结构与主要内容 ………………………………………… 6
1.5 观点与创新 …………………………………………………… 8

第2篇 概念界定与文献述评

第2章 文献梳理：思路与框架 ………………………………………… 13

2.1 关键词导入：概念界定 ……………………………………… 13
2.2 新技术背景：人工智能 ……………………………………… 13
2.3 主逻辑贯穿：劳动形态演变 ………………………………… 13
2.4 异质性视角展开：劳动力就业结构 ………………………… 14

第3章 概念界定 ………………………………………………………… 15

3.1 技术 …………………………………………………………… 15
3.2 人工智能 ……………………………………………………… 15
3.3 智能化 ………………………………………………………… 17

3.4 劳动 ·· 18

3.5 劳动形态 ··· 18

第4章 人工智能就业效应理论综述 ··· 20

4.1 替代效应：智能技术减少劳动需求 ································ 20

4.2 创造效应：智能技术增加劳动需求 ································ 21

4.3 综合效应：智能技术的就业效应不确定 ························· 22

4.4 文献述评：智能化的就业效应需分类研究 ····················· 24

第5章 劳动形态演变的学术史梳理 ··· 26

5.1 采猎经济：自然劳动 ·· 26

5.2 农业经济：奴役劳动 ·· 27

5.3 工业经济：异化劳动 ·· 29

5.4 智能经济：自由劳动 ·· 30

5.5 文献述评：人的全面发展是劳动形态演变的归宿 ·········· 32

第6章 劳动力就业结构研究进展 ··· 33

6.1 劳动力职业结构：新技术催生数字化 ···························· 34

6.2 劳动力产业结构：技术影响呈行业异质性 ···················· 35

6.3 劳动力空间结构：技术流加速就业集聚 ························· 36

6.4 劳动力技能结构：技术引发就业极化 ···························· 37

6.5 文献述评：就业结构是异质性研究的有效视角 ············· 38

第3篇 劳动形态演变与智能经济劳动力市场动态均衡理论

第7章 劳动形态演变的理论逻辑 ··· 43

7.1 劳动观的历史变迁 ··· 43

7.2 劳动形态演进的经济结构 ·· 44

7.3 劳动形态演变的发展路径 ·· 48

7.4 劳动形态演变的现实意义 ·· 53
7.5 劳动形态演变的自由归宿 ·· 55
7.6 智能经济时代的劳动形态演变与新型就业结构 ················ 57

第8章 智能经济时代劳动力市场动态均衡框架：技术弹性 ········ 59

8.1 基于就业弹性的劳动力市场动态均衡模型 ······················ 59
8.2 我国劳动力市场动态均衡的弹性测度：基于技术变量 ····· 64
8.3 智能经济时代我国劳动力市场动态均衡趋势 ··················· 67

第4篇 智能经济时代劳动力就业结构实证研究

第9章 自由多元：智能经济时代劳动力市场职业结构调查研究 ······ 71

9.1 第一期问卷调查情况分析 ·· 71
9.2 第二期问卷调查情况分析 ·· 93
9.3 两期问卷对比分析 ·· 115
9.4 智能经济时代人工智能对劳动力市场的双重效应 ············ 126

第10章 智能融合：基于智能化产品需求的制造业就业研究 ······ 129

10.1 智能化技术影响就业的作用机制 ···································· 130
10.2 我国工业智能化现状与行业就业特征 ···························· 135
10.3 基于行业需求的智能制造就业效应检验 ························ 148
10.4 研究结论 ·· 164
10.5 附录：制造业分行业需求价格弹性测算结果（12个行业） ·· 165

第11章 空间集聚：人工智能对我国就业影响的地区差异研究 ······ 168

11.1 理论基础：基于区域异质性的人工智能就业效应 ········· 169
11.2 我国人工智能与地区就业现状 ······································· 177
11.3 人工智能对就业影响的地区差异实证检验 ··················· 188

11.4 我国人工智能与地区高质量就业的政策效应分析 …… 194
11.5 研究结论 …… 198
11.6 太原都市圈案例：基于技术进步的产业集聚与就业演化 …… 199
11.7 本章附录 …… 225

第 12 章 技能极化：智能化与劳动力就业技能结构研究 …… 227

12.1 人工智能对就业技能结构的作用机理 …… 227
12.2 我国劳动力就业技能结构 …… 230
12.3 人工智能对我国就业技能结构影响的实证分析及趋势预测 …… 241
12.4 研究结论 …… 246

第 5 篇　智能经济时代劳动力高质量就业制度保障

第 13 章 政策建议 …… 251

13.1 创建健康有序的数字劳动力市场，拓展灵活就业新空间 …… 251
13.2 加快人工智能与实体经济深度融合，创造高质量就业新岗位 …… 252
13.3 推进劳动力要素有序流动，构建区域协同发展新格局 …… 253
13.4 加大与"智"俱进的职业技能培训，培养大国工匠新人才 …… 254
13.5 构建智能时代和谐劳动关系，共创社会主义美好新生活 …… 255

参考文献 …… 257
后记 …… 275

第1篇

引　言

第1章 研究概述

1.1 选题背景

当学界讨论我国劳动年龄人口比重下降对未来经济有何影响？当百姓尚在热议计划生育政策的调整是否为时已晚？抑或是不甚彻底？困惑于我国失去人口红利后该如何优化劳动力供给时，迎面而来的机器换人浪潮，让我们不得不迅速思考：大量智能机器人的出现和使用，对我国正在经历人口转变之后的劳动力市场又会带来怎样的影响？伴随技术进步而来的智能经济已然将我们催生到一个机器与人共存共生的时代，许多简单或重复性劳动已经开始被机器人替代，大量工人从工厂被挤出来寻找新的职业。中国劳动力市场经历着前所未有的双重机遇与挑战，就业的结构性矛盾日益凸显！

就业乃民生之根本，解决好我国大规模就业问题始终是国家和政府推动经济社会发展的重中之重，也是当前实现更高质量就业和更充分就业这一全面建成小康社会的重要目标。厘清我国劳动力市场供需现状，刻画智能经济时代我国就业结构的演进、变迁与发展趋势，研究新经济时代获取智能红利的同时实现就业结构转型升级的最优路径，为解决我国结构性就业矛盾提供政策依据，是我们关注该选题的初衷和目的。

1.2 研究目的和意义

引入智能技术变量构建劳动力市场动态均衡模型，是本书研究的理论目标。劳动力就业结构问题的本质在于实现劳动力资源有效配置，构建智能经济条件下劳动力市场动态模型，解析智能经济对劳动的替代与创造效应，是劳动力资源配置问题的理论创新。厘清我国在智能经济时代面临的就业结构性矛盾的本质，寻找实现就业结构转型升级的最优路径，是研究我国就业问题的现实目标。就业结构转型升级的政策选择是我国实现充分就业、高质量就业的政策目标。本书的研究最终要为我国劳动力资源的合理有效配置和劳动力充分就业提供理论依据和政策指导。

本书的研究以劳动形态演变为逻辑起点，以经济社会发展阶段为基础，提出劳动的四种演变形态：采猎型劳动、生产型劳动、资本型劳动和创新型劳动，构建基于劳动形态演变的就业结构分析框架；突破现有关于技术进步与就业问题的一般研究范式，创新性地建立了智能经济劳动力市场动态均衡模型，分解技术冲击的就业替代和就业创造效应。智能经济劳动力供求模型有助于丰富和完善劳动力资源配置和就业结构理论，为智能经济时代就业结构问题研究奠定理论基础。研究成果丰富了马克思关于自由劳动和人类全面自由发展的理论内涵，提升了我们对"劳动成为人的第一需要"论断的理解和应用。

劳动力供需现状是导致我国就业结构矛盾的症结所在，人口转变客观决定了劳动力供给的人口基础，人工智能又是新时代劳动力需求的决定因素。本书的研究成果既有助于认清我国劳动力市场结构性就业矛盾的本质，也为实现充分就业、高质量就业提供了有效路径和政策依据，为政府相关部门与机构制定就业政策、企业技能型人力资源开发、职业技能培训以及高校创新型人才培养等都有着非常重要的现实意义和应用价值。

1.3 研究的技术路线和方法

（1）研究的技术路线。

按照"文献梳理——理论构建——实证检验——政策建议"的思路展开，本书以我国劳动力供给的人口基础和技术冲击带来的结构性就业矛盾为出发点，以实现劳动力资源优化配置、就业结构转型升级为目标，在对技术冲击之下劳动形态演变做出界定的基础上，提出创新型自由劳动是智能经济时代主要劳动形态的观点，构建智能经济劳动力市场动态均衡模型，从理论上推演智能技术对劳动的替代和创造效应及作用结果，通过对我国就业结构分类调查研究，深入剖析我国结构性就业矛盾的根本原因，针对研究结论提出实现高质量充分就业的政策建议（见图1-1）。

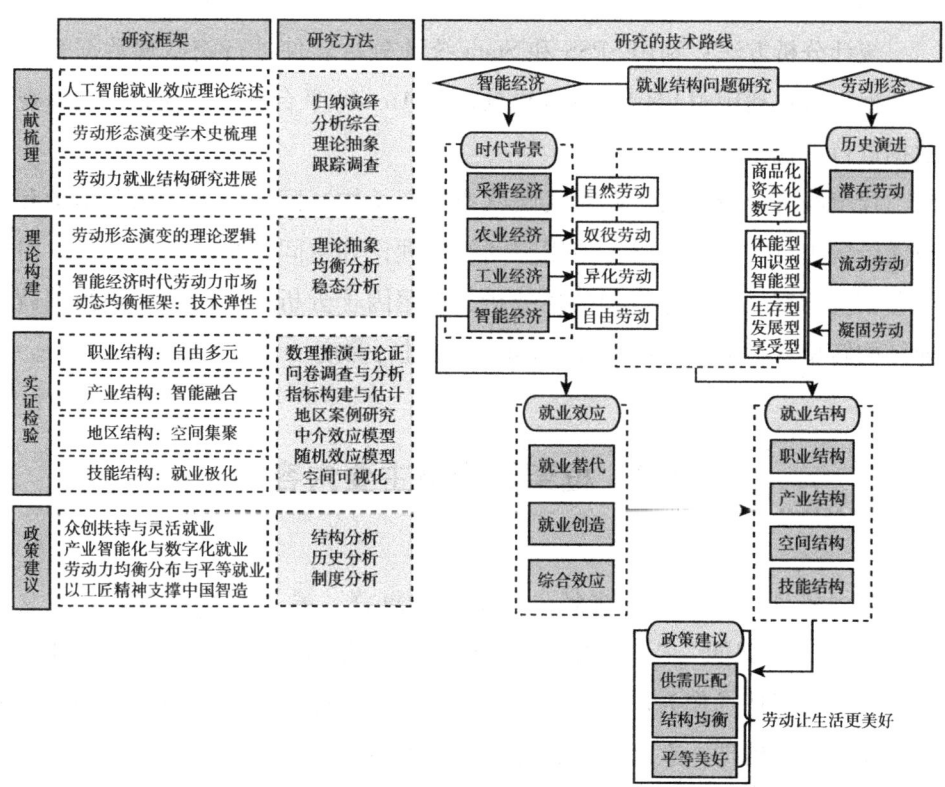

图1-1　本书的研究技术路线和研究方法

（2）研究方法。

劳动经济均衡分析法：通过对劳动力市场的理论抽象，重点考察智能技术作为经济变量对劳动力市场带来的冲击和影响，利用经济数学分析方法将技术冲击带来的就业替代和就业创造效应进行分解，并据此讨论由技术冲击引发的就业综合效应结果，在此基础上论证技术冲击之后劳动力市场的动态调整与均衡。

社会调查法：包括行业跟踪、个案研究、问卷调查等方法。采用部门及区域的跟踪和个案研究法实施对就业部门结构和就业区域结构的研究。选取太原都市圈作为研究对象，研究区域性中心城市的就业极化效应。设计职业调查问卷和技能调查问卷，以网络平台发放和回收问卷，对不同就业群体展开调研，两轮发放并回收有效问卷1500多份，实现对就业结构微观数据的获取。

统计分析方法：利用SPSS和Stata统计分析软件进行宏微观数据管理和数据分析；利用MATLAB计算机软件和ArcGIS平台软件对就业结构微观数据进行可视化分析。

计量经济分析方法：在对我国就业部门结构、区域结构、职业结构和技能结构进行实证分析时，使用空间经济理论和空间计量经济学模型，对就业结构的空间分布进行相关性分析，利用因子分析法，讨论影响我国就业结构转型升级的主要因素并对影响程度进行测度。

1.4　框架结构与主要内容

第一部分：系统梳理文献，奠定基本思路。第3章基于对核心概念"技术""人工智能""智能化""劳动"和"劳动形态"的界定，第4章选取人工智能技术作为切入点，对国内外人工智能影响劳动力就业的相关研究做了系统梳理，重点关注智能化的就业替代和就业创造双重效应，指出新技术就业效应研究需要讨论异质性，才能对我国劳动力就业问题做出有效评价。第5章以"劳动形态"作为逻辑线索，通过对劳动形态演进展开学术史梳理，旨在厘清"劳动的意义在于人的全面自由发展，劳动终将成为人的第一需要而演变为自由劳动"，该结论成为本书理论部分框架构建的重要思想。第6章紧密结合中国特色社会主义劳动力市场特征，对我国劳动力就业的职业结构、产业结构、空间结构和技能结构等相关研究进行梳理，明晰了研究我国劳动力市场的四个关键视角，奠定了实证部分研究的基本框架。

第二部分：科学推演分析，构建理论框架。第7章首先以人类社会演进阶段为研究起点，归纳总结劳动形态演变的历史阶段和意义，研究以采猎经济、农业经济、工业经济和智能经济等经济发展形态为基础，以技术变迁为视角，将不同历史阶段的劳动形态依次界定为自然劳动、奴役劳动、异化劳动和自由劳动，并论证各经济发展阶段劳动形态的本质特征与表现形式。研究认为理清智能经济时代机器与人的关系和相互作用，应以人类劳动的本质为出发点；人工智能势必将劳动力从程序化、重复性的劳动中解放出来，提出自由劳动将成为智能经济的主要劳动形态。在第8章中，将人工智能作为生产的技术变量，构建智能经济劳动力市场动态均衡模型，理论上推演智能经济的技术冲击对劳动的替代与创造效应。研究指出人工智能对劳动力市场带来的双重影响并非劳动数量的简单替代与互补，劳动形态的转化与升级是新型就业结构的基础和目标。

第三部分：深度跟踪市场，论证核心结论。实证部分对我国智能经济时代劳动力就业的职业结构、产业结构、空间结构和技能结构分别展开研究，据此判断我国就业结构的短期调整并对长期发展趋势进行预测。第9章通过设计并实施"人工智能与就业系列调查"问卷，展开"智能经济背景下我国就业结构变迁"的调查与研究，选取不同年龄、不同岗位、不同薪酬等级、不同就业性质的人群作为调查对象，收集关于灵活就业方式、新型就业模式、新型劳动关系等方面的微观数据资料，解析自由多元的职业结构在充分就业、高质量就业方面的贡献以及可能存在的一些劳动者权益保障等问题。第10章对就业的产业结构进行论证，以产业融合、智能制造等经济热点为背景，选取制造业进行研究，结合行业产品需求的特征，研究智能经济时代就业的部门融合化趋势和特点，阐明新时代就业人口不仅要求具备专业技能，还需要具备综合智能智慧和数字素养。第11章则是对我国就业的空间极化现象展开实证和案例研究，在对发达地区和欠发达地区分类检验智能化就业效应的区域异质性基础上，选取太原都市圈作为地区样本，结合产业结构、技术创新等指标，对就业空间分布特征与趋势做可视化分析，研究就业空间极化的影响因素，为经济发展水平较低、就业吸纳能力相对较弱的三线、四线城市解决就业难题提供对策依据。第12章则围绕就业技能结构展开，分析智能技术对不同岗位技能的替代差异，以及与此同时不同技能岗位对创新型人才的争夺效应，阐明在创新型劳动制胜的智能经济时代，具有高创造性人力资本的人才对经济发展意义重大。

第四部分：研判制度建设，提出政策建议。本部分就智能经济时代我国就业结构转型升级的政策选择展开研究，主要围绕以下几方面：鼓励大众创业、万众创新对就业的带动能力，支持灵活就业形式并保障就业安全及劳动者权益；协调实体经济与非实体经济融合发展，为互联网平台就业实现可持续发展创造有利环境；打造更多区域制造中心和区域就业中心，避免就业的空间极化；大力培养创造型人力资本，以工匠精神支撑中国智造。

1.5 观点与创新

从技术变迁的角度对劳动形态演变的历史逻辑进行理论分析，挖掘机器换人现象的本质。智能经济作为技术进步的表现形式，仍然发挥着推动生产力、解放人类劳动的历史使命，这是实现人类自由全面发展的必然前提。探讨我国新经济背景下就业结构变迁的内在逻辑，对劳动形态的界定和创新型自由劳动的提出，是本书研究智能经济就业结构问题的研究前提和逻辑起点。

智能经济劳动力市场动态均衡模型的建立是研究的理论基础。智能技术作为新的经济变量，对劳动力市场的冲击和影响与以往的技术变量有本质不同。现有研究尚未涉及智能经济劳动力动态均衡模型，本书以新古典学派与凯恩斯学派短期动态分析的微观经济学基础模型：劳动力市场调整模型为基础，引入智能技术变量，从理论上推演人工智能对劳动的替代和创造效应，科学分析和论证智能经济对劳动力市场的需求冲击。

智能经济时代我国就业结构变迁的研究，是深入剖析新经济时代我国结构性就业矛盾症结所在的重点内容。通过问卷调查、行业跟踪、案例研究等方法与手段，展开我国智能经济时代就业结构问题研究，基于新经济新业态、就业技能错配、就业空间极化、就业部门融合等现象，探究我国劳动力市场就业结构的短期调整与长期趋势，这是研究的现实意义与应用价值。

第 2 篇

概念界定与文献述评

第 2 章　文献梳理：思路与框架

2.1　关键词导入：概念界定

人工智能作为第四次工业革命的关键技术，引发各行业智能化应用和深刻变革，明确"技术""人工智能"和"智能化"的概念内涵，是本书研究的基本起点；"劳动"及"劳动形态"演变的内涵界定，是本书研究的核心概念。

2.2　新技术背景：人工智能

本书关注智能经济的时代背景，以人工智能为代表的技术变迁是本书研究的切入点。梳理现有文献和研究成果，需要将视野进行纵向拓展，以技术为线索梳理历次工业革命引发的技术进步对劳动力市场的冲击和影响，总结技术影响就业的一般规律，分析推断人工智能技术对劳动力市场的颠覆性作用，对深刻挖掘智能化背景下劳动力市场的就业问题有着重要的现实意义。

2.3　主逻辑贯穿：劳动形态演变

本书聚焦劳动及劳动形态变迁之于人类历史发展的重要意义，以劳动形态演变的历史逻辑贯穿。研究认为，伴随着劳动的形态变迁，人类社会不断进步、制度建设不断完善，人类终将实现自由全面发展。梳理劳动形态演变的相关研究，并在此基础上探索智能化应用的影响，对于认识未来劳动力市场就业问题的本质逻辑和发展趋势有着重要的理论价值。

2.4 异质性视角展开：劳动力就业结构

本书研究的关键在于劳动力就业结构问题，基于中国特色社会主义劳动力市场的发展历程，就业结构研究呈现出多元异质性的特征。现有文献分别从不同角度展开研究，从不同侧面反映劳动力市场面临的问题，据此我们将已有研究按照技能结构、产业结构、空间结构、职业结构和年龄结构五个方面展开相关成果梳理。

关于概念界定与文献述评的思路与框架，见图2-1。

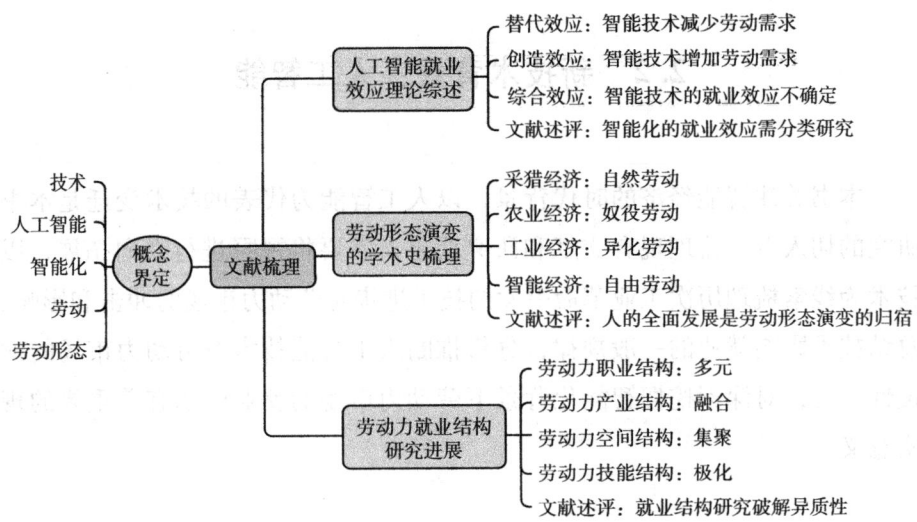

图2-1 概念界定与文献述评的思路与框架

第3章 概念界定

3.1 技　　术

就狭义而言，技术是指人类在某一领域为了满足需求和欲望，根据长期的生产实践经验发展形成的生产技能、技巧、工艺操作方法、物质装备和系统知识等。技术的发展水平衡量了一个阶段社会的生产力水平。就广义而言，技术是指人类认识自然、征服自然和改造自然的方法和原理，可以用劳动的三大要素即劳动者、劳动工具、劳动对象来概括，但技术并非三者的简单叠加，而是三者的相互渗透、相互联系、相互促进及综合作用的体现，具体可以表现为多层次与多要素的硬技术与软技术的复杂体系。硬技术是物质形态的技术，其核心是劳动工具；软技术是知识形态的技术，其中软技术起主导作用。[①] 硬技术和软技术的有机结合共同促进社会的生产力发展。

3.2 人工智能

人工智能简称 AI，简单理解就是通过计算机实现人脑的功能。作为计算机学科的分支，人工智能综合了计算机科学、语言学、数学等多个学科，是一门前沿交叉性学科。在《人工智能——一种现代方法》中，人工智能的定义分为四个层次，即像人一样的思考、像人一样的行动、理性的思考

---

① 唐怀坤，于萍萍等．技术经济演进模式．中国工信出版集团，2022：12．

和理性的行动。《人工智能标准化白皮书》指出，人工智能将拓展延伸人的智能，通过使用数字计算机系统提升人们获取和使用知识的能力[①]。人工智能可以分为弱人工智能和强人工智能。弱人工智能又被称为专用人工智能，"弱"表现为机器不具备独立解决问题和进行严密推理的能力；强人工智能则是指机器具有一定的自我意识，具备自主学习技能。目前，人工智能技术的研究和应用主要集中于弱人工智能领域。

人工智能的发展经历多次繁荣期与低谷期，发展历程如表3-1所示。1956~1976年为第一次繁荣期，达特茅斯会议确定了人工智能的基本内涵和发展目标；1976~1982年为第一次低谷期，由于运算能力不足、计算复杂度较高、常识与推理实现难度较大等因素遭受质疑；1982~1987年为第二次繁荣期，第五代计算机的发展带来人工智能数据处理能力的大幅提高；1987~1997年为第二次低谷期，受计算机处理能力的制约，抽象推理和基于符号处理的模型受到质疑；1997~2010年为复苏期，互联网技术的普及和计算性能的提升为人工智能的发展带来新的机遇；2010年至今为快速发展期，数据处理、算法、高性能计算等能力的提升为人工智能的迅速发展提供了重要技术支持。

表3-1　　　　　　　　　　人工智能发展历程

时间	发展阶段	标志性事件
1956~1976年	第一次繁荣期	人工智能概念界定与发展目标
1976~1982年	第一次低谷期	因技术原因遭受质疑
1982~1987年	第二次繁荣期	计算机新技术的应用提高了数据处理能力
1987~1997年	第二次低谷期	因计算机技术处理能力遭到质疑
1997~2010年	复苏期	互联网技术的普及促进人工智能的发展
2010年至今	快速发展期	计算能力的提升推动人工智能快速发展

人工智能属于技术要素范畴，它被视作一种新形式的技术进步，智能化为其典型特征，这一技术的应用将催生出大数据、智能生产等新兴产业。与以往技术革命相同，人工智能技术会对就业产生替代效应，同时又将创

---

① 中国电子技术标准化研究院. 人工智能标准化白皮书. 2018年1月.

造出众多新的岗位。与此同时,智能化技术不仅替代人的体力,还将替代人的脑力,其指数级的发展速度对就业的影响程度将超过以往科学技术变革,对劳动力市场的影响尤为深远。

3.3 智能化

1950年,享有"计算机科学与人工智能之父"的数学家图灵预测了产生智能机器人的可能性。此后智能化即被解释为借助计算机技术模拟人类大脑进行分析和决策的行为,认为智能化是长时间的、持续地走向自动化的过程,技术成熟度、信息连接性、流程组织以及人力支撑是智能化发展的决定因素(Kusiak, 1990; Korinek & Stiglitz, 2017; De Carolis, 2017)。20世纪90年代我国开始智能化相关研究,把智能化视为人类为实现某一目标而将其认知、思维和行动等相关能力作用于相应载体的高效运行机制,数字化和网络化是实现智能化的必要条件(李廉水等, 2019; 韩会朝等, 2020)。

随着世界各国制造业转型升级的加速发展,智能化不断被赋予新的内涵。"工业4.0"以及"工业互联网"理论的提出与不断完善赋予智能化更加丰富和具体的含义,提出智能化将传感、检测、管理和过程优化技术与工业生产过程相融合,实现工业生产与智能化技术有机结合。在中国工业信息化发展进程中,智能化应用于产品全生命周期,从而在设计研发、产品制造、技术服务等各阶段实现流程优化与效益提高。

本书借鉴贾根良(2016)对智能化的概念界定,认为智能化是指通过开发人的智力资本,创造开发智能工具(智能计算机、智能机器人等)、智能软件系统、智能材料和各类智能基础设施(智能电网和智能交通等),以智能系统与分散式增强型控制系统有机结合对传统产业体系进行改造升级的高端化发展过程。根据智能化的基本内涵,学者们提出评价智能化发展水平的指标(体系):一类为单一指标,包括各行业工业机器人使用量、机器人的密度、工业机器人进口额等(Kromann, 2020; 吕越等, 2020; 韩民春等，2020）；另一类为智能化指标体系，包括以软件普及和应用情况、智能化设备投入情况、信息资源采集能力为子指标的指标体系和以企业智能化改造采购的计算机、自动数据处理、集成电路、智能设备规模等子指标的指标体系（孙早等，2019；韩会朝等，2020）。

3.4 劳　　动

马克思指出劳动作为使用价值的创造者，作为有用劳动，是不以一切社会形式为转移的人类生存条件，是人和自然之间的物质变换即人类生活得以实现的永恒的自然必然性。劳动过程包含三个要素：有目的的活动或劳动本身，劳动对象和劳动资料。其中，劳动资料是劳动者置于自己和劳动对象之间，用来影响和改变劳动对象的物或物的综合体。"劳动者利用物的机械的、物理的和化学的属性，以便把这些物当作发挥力量的手段，依照自己的目的作用于其他的物。"① 所以劳动资料亦称劳动手段，在劳动手段中起关键性作用的是衡量一个阶段生产力发展水平的生产工具、科学技术等。马克思又进一步作出解释，在劳动过程中，人的活动借助劳动资料使劳动对象发生预定的变化。劳动与劳动对象结合在一起，劳动物化了，而对象被加工了。"在劳动者方面曾以动的形式表现出来的东西，现在在产品方面作为静的属性，以存在的形式表现出来。例如劳动者纺纱，产品就是纺成品"。②

3.5 劳动形态

马克思将劳动形态划分为潜在的劳动、流动的劳动和凝固的劳动三种形态。

---

① 马克思．资本论第1卷．人民出版社，2002：203.
② 马克思．资本论第1卷．人民出版社，2002：205.

潜在的劳动形态即劳动力，是劳动者从事劳动的前提和基础。马克思在《资本论》第一卷中阐述劳动者将劳动力出卖给资本家的原因时，写道："雇佣劳动者为什么要做这种交易呢？因为他拥有的只是自己的劳动力，即潜在状态的劳动。而使这种潜在状态具体化所必需的一切外在条件，有效地进行劳动所必需的原料和工具，维持劳动力并把劳动力转化为生产运动所必不可少的生活资料的支配权，所有这一切都处在另一方的手中"①。

流动的劳动形态即劳动过程，是劳动者在物质资料生产过程中对劳动力的消耗，也是价值创造和价值增值的过程，马克思称其为活劳动。对于劳动，"为了要使它能够成为一种尺度，就必须按照它的时间或强度来确定，不然它就不成其为尺度了"②。因此，"流动劳动有一个可以方便把握的量是劳动者实际耗费的劳动时间"。③马克思进一步指出，每个生产者在生活资料中得到的份额是由他的劳动时间决定的……劳动时间又是计量生产者个人在共同劳动中所占份额尺度，因而也是计量生产者个人的在共同产品的个人消费部分中所占份额的尺度。④

凝固的劳动形态即劳动结果，是劳动者通过劳动过程消耗一定劳动力生产出来的物质产品，其间不仅转移了生产资料的价值，而且包含着新创造的价值，马克思称其为物化劳动。凝固形态的劳动，表现为一定的劳动成果，反映了人类劳动力对社会作出的实际贡献。劳动成果不仅取决于活劳动消耗量，也取决于生产工具、技术技艺和其他生产资料的数量质量，以及自然条件、交通条件等客观因素的影响。"劳动过程中，劳动不断由动的形式转变为存在形式，由运动形式转为物质形式"⑤ "处于流动状态的人类劳动力形成价值，但本身不是价值。它在凝固的状态中，在物化的形式上才成为价值。"⑥

---

① 马克思. 资本论第1卷（法文版）. 人民出版社，2002：205.
② 马克思恩格斯选集第3卷. 人民出版社，1972：11.
③ 颉嘉乐. 论劳动形态. 中国劳动科学，1986（11）：14-16.
④ 马克思. 资本论第1卷. 人民出版社，1975：95-96.
⑤ 马克思恩格斯全集第23卷第214页。
⑥ 马克思恩格斯全集第23卷第65页。

第4章 人工智能就业效应理论综述

4.1 替代效应：智能技术减少劳动需求

关于技术进步的就业替代效应研究。工业化初期，机器的应用对手工劳动造成很大冲击，造成很多雇佣工人下岗失业，第二次工业革命中机器大规模替代工人劳动后，普遍认为技术进步对就业影响的破坏效应更大。马克思（1867）指出，资本有机构成的提高是造成失业的根本原因，揭示了资本家为了最大限度地榨取剩余价值，不断提高资本的有机构成，从而形成"机器排挤工人"现象的本质。熊彼特（1912）结合创新理论和经济周期理论，对技术性失业进行阐述，提出了创造性破坏理论，他认为在技术创新结束阶段经济将出现衰退，进而会产生技术性失业和结构性失业等问题。Perez（1985）结合熊彼特创新理论提出"技术—经济"范式，认为当社会未适应新的技术—经济范式时，技术进步会在社会的萧条期对就业产生负向影响。Aghion 和 Howit（1998）将劳动力市场搜寻理论与熊皮特的创造性破坏理论相结合，认为技术进步使职业生命周期变短而导致失业增加，同时也降低了投资回报，抑制了增加新的就业机会的可能性，使失业进一步加剧。Mortensen 和 Pissarides（1998）基于对 Aghion 和 Howit 模型的改进，得出当企业更新原有职位的成本大于采用新技术的成本时，企业将选择采用新技术，从而使就业减少。姚战琪和夏杰长（2005）基于资本深化过程分析技术进步对就业的影响，并通过构建省级截面数据证实技术进步会降低就业水平。肖六亿（2007）根据索罗余值法测算出技术进步对就业的总效应是负向的，会造成就业量的减少。张华初（2008）在钱纳里经济增长模型基础上构建结构分解模型（SDA），发现技术进步对就业存在很强的破坏效应。赵利、王振兴（2010）利用误差修正模型得出技术进步对就业具有替代效应的实证结论。陈心颖（2014）使用1997~2012年我国工业企业分行业的有关数据，通过 VAR 模型进行实证分析，结果表明短期技术进步对工业就业总量具有显著负向影响。王君和杨威（2017）认为技术促使资本替代劳动主要基于提高劳动生产率、缩短产品迭代周期、提高资本有机构成。

关于人工智能技术的就业替代效应研究。Sachs（2015）提出短期内人工智能技术应用带来的生产率的提高会降低对劳动的需求。Frey 和 Osborne（2017）对美国702种职业进行研究，发现47%的岗位存在被计算机替代的风险。Acemoglu 和 Restrepo（2017）基于美国1990~2007年的数据，实证分析了人工智能对劳动力的影响，研究结果认为，每千人增加一台机器人，就业人口比例将下降0.18%~0.34%。蒋南平和邹宇（2018）印证了马克思提出的"机器排挤工人"理论的现实性。孟园园和陈进（2019）运用我国31个省区市2009~2017年的面板数据进行分析，认为短期内人工智能技术与就业呈负相关关系。蔡啸和黄旭美（2019）认为我国人工智能技术的使用显著降低了制造业的劳动力占比，抑制了制造业就业。闫雪凌（2020）在实证研究中发现工业机器人保有量每增加1%，就业岗位将下降大约4.6%，认为智能化对就业存在负向冲击。

4.2　创造效应：智能技术增加劳动需求

关于技术进步的就业创造效应研究。古典经济学认为技术进步会促进就业，这与当时技术发展水平有直接关系。技术进步促进劳动生产率的快速提高，创造出新的就业岗位，加之当时新的技术并未对传统就业产生明显冲击，故古典经济学家围绕技术进步对就业的创造效应展开了大量研究。亚当·斯密（1776）提出技术进步产生大量新机器，会催生新的职业，带来新的就业岗位，从而促进就业。马克思（1867）认为，随着社会分工的发展与演进，长期技术进步将推动上下游产业发展衍生出新的产业部门，提供更多的就业机会，从而促进就业。Mortensen（1998）、Erikson（1997）和 Trehan（2003）都认同技术进步对就业具有促进作用，虽然技术会冲击对传统劳动力的需求，但技术进步会通过增加新的就业需求补偿冲击带来的就业损失。Erikson 和 Clas（1997）通过对各国技术进步与就业关系的分析发现，在短期内，技术进步会产生摩擦性失业，但这一效应并未在长期中体现。Carnoy（1997）认为国家层面的技术进步会产生就业创造效应。Del Rio（2001）指出，技术进步使资本的使用成本增加，引起劳动替代资本，这便会减少失业率。朱翠华和李建民（2012）通过实证测算发现，技术进步对就业的创造效应大于技术进步对就业的冲击效应，因此，技术进步对就业的总效应是正向的，从而促进就业水平的提高。王光栋和姜振波（2014）通过构造扩展的柯布—道格拉斯函数实证分析金融发展、技术进步对就业的影响，验证了技术进步将显著增加就业。

关于人工智能技术的就业创造效应研究。Gorle 和 Clive（2013）分析了 2000~2008 年美国制造业人工智能对就业的影响，研究结果表明，人工智能会增加制造业细分行业的就业，并且表示在全球范围内，仅工业机器人的应用直接创造了 17 万~19 万个工作岗位。Hoedemakers（2017）运用 OECD 中 15 个国家的数据，发现人工智能技术对就业有温和的正向作用。王君（2017）认为人工智能催生的新业态可以创造就业，从而补偿人工智能造成的失业。程承坪（2018）认为人工智能对就业的影响是螺旋式上升的，发展人工智能及人工智能配套基础设施会创造大量的就业岗位。

4.3 综合效应：智能技术的就业效应不确定

国外关于技术进步的就业综合效应研究。大卫·李嘉图（1817）认为，技术进步对就业具有两个方面作用：一是机器设备的投入提高了劳动生产率，会使一部分人失去工作；二是机器设备的使用扩大了生产规模，工人会获得新的工作机会。因此，技术进步对就业的创造效应与破坏效应同时存在，而综合效应具有不确定性。Mortensen 和 Pissarides（1998）以执行成本来判断技术进步对就业的综合效应，执行成本高意味着企业执行技术提升的费用超过带来的收益，企业放弃技术改进，技术进步带来的创造效应大于破坏效应，表现为创造就业；如果执行成本相对较低，意味着企业执行技术增加收益大于成本，企业较易进行技术改进，技术进步对就业的创造效应小于破坏效应，表现为抑制就业。Eriksson（1997）认为技术进步对就业的影响是不确定的，在短期内造成就业机会减少，但是长远来看不会对就业市场造成破坏。Kristina（2017）深入分析了技术进步对就业的影响，指出技术进步对就业替代效应和创造效应是同时存在的，并且分别对替代效应和创造效应进行测算，但结果显示技术进步对就业的总效应是不确定的，在不同行业中的表现会有所不同的。

国内关于技术进步的就业综合效应研究。余源源（2008）通过 VAR 模型测算结果发现，发现短期内技术进步的收缩效应明显对就业产生破坏作用，在长期内扩大效应明显促进就业。齐建国（2002）测算了 1978~1999 年技术进步与就业关系，认为技术进步与就业关系复杂，经济处于量的扩展阶段呈现出促进作用，经济处在质的提高阶段则呈现负向作用。叶仁荪等（2008）根据技术进步的应用对象将技术进步分为教育导向型、科学导向型、技术导向型三种情况，通过实证分析得出教育导向型与科学导向型均对就业有促进作用，而技术导向型对就业有挤出作用。王光栋等（2008）从发达与欠发达两个区域对比分析技术进步对就业的影响，发现发达地区技术进步会促进就业，而欠发达地区却会冲击就业。冯其云（2015）认为技术进步的空间溢出效应促进了周边地区的就业，同时抑制了本地就业。王君和张于喆（2017）则是从技术进步的导入期、拓展期和衰退期三个阶段分析技术进步对就业的影响，认为导入期核心产业规模有限导致失业，拓展期产业扩散效应促进就业，而在衰退期作用则有限。

关于人工智能对就业的综合效应研究。David（2016）指出人工智能一方面会造成部分劳动力失业，另一方面会增加对劳动力的需求，其对就业的影响是无法确定的。Dauth（2017）也认为，人工智能的应用对就业的影响是无法确定的，他通过分析 1994~2014 年德国 IFR 数据，发现人工智能的应用在降低制造业劳动力需求的同时也增加了服务业对劳动力需求。

Graetz 和 Michaels（2015）同样利用 IFR 数据，研究 1993~2007 年 17 个国家人工智能应用对就业产生的影响，实证结果证实人工智能的应用并不会显著影响就业。在国内研究成果中，邓洲（2016）认为工业机器人的应用对劳动力市场会产生三种影响：替代、填补和创造，即工业机器人会填补由于劳动力无法胜任或不愿从事的劳动岗位，并创造出新的劳动岗位，因而工业机器人对劳动力市场的影响结果是不确定的。吕洁（2017）分别研究了人工智能对低技能劳动者和中、高技能劳动者的影响，发现低技能劳动者会被加速替代，而中、高技能劳动者则出现需求增加的情况。杜传文等（2018）的实证分析结果发现，工业机器人的应用使高技能劳动者与低技能劳动者形成被需求和被替代的互补关系。

4.4 文献述评：智能化的就业效应需分类研究

综上所述，以人工智能、数字化为核心的技术进步究竟使失业问题加剧还是创造更多就业机会？已有研究成果并未达成一致认识。有部分学者认为，技术性失业集中表现为机器对人的替代，在人工智能技术快速发展和应用的前提下，劳动力节约的速度超过了为劳动力寻找新用途的速度，失业因此产生。机器智能化带来更高的工作效率、更低的经营成本，生产的稳定性也将更强，从某种程度上缓解了企业面临的"招工难"问题，以机器的"替代"效应降低用工依赖。另有学者则表示技术进步促进创新的同时还可以增加就业机会，技术创新并不会造成工作岗位短缺，而是将劳动力从现有的工作岗位转移到更多新的工作岗位上。技术创新的终极目标不是消灭岗位，而是为创造更多拥有更高技能岗位的新企业做出贡献，尽管这些企业需要的员工数量可能更少，但这类创新创业型的企业数量将会更多。技术进步仅在短期内可能会导致摩擦性失业水平上升，但在长期内不会产生对劳动力的挤出效应。

无论是就业替代还是就业创造，两种观点都认可技术正在对大量人类劳动产生深刻影响，人工智能替换出来的大量蓝领和白领劳动力面临的技术性失业成为全新的问题。知识经济向智能经济转变引发的结构性就业问题成为迫切需要关注的问题。现有研究从行业整体情况或宏观技术进步讨论就业问题，缺乏针对部门、地区、职业和技能结构的细化深入研究，也未涉及技术对劳动替代和互补效应的综合分析，现实是两种效应均客观存在。要科学测度和预测智能化发展对我国就业结构的影响，必须综合分析两种效应。本书正是基于这一现实问题，通过构建劳动力动态均衡模型，从理论上阐明智能技术的就业综合效应，研究既是对已有研究的继承和综合，也是对就业结构和劳动力市场理论的丰富和完善。

第 5 章　劳动形态演变的学术史梳理

基于技术的发展历程，本书将人类社会经济发展划分为采集渔猎经济（简称采猎经济）、农业经济、工业经济、智能经济。在不同的技术经济发展阶段，劳动形态具有不同特征。伴随技术经济演进，人类的劳动形态也在发生变化。

5.1　采猎经济：自然劳动

人类的原始状态即所谓石器时代。石器时代先后经历旧石器时代和新石器时代，分别以使用打制石器和磨制石器为特征。马克思指出，一般说来，劳动过程只要稍有一点发展，就需要经过加工的劳动资料。在太古人的洞穴中，我们发现石制工具和石制武器。在人类历史的初期，除了经过加工的石块、木头、骨头和贝壳外，被驯服的，也就是被劳动改变的、被饲养的动物，也曾作为劳动资料起着主要的作用[1]。

恩格斯指出：在进入文明时代即阶级社会之前，先前的一切社会发展阶段上的生产在本质上是共同的生产，消费也是在较大或较小的共产制共同体内部直接分配产品。生产的这种共同性是在极狭小的范围内实现的，但是它随身带来的是生产者对自己的生产过程和产品的支配。[2] 人类生活在生存的边缘，没有剩余产品。在经济自然状况的约束下，他们受制于丰年和饥年的循环、猎物的迁徙和狩猎的运气。在饥荒年份，只有最健壮的人

---

[1] 马克思. 资本论第一卷. 北京：人民出版社，2002：204.
[2] 马克思恩格斯文集，第 4 卷 [M]. 北京：人民出版社，2009：193.

存活下来，如果饥荒持续，部落会灭绝或迁徙。① 在女子采集植物、男子狩猎的以纯生理基础上产生的自然分工过程中，人类掌握了一些农作物的生产规律，收集野生种子并最终开始撒播耕种促进早期农业的形成；在狩猎动物进行圈养驯化中促进了早期畜牧业的形成。在氏族公社的每个村庄总有个别人或一些人因智慧、力量、勇气或其他领导素质而拥有特殊地位，但并未出现特权阶层或闲暇阶层。在技术和资源的双重支配下，每个人都必须工作。② 农业和畜牧业的分工是第一次人类社会大分工，并推动了农业村落的定居，氏族公社村庄的定居开始出现了更合理的原始手工业分工。生产力的发展使"人的劳动力能够提供大大超过维持生产者生存所需"③，剩余产品的出现为私有制和阶级、统治和奴役关系的产生创造了必要的前提。

在采集和渔猎经济时代，原始劳动形态单一、空洞、无力。劳动是建立在自然本能基础上的，手的独立、天然工具的使用，使人类突破了动物的自然局限，扩展了采猎的对象和范围。人类主要是向大自然索取动植物，土地是赖以生存的最根本的生产要素。在人类劳动经验的基础上，掌握了最早的技术：制造石器、钻木取火、渔猎技术、植物驯化、动物驯养、建造原始的房子等。但劳动的功能仍然只是满足社会的最基本的物质需求，除了单纯以消费为目的生产以外，不肩负任何的文化使命。④ 人类只是简单地适应自然、从属于自然。

5.2 农业经济：奴役劳动

随着人类掌握更多的农业技能，农业生产效率提高，粮食产量增加，

---

① 【美】龙多·卡梅伦，拉里·尼尔. 世界经济简史（第四版）. 上海译文出版社，2012：23.
② 龙多·卡梅伦，拉里·尼尔. 世界经济简史（第四版）. 上海译文出版社，2012：24.
③ 马克思恩格斯文集，第4卷［M］. 北京：人民出版社，2009：195.
④ 人类劳动形态与功能的三次大变迁——关于劳动演化史的研究. 山西大学学报（哲学社会科学版），2009（6）：29-34.

剩余产品出现。陶艺和冶金术等新工艺的进化,带来了更加复杂的劳动分工和经济组织体系,产生了纺织工、陶艺工、金属冶炼和其他工艺的全职工匠,出现了建筑师、工程师、药剂师和其他职业。生产力的发展促成了第二次人类劳动分工:手工业从农牧业中分离出来。商业和金融贸易的发展推动了市场网络集市的出现,之后进一步形成了城市、诞生了国家。随着农业人口的增长,许多农民迁移到城市中心,从事商业和手工业等新的职业,乡村为城市提供剩余劳动力,而城市的发展为农产品提供了更广阔的消费市场,城市和农村互动联系紧密。在更大区域范围内贸易的增长推动了地区的专业化和劳动分工,推动了手工业的进一步发展。

在农业经济时代,公有制财产转向私有制财产和国家的成立,社会结构表现为等级制度——统治阶级和被统治阶级,整个社会劳动分为体力劳动和脑力劳动。由农民和工匠组成的大批被驯服的民众从事体力劳动,他们不仅要生产出维持自己和家庭生存所必需的物质资料,还要向统治阶级和国家纳贡和服徭役。统治阶级充当管理和监督职责——指挥排水、灌溉和一般农活,监督贡金和税金的缴纳,过上脱离劳动的、人对人的剥削生活。劳动失去了采集和渔猎经济时代的自然性,变成了一种被强制性的奴隶劳动、徭役劳动。有闲阶级即统治阶级认为"世上有些人天赋有自由的本性,另一些人则自然地成为奴隶,对于后者,奴役既属有益,而且是正当的"。① 生产劳动俨然成为屈服与贫困的标签,"它同在社会上取得崇高地位这一点就冰炭不容了"。②

在农业经济时代,劳动从采集和渔猎经济时代的自发劳动转变为自觉劳动,人类对物质世界有了新的认识态度,开始对大自然进行探索、思考,认为宇宙不再神秘莫测,人类可以利用自然、改造自然。原始科学的诞生,技术和技艺的发展如星盘和罗盘的广泛应用,航海技术和船舶技术的重大进展,活字印刷术的伟大发明,水磨机械在磨坊、造纸、漂布、锯木材等多行业手工作坊的大范围推广,使人类能够借助于更高级的劳动资料并通

---

① 亚里士多德. 政治学 [M]. 吴寿彭, 译. 北京: 商务印书馆, 2011: 16.
② 凡勃伦. 有闲阶级论 [M]. 蔡受百, 译. 北京: 商务印书馆, 1964: 33.

过自身活动对物质运动进行一定的调动、调整和控制。人类发明了数学，诞生了原始的科学、哲学思想、宗教思想、绘画艺术、建筑艺术等，不同于采猎经济占有物品的劳动阶段，农业经济时代流动的劳动形态表现出创造物品的劳动特征。①"生产劳动是人作为自觉创造者来主导并同时由人作为体力耗费者来推动的劳动类型。作为人的自觉创造过程，生产劳动表明人对自然的统治；作为人的体力耗费过程，生产劳动表明人仍然服从自然必然性"。②但是，奴隶社会和封建社会的生产关系和上层建筑从根本上压制和束缚了劳动创新。③

5.3 工业经济：异化劳动

19世纪60年代后期，新技术、新发明如雨后春笋般不断涌现，发电机、内燃机、电话电报、电车、蓄电池、留声机、电影、汽油发动机等相继发明问世，颠覆式地改变了人类的生活和工作条件，人类进入电气时代，与第一次工业革命相比，在第二次工业革命期间，自然科学和技术在推动工业生产力方面发挥了更为重要的作用。马克思指出，现代工业的技术基础是革命的，通过机器、化学过程和其他方法，不断地把大量资本从一个生产部门投到另一个生产部门，不断地使社会内部的分工发生革命，使工人的职能和劳动过程的社会结合不断地随着生产的技术基础发生变革。第一、第二次工业革命使一大批农民失去了土地，一大批纺织工人失去了工作，一大批夕阳企业倒闭。但是，工业革命又创造出一大批新的行业和工作机会，例如，1840年产生了橡胶工业，1850年开始有了第一家炼油厂，1860年铁路运输行业诞生，之后产生了与电相关的电报业、照相业、通信业、电动机等行业。④

---

①② 宋朝龙. 劳动形态的发展与人的自由. 陕西理工学院学报（社会科学版），2005（5）：15-18.

③ 颜晓峰. 农业经济时代的创新. 玉林师范学院学报（哲学社会科学），2001（1）：6-9.

④ 辛玉军，陈林生. 工业4.0实践精要. 机械工业出版社，2016：6.

在工业经济中,人作为生产原动力的作用日益衰微,能源的生产与能源的使用和控制开始分离,机器工具和机器体系也随之进步。①马克思指出,所有发达的机器都由三个本质上不同的部分组成:发动机、传动机构、工具机或工作机。同一工作机同时使用的工具的数量,一开始就摆脱了工人的手工工具所受的器官的限制。劳动资料取得机器这种物质存在方式,要求以自然力来代替人力,以自觉应用自然科学来代替从经验中得出的成果。劳动资料变成了自动机,在劳动过程本身中作为资本,作为支配和吮吸活劳动力的死劳动而同工人相对立。②在资本主义制度下,丧失了生产资料变得一无所有的无产阶级工人为了维持自己和家庭的生活温饱,只得把自己的劳动力视为商品出卖给资本家成为雇佣工人。劳动对于工人而言,只是维持劳动力再生产的一种手段。工人在生产过程中,必须创造出大于自己劳动力价值的被资本家无偿占有的剩余价值,才能获得自己劳动力的价格即工资。恩格斯对此义愤填膺"在这种永无止境的苦役中,反复不断地完成同一个机械过程;这种苦役单调得令人丧气,就像息息法斯的苦刑一样;劳动的重压,像巨石般一次又一次地落在疲惫不堪的工人身上。"资本对劳动的剥削达到了极致,工人苦刑般的劳动得到的是自身更加贫困,马克思称其为异化劳动。工人的劳动创造了财富,"却为自己生产了赤贫"。③

5.4 智能经济:自由劳动

在智能经济时代,人类通过人工的方法,创新性地将人类的智能植入机器之中,赋予智能机器人具备人类的自我认知能力、思维能力、组织决策能力、协调控制能力等。智能机器既是劳动工具,更颠覆性地成为新型

---

① [美]刘易斯·芒福德. 技术与文明. 中国建筑工业出版社,2009:103.
② 马克思. 资本论第一卷. 人民出版社,2002:464.
③ 刘道一,刘云喜.《资本论》"剩余价值"概念对《1844年经济学哲学手稿》"异化劳动"概念的充实与发展. 当代经济研究,2022(1):84–94.

劳动者。智能机器具备了人类的人格特征、劳动属性,实现了劳动资料、劳动的体力和智力的三位一体化。人类劳动正在经历着一场前所未有的突破性变革,"具体表现为劳动工具的人格化、劳动过程的无人化、劳动场域的多维化以及劳动分工的去边界化。"①

智能机器人的智能化和对人类的体力和智力的拓展使"人类终于可以从最后一块束缚人类的领地中解放出来",② 终于可以从违背内心志趣的繁重脑力劳动中彻底摆脱出来,进入后劳动时代成了真正自由的人。当智能机器全面代替人类为社会创造大量财富之后,社会消灭了劳动剥削并且实现按需分配,人类无须担心生理温饱、生活资料、享受资料和其他物质所需,无须担心财富多寡,彻底脱离了为五斗米折腰的谋生劳动和叹无官职被人欺的功利性的劳动束缚,获得了个性的完全自由,从而有更多的闲暇时间和身心精力遵从自己的热爱,专注志趣性劳动和创新性劳动。人类可以放松身心仰望星空,探索宇宙奥秘;可以遨游世界,追寻自然魅力;可以执着艺术之梦,创造瑰丽之宝;可以充分挖掘自己的智力资本,无后顾之忧地全身心投入进行科学研究、知识生产、技术研发、规划设计、咨询顾问、情感关怀等更加智慧的工作,人类真正进入全面发展的自由劳动时代。

自由的生产劳动"本身成了生活的第一需要",③ "生产劳动不再是奴役人的手段,而成了解放人的手段,生产劳动从一种负担变成一种快乐"。④ 人类可以"随自己的兴趣今天干这事,明天干那事,上午打猎,下午捕鱼,傍晚从事畜牧,晚饭后从事批判"。⑤ 但是,这种实现自我的自主劳动,绝不是"一种娱乐,一种消遣,就像傅立叶完全以一个浪漫女郎的方式极其天真地理解的那样。真正自由的劳动,例如作曲,同时也是非常严肃,极其紧张的事情"。⑥ 劳动是人类生活的乐趣,"是自由的生命表

---

① 郜清攀. 新科技革命背景下的人类劳动形态变迁. 经济学家,2022(2):53-62.
② 黄欣荣,张魏欣. 人工智能对人类劳动的解放. 四川师范大学学报(社会科学版),2022(2):5-12.
③ 马克思,恩格斯. 马克思恩格斯文集:第3卷[M]. 北京:人民出版社,2009:435.
④ 马克思,恩格斯. 马克思恩格斯文集:第9卷[M]. 北京:人民出版社,2009:310-311.
⑤ 马克思,恩格斯. 德意志意识形态(节选本)[M]. 北京:人民出版社,2018:30.
⑥ 马克思,恩格斯. 马克思恩格斯文集:第8卷[M]. 北京:人民出版社,2009:174.

现"①。人类全部力量的全面发展最终实现了人与人、人与自我、人与自然的有机统一。②

5.5 文献述评：人的全面发展是劳动形态演变的归宿

人类发展史是人类劳动发展的历史，对劳动形态的研究将伴随人类发展全过程。就业问题属历史范畴，劳动则是永恒范畴。劳动者就业是为了获取收入、是谋生的手段；而劳动的本质在于以人的生命活动为目的，也即劳动者可以不就业，但劳动者离不开劳动，当劳动者选择不就业却仍在劳动时，劳动已然成为自由劳动！在生产力水平非常发达，物质产品极为丰富，社会财富足以满足人类生产生活需要的时代，人类的劳动更接近人类社会的本质属性：每个人自由全面发展，社会是人的社会，也是自由的社会！以人工智能等新技术为代表的第四次工业革命，在生产效率提升和人类劳动解放方面展示了其深刻的作用和影响，同时启发我们重新认识劳动与就业、工作与闲暇！放眼未来，人工智能技术将成为我们实现美好生活、自由全面发展的重要技术支撑和推动！

关于技术进步与就业结构问题缺乏从劳动形态演变角度的深入研究。因此，课题研究拟将劳动形态演变的历史逻辑作为研究起点，选取技术变迁的劳动形态演变视角展开对就业结构问题研究，阐释"技术进步——劳动形态演变升级——就业结构升级"的逻辑，基于就业结构问题现象特征分析，深入探究就业结构矛盾的内部机理，全面深入客观分析智能经济对经济社会发展产生的积极和消极影响，积极应对劳动力市场冲击，提出行之有效的政策建议，解决我国就业结构问题，是本研究的宗旨所在。

---

① 马克思.1844年经济学哲学手稿[M].北京：人民出版社，2000：184.
② 寇东亮.马克思"劳动成为生活的第一需要"论断的溯源与释义.伦理学研究，2022（1）：1-7.

第6章　劳动力就业结构研究进展

围绕技术进步与就业问题的讨论已经形成大量的研究成果。在古希腊时代，亚里士多德就提出了技术进步会产生"技术性失业"的思想。18世纪英国产业革命后，西方主流经济学家对"技术性失业"持有不同的看法，如以约翰·穆勒为代表的一批资产阶级经济学家对技术进步影响就业持乐观态度，他们认为新技术虽然对工人会产生挤出效应，但资本总是能够为失业工人提供新的就业机会。大卫·李嘉图则认为技术进步具有两面性，即技术进步既可以创造就业，也可能导致失业，但长期来看技术进步的创造效应会大于破坏效应。马克思并不赞同李嘉图的观点，提出随着资本有机构成不断提高，更大规模的资本转化为不变资本，可变资本所占份额不断降低，必将产生相对过剩人口成为产业后备军。同时，马克思又指出，技术进步和资本积累会导致可变资本比例有所下降，但不意味着可变资本绝对量的下降，并不意味着就业机会一定减少。因此，要判断技术进步对劳动力就业的影响，就要全面分析技术变革对就业结构产生的综合效应（唐永等，2022）①。

就业结构的内涵有广义和狭义之分，广义的就业结构是指一国不同部门、年龄、性别、文化程度以及技能水平的从业人员形成的比例关系，狭义的就业结构是指从业人员在各部门各行业之间的分布状况。本书基于广义就业结构的基本内涵，展开对劳动力就业结构演进的文献梳理，以期准确把握智能经济时代我国劳动力市场就业结构演进及未来趋势。

---

① 唐永. 技术进步与就业极化：一个马克思主义政治经济学的分析框架 [J]. 2022（2）：92-98.

6.1 劳动力职业结构：新技术催生数字化

数字技术被广泛应用到生产服务、文化教育和医疗健康等各个领域，企业及公共服务部门逐渐向智能化转变与升级，大量劳动岗位被智能机器所取代。同时，新技术的应用又创造出大量新的岗位，劳动力需求和供给结构均发生显著变化。伴随大数据、人工智能、区块链、云计算等新一代信息技术的加速发展与应用，经济结构持续优化，新产业、新业态、新模式层出不穷，数字经济成为构建我国新发展格局的重要支撑，与其密切相关的职业也随之产生（简称为"数字职业"）。2021年，我国数字经济发展规模已达到45.5万亿元，占GDP比重39.8%，成为塑造市场竞争优势的重要驱动力。

2021年6月，国家统计局颁布的《数字经济分类》，从数字产业化和产业数字化两个方面确定了数字经济的基本范围，数字技术产业化和产业技术数字化成为判定数字职业的两个基本方向。数字技术产业化是指由数字技术衍生出的生产与服务组织方式，如云计算、大数据等产业；产业技术数字化指的是由传统生产技术与数字技术深度融合发展形成的生产和服务组织方式，如智能制造、增材制造等产业。数字职业不是一种具体职业称谓，而是体现数字技术应用和数字经济业态的一种职业范畴，主要包括以云计算、人工智能、物联网等信息通信技术进行数字化产品（服务）研究、设计、管控、运维、操作的从业人员（中国人事科学研究院课题组，2021）。

2022年9月，《中华人民共和国职业分类大典（2022年版）》正式发布，新版大典首次标注了数字职业，其中包括"机器人工程技术人员""数据库运行管理员""数字孪生应用技术员"等。数字职业种类不断增多，反映了各行业数字化进程及发展趋势。数字职业广泛渗透到社会生产、流通、分配及消费的各个环节，反映出数字经济给生产方式、生活方式和治理方式带来的深刻变革。目前，数字职业主要分布于我国数字经济的五大产业中，其中包括数字技术应用业（占比46.4%）、数字化效率提升业

（占比 19.6%）、数字要素驱动业（占比 17.5%）、数字产品制造业（占比 9.3%）和数字产品服务业（占比 7.2%）。数字经济规模的继续壮大、数字技术的更新迭代、数字化治理的改进完善，数字职业也将与时俱进，动态更新。

6.2 劳动力产业结构：技术影响呈行业异质性

在工业化进程中，技术创新是产业结构演进的内在动力，产业结构的演进引起对劳动力需求的变化。因此，就业结构成为反映产业结构变动的重要指标。在工业化早期阶段，第一产业中的就业比重不断下降，更多的劳动力进入第二、第三产业，从事对劳动力技能水平要求低的行业。到了工业化中期阶段，第一产业中的劳动力就业比重持续下降，第三产业中的劳动力就业比重持续增加，第二产业中的就业比重保持相对稳定。进入工业化后期，服务业经济占比逐渐超过第二产业并成为衡量一个国家或地区综合竞争实力和产业现代化发展程度的重要标志。技术创新催生了新技术，一方面会催生新的行业和就业岗位；另一方面也会表现为大规模新设备应用对部分劳动的替代，特别是工业机器人在第二产业中的应用，对制造业、采掘业、建筑业等行业中程序化、高风险的岗位形成替代，原从业人员中技能水平较低人员从第二产业流向第三产业（王文等，2020）。与以往自动化技术不同，工业机器人在传统产业实现了对体力劳动和脑力劳动的双重替代，致使服务业中教育、医疗等领域中的从业者同样面临失业困境（Frey and Osborne，2017）。

智能化对就业的影响存在明显的行业异质性。一般而言，智能化对于服务业或者技术密集型产业影响较小。Dauth 等（2018）认为智能化对就业的影响是无法确定的，该研究通过分析 1994~2014 年德国 IFR 数据发现，工业机器人的使用对制造业就业起到抑制作用，但同时增加了服务业对劳动力的需求。钟仁耀（2013）主要分析了智能化对农业和工业行业的影响，发现农业科技进步形成了较为明显的劳动力溢出现象，而工业的溢出效应则相对较弱。闫雪凌（2020）研究指出，工业机器人的就业效应表现出明显的行业异质性，工业机器人使用对高技术行业负面影响相对较小，这些行业更能适应技术变化，快速做出调整，遭受的负面冲击更小。王文（2020）、孟祺（2021）通过将智能化对制造业和服务业的不同影响进行对比，认为智能化的发展对传统制造业就业具有显著的负向影响，但对于服务业尤其是知识与技术密集型现代服务业的就业产生明显的促进作用，为行业就业结构的改善起到一定的推动作用，更能提升劳动人口的就业质量。通过对制造业和服务业进行行业细分，认为在制造业内部智能化可以促进高技术密集型行业就业总量的增加，但会降低劳动密集型行业和中技术密集型行业的就业总量，服务业行业智能化对生产型服务业、消费型服务业和公共组织的整体就业规模具有正向作用。

6.3　劳动力空间结构：技术流加速就业集聚

20世纪80年代以来，在全球化、工业化、信息化及城市化的影响下，城市生产要素快速流动与重组，可以运用多源大数据分析就业空间结构分布特征反映城市空间演化的规律（谢智敏，2021）。数字技术以及人工智能的发展会通过创造效应、替代效应和结构效应对本地区就业产生影响。同时，人工智能发展对我国就业存在正向的空间溢出效应，通过技术外溢效应提高周边区域的技术水平，人工智能技术作用下的产业关联效应会引起周边区域的产业结构变动。区域间的交流与合作使人工智能的发展不仅会影响本地区的就业，还会对周边区域产生影响。劳动力具有的流动性特征使一个地区中的就业环境、就业岗位、就业政策等方面表现出的优势通过引致效应吸引其他区域的劳动力，从而改变不同地区的就业状况（曹华等，2022）。基于新经济地理学理论，将空间因素纳入人工智能技术发展和劳动力就业的研究符合我国实际发展情况，我国人工智能技术的发展对就业产生的空间极化现象已经显现，人工智能发达的区域新增就业远远大于不发达地区（郝楠，2017）。

在不同经济区域，经济要素差异导致人工智能发展对就业结构产生区域性差异。优质的经济资源、多元化的就业市场结构可以降低人工智能发展产生的负面效应。反之，单一的产业结构以及受教育程度较低的劳动力就业结构将难以抵御人工智能技术应用产生的负面冲击。智能化的发展会提高中心城市的就业水平，因此会产生就业空间极化现象。吕荣杰（2018）基于非平衡面板数据分析城市和农村的就业问题，认为智能化的发展对农村劳动力就业起到抑制作用。程承坪和彭欢（2018）从劳动力成本角度，指出智能化会削弱成本及自然资源优势，造成就业空间极化。杜传忠和许冰（2018）从产业集聚角度指出智能化会形成大量产业集聚带来就业增加，且在发达地区的作用更加明显。吕荣杰等（2022）研究显示高技能劳动力主要聚集在城市，农村地区的劳动力技能多处于中等及以下水平，人工智能对城镇地区劳动力就业具有促进作用，而部分农村地区的低技能劳动力将面临失业的风险，人工智能对劳动力就业存在显著地域性差异。

6.4 劳动力技能结构：技术引发就业极化

内生经济增长理论则认为，技术进步具有"资本化效应"，内生的技术进步通过提升要素生产效率促进经济增长，要素报酬的提高使投资规模不断扩大，从而创造出更多的就业岗位。有偏的技术进步与要素结合将产生资本偏向型技术进步和技能（劳动）偏向型技术进步。20世纪70年代以来，技术进步更多地表现为资本设备的专用性，设备的应用需要劳动者具有一定的劳动技能和熟练程度，资本与劳动呈现出互补关系，这一特征随着计算机和信息技术的发展与广泛应用得以加强（Griliches，1969；Mcquaid，1986；Krusell et al，2000）。当劳动被划分为技能劳动和非技能劳动时，在资本与技能互补作用下出现了技能偏向型技术进步，技术进步偏向型取决于技术进步的收益率、要素结构以及要素的相对生产率，技术、资本以及技能的耦合发展使技术进步兼具资本偏向型和技能偏向型（王林辉等，2012）。资本与技能型劳动的互补性要强于资本与非技能型劳动的互补性，新技术使用越多，资本和技能互补性越强（Yasar & Paul，2008）。

大量研究结果显示，无论是发达国家还是发展中国家，均出现了就业极化现象，而技术进步是其中最为重要的原因。Author（2006）通过构建理论模型研究得出，智能化对于低技能劳动力影响不大，但智能化能够直接取代中等技能劳动者的常规工作任务。英国早在1975~1999年就出现了非常规知识和非常规操作型的工作数量增加、常规类型的工作数量减少的现象，在其他许多工业经济体中也出现了由于技术水平提高引起的就业"极化"（Gustavsson，2015）。吕世斌和张世伟（2015）研究发现，相对于中等技术行业，智能化对我国制造业中的高技术和低技术行业就业增长作用更加明显。关于劳动力市场两端就业机会增加原因的解释，一方面认为低技能服务业的发展增加了对劳动力市场低教育和低工资劳动的需求；另一方面技术变革以及随之而来的组织变革会促进对认知任务的需求，新的认知任务将增加对高技能劳动力的需求（Beaudry & Sand，2016）。Decker（2017）则从劳动者心理层面出发展开分析，发现低技能劳动者对机器人的恐惧程度高于高技能劳动者，智能化即机器人的应用对低技能劳动者影响更为明显。Chiacchio（2018）认为智能化对中等受教育水平的技术劳动者影响更大，公司应对低技能劳动者进行更全面的再培训以应对在高低技能劳动力之间产生的不平衡。康茜（2021）通过中介效应模型研究发现，2013年后工业机器人并未改变工业就业总量，但对工业技能就业、工业非技能就业的正向影响分别呈现出增强和减弱趋势。

6.5 文献述评：就业结构是异质性研究的有效视角

研究成果虽然对智能经济发展之于就业结构影响的异质性特征展开研究，但关于智能经济与传统经济未来的融合发展会对就业结构产生怎样的影响讨论不足。在细分职业、行业中，劳动力就业结构对技术进步的敏感度有所不同，即使在同一产业部门，不同的劳动者群体对技术进步的适应能力也存在显著差异。因此，持续关注技术进步对劳动力结构产生的影响，厘清劳动力在产业融合发展中的演进规律具有重要的理论及现实意义。

　　智能化技术的广泛应用掀起了新一轮产业革命，技术变革与产业变革的叠加带来了生产方式的深刻革新。部分职业的消失和新职业的出现将导致工作场所、工作时间及工作地点发生变化，在微观层面分析不同群体的就业意愿、工作适应与转换能力为探讨如何提高就业质量、实现就业和经济增长协调发展提供必要研究基础。互联网经济助力实体经济，制造业与服务业深度融合，经济资源在空间的重新配置，产业结构演进和区域经济结构演进表现出新趋势。人机共存是智能经济发展的重要特征，人与机器的结合对传统就业格局形成挑战，成为现有工作机会的潜在威胁，积极参与技术变革，适应新技术，培养新技能，是应对人工智能可能产生冲击的必需之举。新发展阶段，智能经济对不同职业、不同行业、不同地区、不同技能的劳动力均产生异质性影响，研究智能经济时代劳动力就业的职业结构、产业结构、空间结构和技能结构，判断其短期调整方向，预测长期发展趋势，将有助于促进我国就业结构升级与劳动力市场转型，为我国高质量发展和新格局构建奠定坚实的就业基础。

第 3 篇

劳动形态演变与智能经济劳动力市场动态均衡理论

人工智能作为新的技术变量对现代经济体产生的冲击超乎想象，备受关注的焦点远非"此轮技术革命将会带来多少劳动力失业"。人工智能是一种生活方式，它带来的将是生产力、生产关系和生产资料的彻底变革，我们看到这是一场源于技术但不限于技术领域的革命。

技术对劳动力市场的冲击往往体现在劳动替代效应和劳动互补效应，学界争论的焦点在于不同区域在不同发展阶段，技术冲击的两个效应哪个更大，并通过论证阐述技术带来的劳动力失业问题，抑或新增劳动力需求等经济事实……当然，在技术革命不断推进人类社会发展的进程中，劳动替代或劳动互补的作用效果都曾显现。在智能经济时代全面来临之际，我们仅局限于探讨智能经济对劳动的两种效应，有可能忽略更加重要的变量及影响。我们认为对劳动之于人类的本质含义再作思考，以历史、理论及现实多维视角展开对劳动形态演变的研究，通过构建智能经济时代的劳动形态理论和动态均衡框架，为劳动力就业问题奠定理论基础，是解析我国新经济背景下就业结构问题的关键。

第7章 劳动形态演变的理论逻辑

劳动形态即人有目的的实践活动的存在形式与状态。人类社会历次技术革命引发的社会变革,无一不是以作用于人类劳动形态的方式来改变生产关系,从而适应新的生产力水平、促进社会进步。因此,关注劳动形态变迁,有助于全面客观厘清新技术革命对经济结构、社会形态、人的发展等带来的深远影响,在此基础上论证劳动力市场演进及就业结构问题,更具历史意义和现实性。

7.1 劳动观的历史变迁

纵观人类社会,劳动在人类历史演变中经历以下四个阶段:低贱—价值—光荣—自由。

东西方文明史记载,古代社会对于劳动的态度是与"卑贱""辛劳",甚至与"没有尊严的活动"联系在一起的。孔子的君子观之"君子劳心,小人劳力"[1]"君子务治,小人务力"[2]中,"君子"用来指国王以下、大夫以上的官员,与其相对的"小人"则用来指受人支配使唤的劳力之人。古希腊,同样有治人的"君子"和治于人的"小人","君子"从事城邦内公共活动,这是让人感到自由和光荣的活动;"小人"从事的则是受必然性支配的生产活动,其没有自由、受人鄙薄、毫无自豪感。阿伦特推崇政治活动但鄙视劳动,他指出:"劳动或者工作是人类应该且能够摆脱的受

---

[1] 《左传·襄公九年》知武子:"君子劳心,小人劳力,先王之制也。"
[2] 《国语》中记载:"君子务治,小人务力",意为君子致力于统治,小人致力于苦力。

制于必然性的毫无价值的活动,是'最死气沉沉、最贫乏消极的状态',唯有公共领域的政治行动才值得追求,存在感和自豪感只能从这里获得。"①

英国经济学家配第提出"劳动是财富之父"的思想初步确立劳动的地位和价值,亚当·斯密和大卫·李嘉图对劳动形成价值的理论分析做出了巨大贡献,马克思继承了该理论的科学成分,最终论证和确立了劳动价值论的历史性质,明确了劳动是财富的真正源泉,劳动由此由"低贱的营生"转变为具有重要意义和价值的活动。韦伯的"工作伦理"认为现代社会应该是以工作为中心的社会,劳动由此变得高尚且光荣,而对于那些用于社交活动或个人享乐的时间,甚至包括超过健康所需的睡眠时间,都属于浪费,且都应受到谴责。

与上述观点不同的是,社会主义"劳动光荣"的思想更加重视基于劳动身份的政治参与或主人翁意识,具有很强的政治性。马克思描述的共产主义社会"上午去打猎,下午可以捕鱼,傍晚却在做畜牧,晚饭后则从事批判"②的活动,是自愿的、无偿的,此时的劳动是以人的生命本质为目的的,属于自由劳动抑或是闲暇活动。

可见,劳动观的变迁反映了劳动者地位的变化,分别经历了"受限鄙薄—重视崇尚—参与政治—全面发展"的过程。劳动作为价值的来源、人类生存和发展的基础,在人类社会发展过程中地位不断提升,而劳动之于人的本质目的和意义也清晰可见。

7.2 劳动形态演进的经济结构

经济学意义的劳动形态意指潜在的劳动、流动的劳动和凝固的劳动三种形态。潜在的劳动即劳动力,流动的劳动即劳动过程,凝固的劳动即劳

---

① 阿伦特. 人的境况. 上海:世纪出版集团,2009:251-254.
② 马克思恩格斯全集第3卷. 北京:人民出版社,1960:37.

动结果（产品或服务）。人类社会历史发展变迁与人类文明对劳动态度的演化，伴随着劳动形态的不断演进，而每一历史阶段的演进均发生着三种形态的同时变化，研究从历史发展的角度、以技术变迁为线索，论述劳动形态演化的经济结构（见图7-1）。我们坚持站在人类劳动发展史的视角，多维审视人工智能技术对劳动形态演进的意义和作用，构建基于技术进步的经济和制度分析框架，从而对劳动形态、劳动力市场及就业结构等展开全面解析。

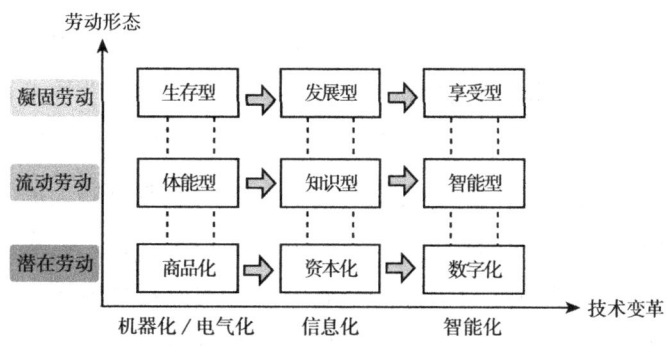

图7-1 劳动形态演进的经济结构

7.2.1 潜在劳动形态演进的技术结构

伴随工业革命演进，潜在劳动形态经历三次重要的发展阶段：商品化、资本化和数字化。

劳动力商品化。第一次工业革命开启了机器大时代，手工劳动被机器所代替，工厂制取代了手工工场，工业资产阶级和无产阶级不断形成且壮大，劳动力成为商品，大量劳动者靠出卖劳动力获取维持生活所需的工资，为资本主义工业化积累着丰厚的资本。第二次工业革命世界进入电气时代，科学技术与工业生产紧密结合，不断提高劳动者的劳动强度是提高生产效率的主要手段，资本主义生产的社会化过程大大加强，垄断资本与垄断组织应运而生，世界资本主义体系最终形成。可见，劳动力商品化是货币转化为资本的重要前提。

劳动力资本化。第三次工业革命开启了人类信息化时代，以原子能、电子计算机、空间技术和生物工程为主要标志的科学技术加速转化为生产力，劳动者素质和技能的提升是生产效率提升的主要手段，占有和掌握科学知识、技术、信息等的劳动者，投入生产过程的不仅是商品化的体力和脑力，更重要的是资本化的劳动力。世界各国加强了对科学技术领域的支持和对人才的关注，教育战略因此受到前所未有的重视，全球范围的教育改革浪潮兴起。基于信息科技的价值创造领域也从物质生产领域拓展到精神生产领域。可见，劳动力资本化是科技劳动创造价值的重要基础。

劳动力数字化。第四次工业革命人类进入智能时代，以互联网、大数据、人工智能、区块链、云计算等技术为主要标志的科学技术再次革新生产的时空效率，数字智能技术的广泛应用使人的智力劳动可以用机器替代或人与机器协同完成生产过程或服务提供，大量智能机器人成为工业生产的主要劳动者，服务行业的人机协同成为常态办公场景，数字化技术打破人机界限，充分激活劳动力潜能，企业用工模式颠覆性变革，人机耦合的数字化价值创造过程实现了从物质领域到精神领域的全覆盖。可见，劳动力数字化是解放人类劳动、激发创新型劳动的重要保障。

7.2.2 流动劳动形态演进的实践结构

流动的劳动形态与生产实践密不可分，其演进的历史逻辑分别为机器—体能型劳动、科技—知识型劳动、数字—智能型劳动，是与潜在劳动的商品化阶段、资本化阶段和数字化阶段相对应的三种不同价值创造过程。

机器—体能型劳动是机器大工业时代以"机器—体力型劳动""机器—脑力型劳动"为主的劳动系统和物质生产过程。劳动者靠出卖自己的劳动力、受雇于资本且主要从事物质产品的生产，商品化的劳动力与各类生产资料相结合，生产出包含自身价值和剩余价值的新产品，但只能获取作为劳动力商品的价格即工资，对于劳动过程中创造的新增价值即剩余价值则归资本家所有。在机器工业的流水线生产中，劳动者在资本家眼中犹如机器的零部件，资本对劳动剥削就是在这种不等价交换的生产过程中实现的，这也是资本增值和资本积累的源泉所在。

科技—知识型劳动是信息经济时代以科技和知识为主的劳动系统和物质产品与精神产品生产过程。劳动者凭借自身积累的知识和经验等人力资本，与货币资本和实物资本等相结合完成产品或服务的生产与提供，资本化的劳动力不仅可以获取工资，更为重要的是可以与资本所有者一样实现价值增值。劳动者通过掌握科技知识、积累人力资本，在经济社会生产领域，尤其是精神生产领域的价值创造成为经济增长和社会发展的重要驱动力。

数字—智能型劳动是智能经济时代以人的智能和机器智能协作为主的劳动系统和生产消费一体化过程。劳动者依托互联网平台、大数据环境、智能化机器等参与生产过程和服务提供，人和凝结人类智能劳动成果的机器共同参与大数据时代的价值创造过程。智能化的生产环节，数字—智能型劳动者（包括活劳动和智能劳动者）以生产和服务为目的从事劳动过程；智能化的消费环节，数字—智能型劳动者以消费为目的的劳动过程，在大数据时代也成为新的数字化生产服务的重要环节，因此生产和消费一体化特征明显。

7.2.3　凝固劳动形态演进的价值结构

凝结劳动作为价值创造的结果，承载着人类劳动创造的新增价值。由于凝结劳动主要用于满足人类各种需求，因此其形态变迁与人类日益增长的消费需求相伴相生，能满足人类需求的使用价值是实现价值的重要前提。

生存型产品和服务是满足人类基本生产生活所需的使用价值和价值凝结。在生产力水平较低、社会物质产品匮乏的阶段，社会大生产主要集中在生存物资的提供，农业部门和工业部门负责生产人类所需的基本生产资料和生活资料，人的需求处于生存层级，此时劳动者靠出卖自身劳动力维持生活所需，劳动作为谋生手段，从进入生产环节起异化劳动就产生了。

发展型产品和服务是满足人类生产生活品质提升的使用价值和价值凝结。工业革命与技术进步为生存型需求提供了充分的物质保障，教育在积累人力资本的同时，也促进了需求升级。各类满足精神文化需求的产品和服务应运而生，第三产业随之越来越发达，更多使用价值用于满足人类自身发展的各类需求，在这个阶段人类劳动依然是谋生之手段，劳动异化随之加深。

享受型产品和服务是满足人类对自我价值实现的使用价值和价值凝结。人工智能技术革新及应用，不断激发人类在生产生活领域的深层需求，带动消费需求结构升级，数字化、智能化产品和服务成为该阶段凝结劳动的主要形态。生产过程与消费过程高度融合，使人的劳动不再局限于生产过程，消费型劳动的出现是智能经济时代劳动深度异化的重要特征。实现人的全面自由发展为目标的自由劳动，是智能经济时代劳动形态演进的未来趋势。

7.3　劳动形态演变的发展路径

劳动形态的演化升级，是劳动者实现自由劳动的必然过程。劳动是人类运动的一种重要形式，它是人类得以生存和发展的重要基础和唯一手段。在人类发展的不同历史阶段，劳动呈现出不同的形态，纵观其发展与演变历程，不仅可以折射出人类社会进步足迹，同时可以清晰地将人的本质和目的呈现出来，这种呈现将有利于我们在智能经济时代科学应对人工智能对人类劳动的冲击和影响，并且能理性享受技术推动人类解放带来的幸福与快乐！

7.3.1　潜在劳动形态：异质性凸显且劳动技能极化

劳动的首要形态是潜在的劳动形态，即蕴藏在劳动者体内的劳动能力。推动人类社会进步和发展的动力在于劳动能力的提高，不断由简单的体力劳动向脑力劳动过渡、由一般的脑力劳动向复杂高级的脑力劳动发展，劳动者人力资本水平逐渐提升。

（1）劳动力异质性不断凸显。

在劳动能力发展的初级阶段，劳动形态主要以体力劳动呈现，对劳动者的要求仅限于其身体健康、精神正常，即可从事所谓的劳动。初级阶段的劳动异质性不明显，主要体现在劳动者先天差异而造成的能力差别，例如，有人生来强壮、有人生来弱小，在劳动能力上自然有差异；再如，男性和女性的性别差异，在体力劳动上也明显存在差别，但这种差别主要体现在体力方面且先天决定。随着经济发展和社会进步，劳动者的健康和体力可以通过饮食、锻炼等获得提升，先天的体力差异不再是区别劳动能力的主要指标，而通过学习培训和经验积累获得的劳动技能，成为劳动者能力差别的主要来源，这种后天受环境影响和劳动者自身努力程度决定的劳动能力，会显现出各种差异，不同的劳动者掌握不同的劳动技能，会在不同行业占有优势。异质性劳动力是技术进步的结果，也是推动技术变革的动力，社会进步加快了劳动力异质性的步伐，也逐渐强化了劳动能力的差异。异质性劳动力的不断强化使社会分工协作成为提升效率的主要工作模式。技术越发达，劳动力异质性越得以强化，是造成劳动者就业能力不同的主要原因，也是劳动者在劳动力市场竞争的核心要素。

（2）智能化促使劳动技能极化。

劳动者从体力劳动到脑力劳动、从简单劳动到复杂劳动都是劳动能力不断提升的过程。技术进步不仅提升了劳动效率，而且让劳动者有更多机会和时间积累高级技能，社会由此取得螺旋式增长和进步。人工智能的发展迎来了智能劳动者（机器人），作为全新的（潜在）劳动形态，机器不仅可以代替人类的体力劳动，渐渐地在各行各业取代着一些脑力劳动而成为主要劳动形态，工厂里更多的机器替代工人、银行越来越多的自动化机器人完成个人业务办理、自动化办公软件的应用和推广使文秘工作人员的效率越显逊色……潜在劳动形态逐渐由活劳动者向智能劳动者的转变，是技术进步的结果，也是人类从劳动中得以解放的重要一跃！

2017年9月20日，菜鸟网络全面启动机器人仓库，采用智能机器人自动化分拣作业，提高工作效率。事实上，很多常规性的工作都可以依托"机器人+物联网"的生产线来完成且生产效率大幅提升，数字化车间和智能化装备还可以完成很多重复性强、劳动强度大以及危险性较高的工作任务，如包裹分装任务、机械装配工作以及在高温或高空环境下的危险作业等，机器换人已是大势所趋；随着大数据和人工智能的发展，未来像金融行业的数据处理等职业也将逐步被取代。智能经济时代劳动者技能极化的发展趋势愈加明显，表现为可程序化、可编码的劳动技能均可被智能劳动替代，对于非程序化的、急需创新性的技能劳动需求会越来越旺盛；与此同时还会有些并不属于高端劳动技能，但却无法程序化的初级劳动需求也会增加。

7.3.2 流动劳动形态：与资本由对立走向融合

劳动过程是劳动力作用于生产资料的过程，技术进步在不断提高劳动生产效率的同时，也在改变着劳动与资本的结合方式，也就是人与机器的作用机制在历史车轮的驱动下，越来越服务于人的本质目的和人类全面发展。

（1）资本替代劳动促进了劳动者的解放。

人类社会从农业生产活动中，就通过使用劳动工具来降低劳动的难度、提升劳动的效率，技术进步引发的工业革命，也是通过各种先进的机器设备来代替劳动力，于是资本与劳动的对立关系逐渐形成，劳动者似乎成了每次技术进步的受害者，其核心原因在于资本抢占了劳动者的劳动机会，同时夺去了劳动者获取更多收入的可能，当收入对于劳动者非常重要时，这种替代就显得非常沉重。大量工人由于机器设备的使用而面临失业，工人的收入份额在总收入呈下降趋势等，成为劳动力市场在技术进步过程中面临的最大挑战。但不可否认的是，技术进步让资本替代劳动成为可能的同时，劳动者逐渐从繁重、乏味的各种劳动过程中得以解放，劳动力随着科技发展与社会进步不断提升，从发展的角度解读资本对劳动的替代，其实质是对劳动者的解放。

（2）人机交互到人机融合的发展。

机器在制造业中已经承担了各种各样的工种，而新经济让机器新增了

"人类"这一零件,在生产制造过程中显得更为智能灵活。宝马公司的斯帕坦堡工厂里一款昵称为"夏洛特小姐"的人机合作机器人主要用来安装车门。梅赛德斯奔驰公司的工人在机器人助手的帮助下,能迅速在大量零件中找出定制版轿车所需的特殊零件。麻省理工学院的教授朱莉·肖开发的软件算法可以教会机器人解读人类发出的信号,机器人知道何时以及如何与人类进行沟通,甚至有研究人员在关注如何将人机合作机器人与人的脑电波相连。我们已经很难说清楚:是机器在为人服务,还是人类成为机器的一部分!

(3)互联网决定社会的主要生产关系。

《马克思恩格斯选集》中这样论述:每个人借以生产的社会关系即生产过程中人与人之间形成的关系,伴随着物质生产资料和生产力的变化和发展,社会生产关系也会发生变化且不断发展。[1] "手推磨生产出来的是以封建社会为主的社会生产关系,而蒸汽磨生产出来的则是以工业资本家为主的社会生产关系。"[2] 因此,智能机器人生产出来的是以智能劳动者为主的社会生产关系。生产工具标志着生产力水平,生产力决定生产关系,它是生产方式的社会形式,生产关系是人类社会存在和发展的基础。智能经济以互联网技术为平台制造和提供人类生产和生活需要的各类物质产品和服务,大数据成为劳动者在新时代创造物质文明和精神文明的技术基础,劳动者在智能经济时代的先进生产力下形成的生产关系,体现为依托互联网技术平台的互助合作关系,这是人类本质社会关系的总和。

7.3.3 凝固劳动形态:智能劳动提升效率且劳动者成为有闲阶层

劳动的意义在于其创造了价值,并将这种价值凝结在劳动成果中。当劳动还是作为谋生的手段,劳动之于劳动者的意义就在于劳动可以创造价值,并将这种价值凝结在产品和服务中,产品和服务通过交换实现价值增

---

[1] 马克思恩格斯选集第1卷. 北京:人民出版社,1995:363.
[2] 马克思恩格斯选集第1卷. 北京:人民出版社,1995:108.

值，劳动者的收入由此获得。

（1）劳动成果的时间价值降低。

随着技术进步对劳动生产效率的提升，劳动者可以用较少的时间获得自身需要的生活费用，劳动者的闲暇时间在不断增加，人工智能的来临开辟了人类劳动史上新的篇章——智能劳动者代替人类劳动成为工作的主体，产品和服务的生产者以智能劳动者为主，由于智能劳动较人类劳动具备更高效的生产和更智能化的过程，社会产品和服务的提供极大丰富和充裕。智能劳动者（机器人）作为人类知识和智慧的结晶，其本身是人类劳动的产物，凝结着人类劳动，且是价值的体现。在智能劳动投入生产的过程中，人类劳动也随之转移到新产品中，但生产效率的提升使单位产品中凝结的人类劳动（时间价值）越来越小，因此智能劳动者参与生产过程的结果是社会产品和服务的价值变小，相对于人类的总劳动价值而言，购买产品和服务变得越来越便宜。

比如，3D 打印技术已渗入人们的生活，大到国家大剧院的吊顶、上海世博中心的墙立面，小到公交站、移动厕所，很多身边的事物悄然被 3D 打印技术"占领"。2018 年 8 月 9 日，科普直播节目《你好，美好生活》中，3D 打印公寓让观众感受到了 3D 打印的神奇魅力，不仅具备成本低、效率高、节能环保、私人定制等独特优势，而且一天可以打出 5 个 8 吨重的房子，生产过程中不产生垃圾、噪音、粉尘，性能和坚固程度远远超过传统混凝土建筑。我们有理由相信：新技术的应用推广，房屋的建造成本会大大下降，买一套自己喜欢的公寓，未来对于劳动者不再是难题！

（2）劳动者成为有闲阶层。

那么，我们的问题在于：当所有的产品和服务的获得都变得简单、成本很低时，劳动者不需要为了谋生而付出大量时间辛苦工作时，我们会干什么？我们还需要劳动吗？可以肯定的是，大量物质产品极其丰富、不需要为了生活而辛苦劳作时，为了获取收入而付出的劳动时间大大缩减，劳动者的时间大部分成为闲暇时间，这时劳动者可以做自己喜欢做的任何形式的活动，包括劳动在内。劳动此时已经不再是必然范围的劳动，而是为了自身发展从事的自由劳动或闲暇劳动，这个劳动的目的不是获得收入或谋生，而是通过劳动直接获取享受和快乐、自由和发展！

7.4 劳动形态演变的现实意义

1930年，凯恩斯在《我们后代在经济上的可能前景》中预言：到2030年，人类工作时间每星期估计只需10~15小时。凯恩斯同时还讨论了关于"未来如何面对闲暇"的问题。今天人们的劳动时间都维持在每周40小时左右，甚至有人处在24小时随时"待机"的工作状态。那么凯恩斯的预言是无稽之谈吗？客观来看，伴随着生产力的不断发展，劳动生产效率的提高和物质财富的不断积累，人类用于工作的时间大幅缩减是符合客观规律的。我们也看到，从20世纪30年代至今，各个国家的劳动时间的确是持续下降的。因此，科技进步的速度和应用程度会影响到人类劳动时间缩短的整体进程，但趋势是不可扭转的。人类从农业经济、工业经济、知识经济到智能经济，生产活动的效率提升和时间资源的节省有目共睹，技术的不断发展和进步是非常关键的因素，人类社会进步的源泉在于技术创新，技术的作用在于提高生产效率，高效利用经济资源，包括劳动者的时间。技术进步必然不断地节约劳动时间，但在这个过程中，劳动时间的长短仍然取决于经济发展的阶段和水平。

马克思说："真正的节约一定是劳动时间的节约，节约时间的过程就等同于发展生产力的过程"。[①] 一切经济活动的原则归根结底在于劳动时间的节约！但是，伴随社会发展的不同历史形态，节约时间的性质和内容呈现出一定的历史阶段性。

(1) 以资本增值为目的的劳动节约。

第一次工业革命引发了技术革命，机器大工业生产在不断提高劳动生产效率的同时，激发了资本家追逐剩余价值的强烈欲望，资本主义生产过

---

① 马克思恩格斯全集第46卷（下）. 中共中央马克思恩格斯列宁斯大林著作编译局译，北京：人民出版社，1980：225.

程在追求更多剩余价值的驱使下，不断缩短必要劳动时间而增加剩余劳动时间，此时劳动时间的节约直接服从于资本主义生产的目的。因此资本家只关注微观领域生产环节是否可以用最低限度的预付资本生产出最大额度的剩余价值，对预付资本的节约更多地体现在预付可变资本，即劳动者工资。工资作为劳动者劳动时间价值的体现，生产效率提升进而节约劳动时间对资本家而言意味着更多倍剩余价值的获得。因此，以增值为目的的资本主义生产过程，追求劳动生产率的提升和劳动节约，但这种生产过程往往是以牺牲劳动者利益为前提的生产，整个社会在无政府状态下不断爆发周期性的经济危机，劳动资源和物质资源的浪费比比皆是，整个生产结果是大量生产资源极大浪费的结果，并未实现真正的劳动节约，宏观经济整体的节约远未实现。

（2）以发展生产力为目的的劳动节约。

工业革命推进了历史发展和社会进步，社会制度的变迁改变了劳动者的社会地位。社会主义生产过程是以发展生产力为目的，以提高劳动者收入、改善劳动者生活状态为核心内容的生产，社会主义制度下的劳动节约是以更高的劳动生产效率创造出更为丰富的社会产品，从而来满足人民群众的物质和文化生活需要。虽然社会主义在初级阶段生产力发展水平还较低，私人劳动还没有完全体现为社会劳动，国家按照社会发展的整体需要有计划、按比例发展各部门经济，合理配置经济资源，使整个社会合理地分配和使用劳动时间，尽可能实现劳动节约的整体社会实现，如此的劳动节约才是真正有利于生产力发展的劳动节约。以发展生产力为目的的科学技术推广及应用，是促进劳动节约的技术因素，不再受到任何阻碍生产力发展和进步的社会腐朽因素的影响和制约。

（3）以人的自由发展为目的的劳动节约。

马克思说："无论生产力处于怎样的发展水平或阶段，劳动时间的节约以及在不同生产部门之间有计划的分配，应该成为生产的基本经济规律"。[①]

---

① 马克思恩格斯全集，第46卷（上）．中共中央马克思恩格斯列宁斯大林著作编译局译，北京：人民出版社，1980：120.

罗素的散文《闲暇颂》提道：工业革命以来，人类的生产能力已经足以满足自己的生存需要，我们没必要花大部分时间工作。罗素认为，劳动为完整生活的一部分，"必须承认，明智地运用闲暇，是文明和教育的结果。没有相当的闲暇，人们将与许多最美好的事物无缘。虽然有一些物品为我们的生存所必需，但它绝非人生的目的之一。否则，我们就得说随便一个不熟练工人都比莎士比亚高明"。

工作是为了生活，工作绝非生活的目的。生产力发展的最终目的是服务于人的发展。人的全面发展是实现人的自身价值并获得自由发展，这需要非常发达的生产力水平以提供足够充裕的物质产品和精神产品，用以保证人的自由全面发展，因此不断地以发展生产力为目的的劳动节约最终会发展成为以人的自由发展为目的的劳动节约。人类通过劳动节约获得的时间用于拓展人实现全面自由发展的空间，当社会生产力和社会产品完全可以为人的自由发展提供基础和保障时，"劳动"已经跳出了价值创造的语境，或者说劳动不再属于必要劳动的范畴，人类从事的劳动属于自由劳动，完全受个人意愿和喜好支配的，其目的和意义不再是价值增值、创造新产品和服务，而是以自我发展为前提的人类活动。

7.5 劳动形态演变的自由归宿

或许用不了多久，人工智能取代了大部分人类劳动成为工作主体，我们步入"后工作时代"。不再以工作为核心的我们将是忍受失业之痛呢？抑或是过着马克思描绘的"自由人生"？我们有理由相信后者。

（1）自由劳动之前提——技术革命。

互联网技术引发的信息革命，深刻影响着世界政治、经济、文化和社会发展。芯片技术、传感器、大数据、云计算的飞速发展让万物相连，互联网技术让个人力量增强、个人价值释放。与此同时，人工智能又如一股洪流迅速涌入我们的生产与生活过程，智能经济时代人类又将面临怎样的改变？现代科技进步已为劳动者提供人人可以参与历史进程的动人景象！

我们可以认同的是:"互联网+人工智能"将会推动人类社会演进到一个全新的阶段,迎接我们的将是工作、生活更加自由的时代!

人工智能的发展,使我们有理由相信马克思描述的未来个人实现全面自由发展目标的景象:一个人到底干什么可以遵从于个人的兴趣和爱好,抑或是今天和明天从事的劳动完全不同,又或者我可以在一天当中完成很多种劳动:上午选择打猎,下午可以捕鱼,傍晚则在畜牧,晚饭之后却在从事批判,而没有谁只能是猎人或只能是批判者。当我们在和智能机器人并肩作战完成汽车制造、物流配送等工作时,当我们看到机器可以像人一样思考并处理许多复杂事务和问题时,我们应该兴奋的是人类推动时代进步的同时也在不断解放自我,我们可以将越来越多的工作交付机器人完成,而我们为了获取收入而付出的劳动会越来越少,更多闲暇时间会带给人类更多自由,在自由时间完成的所有人类活动都是人类自身兴趣所致或自我擅长的活动,具有完全的自主性而不再是雇佣劳动。

(2)自由劳动之基础——自由时间。

社会形态的升级和演变伴随着人类"自由时间"的产生和扩大,人的自由全面发展依赖于人的时间的自由。互联网技术和智能经济的发展与应用,为人类从劳动中解放创造了条件,人类节约的劳动时间释放出大量的闲暇时间自由支配,自由时间因此获得并增加。

智能经济时代之前,生产过程中人类劳动的价值和作用无可替代,无论出于怎样的目的人类没有理由也不存在任何可能性选择退出劳动力市场,人在时间维度上需要通过劳动来获取并维持自己需要的所有产品及服务。智能经济的快速发展,人类的工作岗位受到威胁,人类的工作技能受到排挤,在产品和服务的生产制造过程中,人工智能替代甚至超越了人类劳动,可以更快更有效更精准地完成许多工作任务。人不再需要将自己的时间大量地花在工作上,智能劳动者取代活劳动之后,人获得了充足的自由支配时间,时间的自由意味着人发展空间的拓展。偷懒并非人的本性,获得最高自由的人会通过自觉自愿的活动让自己获得满足和发展,而这时的活动当然可以是某种劳动形式,但这种劳动不再是必要劳动,已经是自由劳动,因为这是劳动者在自由时间维度自觉选择的活动方式。

(3) 自由劳动之核心——自愿分工。

马克思指出，分工的发展程度是能最彻底反映一个民族生产力发展水平的标志。[①]"……分工是迄今为止历史的主要力量之一。"[②] 马克思崇尚自愿分工，这是实现自由的必然之路，故马克思对分工表现出双重态度：自愿分工条件下的自由和自然分工条件下的效率。马克思指出，异化本身是一个漫长且痛苦的环节，但却是分工从自然向自愿的高级阶段过渡的必然。一旦实现了自愿分工，私有制、阶级、剥削等自然分工的基础将全部被消灭，与此同时脑力劳动与体力劳动间的对立也不复存在。劳动不再作为谋生的必要手段，而是成为生活的第一需要[③]。共产主义社会并不意味着劳动和劳动分工的消失，但劳动者的劳动不再是对立和难以抗拒的强制活动，每个人都可以按照自己的意愿自由地选择职业，过着全面发展且符合人类特性的自由生活。

互联网技术与智能经济的发展，让每个人作为个体有更加充分发展的空间，可以共享他人的劳动成果，可以分享自己的成功与经验，大家在共同的空间实现发展，这种发展赢得了更多的个人时间。智能经济时代，我们已经看到越来越多的人无法用一种职业来形容他的工作，加之智能劳动者的大量参与，劳动分工的界限逐渐模糊且变得不再重要，这让我们在人类自由全面发展的道路上信心倍增。

7.6　智能经济时代的劳动形态演变与新型就业结构

人类历史伴随着劳动形态演变的逻辑和分工演进的历史，每次变革的驱动因素均在于技术革命。作为技术经济发展的全新时代，智能革命开启了人类奔向自由美好生活的大门！智能化为人类从必然劳动中解放出来创造了技术基础，推动了人类实现自由发展的进程。

---

① 马克思恩格斯选集第 1 卷. 北京：人民出版社，1995：68.
② 马克思恩格斯选集第 1 卷. 北京：人民出版社，1995：99.
③ 马克思恩格斯选集第 1 卷. 北京：人民出版社，1995：305.

智能经济时代，人类劳动仍然作为主要谋生手段，但在一定程度上实现了跨越和提升，普通劳动者可以选择从事多种职业、自主选择工作时间和工作长度、灵活选择工作场所和工作状态。区别于阶级社会的分工结果，部分劳动者由于可以在很短的劳动时间内创造出满足自身所需的产品和服务，因此智能经济时代会有越来越多的劳动者享有大量的闲暇时间可自由支配。当然，可能的是人类需要一段时间摸索如何迎接充裕的闲暇，但可以肯定的是，闲暇时间从事更多的仍是以各种劳动形式呈现的人类活动，只是劳动者通过劳动期望获得的是自我满足、自我实现和自我发展，劳动作为谋生手段的现实意义在不断消减，如何能让人类通过自由劳动获得自我满足成为智能经济时代的主题。

智能劳动者的劳动过程大大降低了单位产品的市场价值，劳动者可以很便宜地获取基本生活所需，不需支付过高费用，产品和服务因此极大丰裕，物质财富不再成为经济社会发展的主要矛盾。劳动作为人的生命本质显得日益重要，精神需求和自由追求成为核心，人的全面自由发展成为智能经济时代的目标与主题，少量工作而结合相对自由的劳动成为智能经济时代劳动的主要形式。

智能经济在短期冲击劳动者就业岗位和就业技能，长期则是劳动者的福音，相信智能革命在人类历史上会成为影响劳动形态和就业结构深刻变化的一次历史性变革。在这次变革中，技术对劳动和资本要素的影响及效应如何？劳动力市场的就业结构究竟会发生怎样的变革？劳动形态会如何演进？所有这些问题都将在此轮革命中一一见证！建立智能经济背景下的劳动形态演变分析框架，在该框架下展开对我国就业问题的研究，是我们应该关注的重点。劳动者就业形式、就业结构、就业分布等都依赖于劳动形态，在劳动形态框架下展开的就业问题研究有利于深入就业本质、认清当前就业结构存在的问题以及预测未来劳动力市场的就业趋势。

第8章 智能经济时代劳动力市场动态均衡框架：技术弹性

法国学者罗贝尔·福西耶在《中世纪劳动史》中，从"劳动"切入展现了欧洲中世纪的各种劳动场景，阐述了劳动的意义和作用。英国著名马克思主义社会史学家霍布斯鲍姆的《劳动者》和《工业与帝国》，同样关注19世纪欧洲的劳动问题。劳动创造了人类，只有劳动才是人类社会存在和发展的基础。因此，人类社会发展史实则是一部劳动史。本书对劳动形态演变历程的关注，不仅关注生产和技术对劳动力市场的影响，同时强调对劳动之于人的本质的关注，旨在对中国特色社会主义市场经济条件下劳动力市场理论的充实、完善和创新。

智能经济作为21世纪上半叶生产力发展的时代特征，符合市场经济发展生产力的根本趋势。然而新技术的出现和广泛应用，必然会打破劳动力市场均衡态势，在经历着智能机器和智能技术的强烈冲击中，劳动与资本的关系演变为关注的焦点，劳动力市场如何在动态演进中实现新均衡，劳动形态演变以及劳动者本位问题的争论再现。人工智能技术对劳动力市场带来的冲击和震荡，终将带来劳动的新形态和市场的新均衡，劳动让生活更美好、让人民更幸福的制度建设成为新经济时代的重要保障。

本章基于劳动形态演进的逻辑阐述、智能经济对劳动力市场的需求效应分析和我国劳动力供给的现状论述，构建智能经济时代我国劳动力市场动态均衡分析框架，从而奠定研究的理论基础。

8.1 基于就业弹性的劳动力市场动态均衡模型

劳动力市场的供需均衡是劳动力供给和需求共同作用的结果。劳动力供给与人口的年龄结构、受教育水平、技能结构、区域分布等因素密切相关,劳动力需求则受技术进步、产业结构、行业产品需求等因素影响。劳动力的供给调整很难迅速地适应市场需求变化,往往具有一定的周期性。因此,劳动力市场的动态均衡呈现蛛网模型的趋势和特征。

蛛网模型是运用弹性原理解释生产周期较长的市场在失去均衡时发生波动的一种动态分析框架。蛛网理论以市场价格偏离均衡价格为出发点,讨论市场供给和需求在非均衡状态下的变化和调整。智能经济引发劳动力供给的技能结构与市场需求不匹配,市场处于非均衡动态演进中,而数字型或创新型劳动力的培养需要一定的时间,具有明显的周期性特征。因此,利用蛛网理论均衡分析框架,对智能技术冲击下的劳动力市场展开动态均衡分析,从而依此设计促进劳动力市场供需匹配的技术路径和制度保障。

动态均衡模型关键在于引入时间变量,t 为当期,t−1 为上期,假设劳动力接受教育或培训的时间周期为单位 1,虽然现实劳动力市场教育培训周期因专业和技能而有所差异,但理论分析的简化并不影响结论的正确性。劳动力市场的蛛网模型基本假设为:第一,劳动力市场的当期需求由当期工资水平决定:$L_t^d = \alpha - \beta w_t$;第二,劳动力市场当期供给由上期工资水平决定:$L_t^s = \delta + \gamma w_{t-1}$,即劳动者会根据上一期劳动力市场工资水平决定学习何种专业或参加何种技能培训;第三,劳动力市场的均衡工资由当期供给和当期需求共同决定:$L_t^s = L_t^d$。

可见,由于市场调整受时间因素影响,市场供给与上期价格相关,市场需求受本期价格决定,市场供需的价格弹性将导致市场均衡呈现三种可能的变化趋势:发散型、收敛型和封闭型。

8.1.1 劳动力市场动态均衡模型:基于蛛网理论

(1)发散型蛛网:劳动力供给弹性大于劳动力需求弹性。

人工智能等技术变量引发劳动力市场波动,当劳动力供给价格弹性大于劳动力需求价格弹性时,劳动力市场的工资水平和供给变动幅度会增大,市场在动态演进中不断向外发散,工资水平呈现较为剧烈的波动。一般而言,劳动力供给短期工资弹性小于长期,即在较长的时间周期内,劳动力市场受技术等外生变量影响,其均衡工资更趋于发散型趋势,即随着新技术应用领域的推广和深入,劳动力工资水平的变化会有较大幅度的波动(见图8-1)。

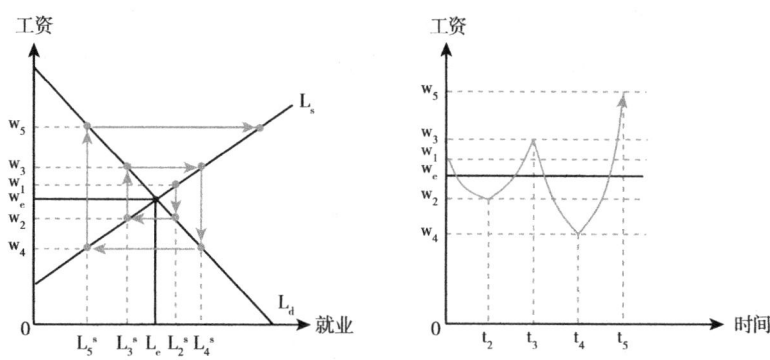

图8-1 劳动力市场动态均衡:发散型蛛网

(2)收敛型蛛网:劳动力供给弹性小于劳动力需求弹性。

人工智能等技术变量引发劳动力市场波动,当劳动力供给价格弹性小于劳动力需求价格弹性时,劳动力市场的工资水平和供给变动幅度会缩小,市场在动态演进中不断向均衡收敛,工资水平波动幅度不大且趋于稳定。一般而言,短期劳动力供给弹性小于需求弹性,即劳动力需求的短期调整较供给更容易实现。因此劳动力市场受技术等外生变量影响时,短期内劳动力市场均衡工资更趋于收敛型,即新技术出现对劳动力工资水平的影响短期不会呈现较大波动(见图8-2)。

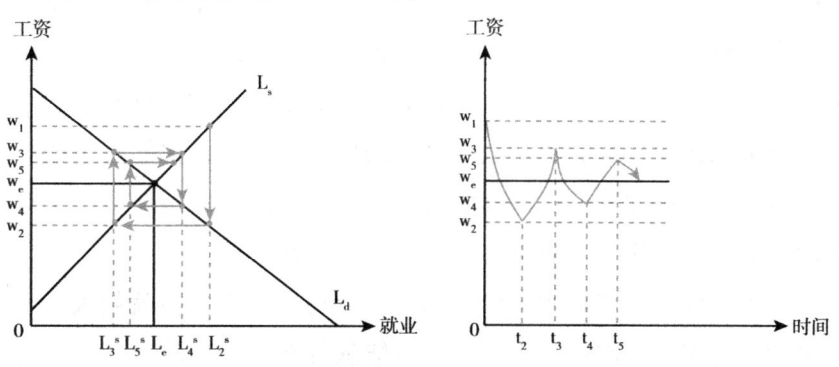

图8-2 劳动力市场动态均衡:收敛型蛛网

(3) 封闭型蛛网：劳动力供给弹性等于劳动力需求弹性。

人工智能等技术变量引发劳动力市场波动，当劳动力供给价格弹性等于劳动力需求价格弹性时，劳动力市场的工资水平和供给变动幅度会保持稳定波动，市场在动态演进中形成闭环，工资水平呈现较为稳定的上下波动。当市场影响劳动力需求和供给的各类变量共同作用且供需调整程度大致相当时，均衡工资波动起伏趋势稳定（见图8-3）。

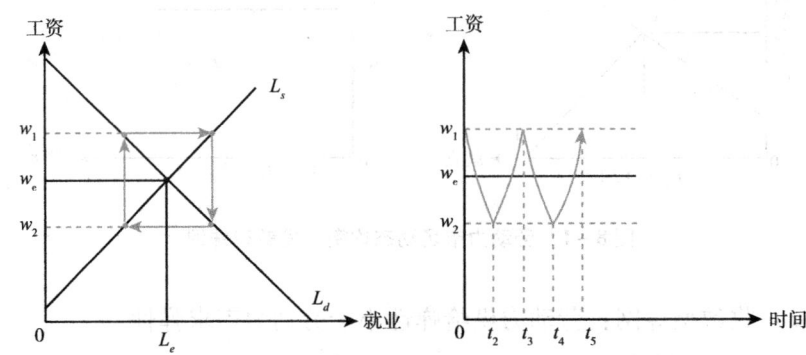

图8-3 劳动力市场动态均衡：封闭型蛛网

8.1.2 劳动力市场供需弹性影响因素分析

(1) 影响劳动力需求弹性的因素。

劳动生产率影响劳动力需求数量和需求结构。劳动生产率是衡量生产效率的重要指标，其直接受生产技术水平的影响，为企业提高产量、降低成本提供了较大空间。人工智能技术颠覆传统生产过程，带来生产效率的极大提升和劳动投入的节约，因此对劳动力需求的影响程度较深、范围较大。综合考虑智能技术应用与生产过程的成本和周期，智能技术在短期主要影响劳动力需求数量，长期则体现在需求结构方面；短期主要是对低技能劳动力的直接替代，长期则会促进劳动力技能升级。

其他生产要素对劳动的替代性越大，劳动力需求弹性就越大。人工智能技术的广泛应用，使智能化设备和智能软件在替代劳动要素方面有了很大空间，人工智能技术的推广应用速度越快，劳动要素被替代的可能性和速度也会越快，劳动需求弹性因此变大。而且，在生产要素相互替代的技术可能性给定的情况下，资本的供给弹性越大，劳动力需求的弹性也越大，即资本要素的快速集聚和积累，会使生产过程中资本替代劳动更具可能，从而劳动力的需求弹性就越大。

产品需求弹性与劳动力需求弹性同向变化。劳动需求是消费者对产品（服务）需求的派生需求，产品（服务）需求弹性越大，劳动力需求弹性也越大。智能化时代催生消费需求升级，发展型和享受型需求不断滋生，智能经济衍生的新业态，使各类产品和服务的需求更富有弹性，因此满足新消费需求的产品和服务提供，就会带动新的劳动力需求。越是集聚和吸引消费者智能型消费的领域，对劳动力需求的数量也越大。与此同时，对于逐渐被淘汰的产品和服务领域，所需劳动力也在大幅缩减。

劳动力成本占总成本的份额越大，需求弹性越大。企业作为劳动力的需求方，劳动力成本在总成本中的份额越大，劳动力价格变化对企业总成本影响就越大，劳动力需求弹性也就越大。反之，劳动力成本份额下降，工资变化的成本效应就比较低，企业对劳动的需求变动也就不会很大。因此，智能化技术对劳动密集型产业带来的要素需求冲击较大，企业短期面临技术更替的较大成本，但新技术应用的长期经济效应是大幅度降低劳动力生产成本，减少劳动力需求。

（2）影响劳动力供给弹性的因素。

人口年龄结构变化影响劳动力供给数量。统计学意义上将总人口中 15～64 岁的人口界定为劳动年龄人口，人口年龄结构的变化与人口总和生育率密切相关，随着生育率下降，总人口中的劳动年龄人口占比会缩小，伴随人口老龄化社会来临，人口年龄结构呈现"倒金字塔"型。生育政策的调整，会对人口年龄结构产生影响，但整体上劳动力供给会随着年龄结构演进而呈现出总量和占比双下降的趋势。由于经济社会发展带来的生育意愿下降成为人口低出生率的主要内驱因素，受技术进步的影响较小，因此就劳动力供给的人口基础而言，其弹性很小。

人力资本和劳动技能结构影响劳动力供给质量。劳动力接受教育和培训、工作经验的积累等是人力资本积累和技能提升的过程，伴随生产技术变革的过程，对劳动力的知识和技能要求也在提升，智能经济促发的数字型、创新型人才培养，是适应和满足新时代劳动力市场的供给侧转型与调整。由于人才培养和技能提升具有周期性，因此劳动力供给质量的变化，其弹性也具有一定周期性，短期弹性较小，长期弹性较大。

劳动力的流动性影响劳动力供给结构。劳动力流动主要包括城乡流动、区域流动和行业流动，受经济社会发展阶段、区域经济特征、产业结构变迁以及政策等因素影响，劳动力流动性具有较大异质性。劳动力城乡流动是城乡经济一体化发展的重要基础，无论是振兴城市工业、服务业，抑或是支持乡村振兴，劳动力城乡流动都是重要变量；区域间经济发展差异较大，是引发劳动力跨区域流动的重要因素，而劳动力自由流动将会实现生产要素的有效配置，交通发达、通勤缩短会极大促进劳动力跨区域流动，互联网、大数据及各类数字技术应用，使劳动力云端协作成为可能，可见技术增强了劳动力的跨区域供给弹性。

8.2 我国劳动力市场动态均衡的弹性测度：基于技术变量

本书选取蛛网理论模型，对我国劳动力市场的动态均衡进行测度，考虑技术变革的影响，测度将选取全要素生产率作为衡量技术的指标，分别对供给弹性、需求弹性和弹性差进行计算，综合度量技术变化对我国劳动力市场均衡演变产生的影响。

（1）劳动力市场供需弹性测度方法。

劳动力供给通常是指劳动者在某一特定时间、在某一劳动力市场上、在某一价格水平下，愿意并且能够提供的劳动数量。在实际的统计测算中，劳动力供给 L_s 由三部分组成：一是劳动年龄人口 N，指现有劳动力人口中正在从业的人数和失业的人数的总和；二是劳动时间 T，指劳动力的实际工作时间；三是劳动效率 A。因此，劳动力供给可表示为 $L_s = N \times T \times A$。

劳动力供给量的变动对工资率变动的反应程度定义为劳动力供给的工

资弹性,简称为劳动力供给弹性 e_s。若用 $\Delta L_s/L_s$ 表示供给量变动的百分比,$\Delta w/w$ 表示工资率变动的百分比,则:$e_s = \dfrac{\dfrac{\Delta L_s}{L_s}}{\dfrac{\Delta w}{w}}$。借鉴弹性中点公式的计算法则,可将 t 期供给弹性公式表示为:$e_t^s = \dfrac{L_t^S - L_{t-1}^S}{w_t - w_{t-1}} \cdot \dfrac{w_t + w_{t-1}}{L_t^S + L_{t-1}^S}$。劳动力需求量的变动对工资率变动的反应程度定义为劳动力需求的工资弹性,简称为劳动力需求弹性 e_d。设 $\Delta L_d/L_d$ 表示需求量变动的百分比,$\Delta w/w$ 表示工资率变动的百分比,则:$e_d = \dfrac{\dfrac{\Delta L_d}{L_d}}{\dfrac{\Delta w}{w}}$。同样可将 t 期需求弹性公式表示为:$e_t^d = \dfrac{L_t^d - L_{t-1}^d}{w_t - w_{t-1}} \cdot \dfrac{w_t + w_{t-1}}{L_t^d + L_{t-1}^d}$。

在供需弹性测算基础上,将劳动力供给弹性 e_t^s 和劳动力需求弹性 e_t^d 进行比较,并计算两个序列的差值,即弹性差 $TXC = e_t^s - e_t^d$,绘制该差值的时间序列图,进而分析劳动力市场动态均衡类型和阶段性特征。

(2)我国劳动力市场供需弹性测度结果。

我们的研究重点关注新技术对劳动力市场均衡的影响,因此在考察劳动力供给时,主要以我国劳动力年龄人口和劳动力效率指标作为测度劳动力供给弹性的依据,关于劳动力实际工作时间 T 的变化,研究暂不予以考虑,即将 T 视为固定不变(考虑所考察的时间周期较短,劳动力工作时间基本保持稳定)。

首先,我们基于我国劳动力供给的人口基础,结合我国 1979~2020 年人口年龄结构数据,对我国劳动力市场供求弹性进行测度,计算弹性差结果如图 8-4 所示。从测度结果可见,改革开放以来我国劳动力市场的动态均衡呈现阶段性特征。

劳动力无限供给期(1979~1990 年),劳动力市场的需求价格弹性大于供给价格弹性。由于生产力水平相对较低,物质产品较匮乏,市场对劳

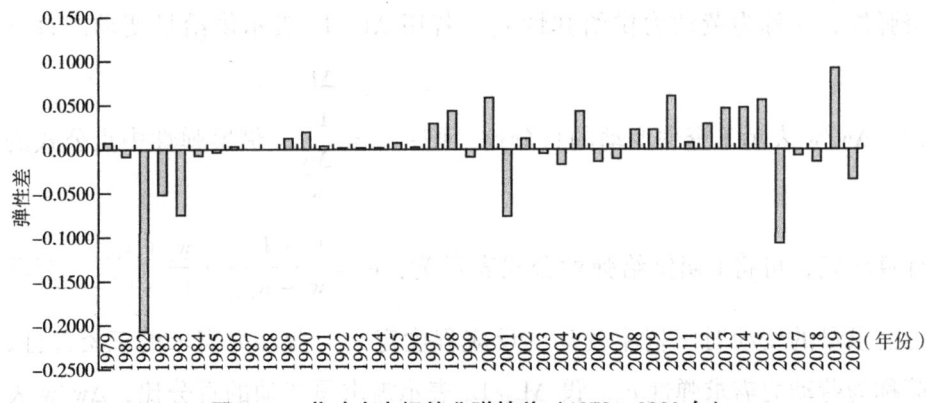

图 8-4 劳动力市场就业弹性差 (1979~2020 年)

动力需求的变化受百姓对物质产品需求的影响较大，伴随城乡二元经济结构的城市化和工业化进程，劳动力需求不断增加，劳动力供给此时由于农业生产效率的提升而释放大量剩余劳动力，劳动力供给不受限。

人口红利释放期（1991~2002 年），劳动力市场的需求价格弹性和供给价格弹性相等。伴随着东南沿海扩大开放，改革不断深入，我国大批中西部农村剩余劳动力涌向东南沿海地区，支持东南沿海经济快速发展，期间全国城市化进程不断加速，充足的劳动力供给成为我国经济飞速发展的重要支撑。

劳动力有限供给期（2003~2008 年），劳动力市场的需求价格弹性小于供给价格弹性。随着我国人口转变的实现，劳动力开始从阶段性、区域性的短缺逐渐蔓延至常态化、全国性的缺工，我国劳动力无限供给的阶段结束，劳动力市场的价格开始上升且用工成本递增，廉价劳动力时代结束。

技能结构调整期（2009 年至今），劳动力市场的供需弹性差交替变化。人口转变与新技术应用共同催生劳动力市场的结构性变化，人工智能等新技术对劳动力提出全新的技能需求，大批传统就业岗位被智能机器人替代，智能化应用场景所需的劳动力需求应运而生，与此相应教育领域人才培养模式改革和劳动力市场数字型技能培训层出不穷，劳动力市场供需同时经历剧烈变革。

研究将全要素生产率引入，作为劳动效率 A 的测度指标，对我国 2008~2020 年劳动力市场供需弹性进行测度，与未引入技术变量的测度结果进行对比，如图 8-5 和图 8-6 所示。发现引入技术冲击后的劳动力市场，其动态均衡整体呈现供给价格弹性较需求价格弹性大的发散型蛛网状，即技术冲击引发劳动力市场均衡工资水平剧烈波动，市场供需表现出阶段性、结构性波动。当然，技术的外生冲击，也会引发劳动力市场内部结构的变化，市场在动态均衡演化中也在不断实现调整和优化，劳动力市场供需结构匹配是市场动态演化的归宿。

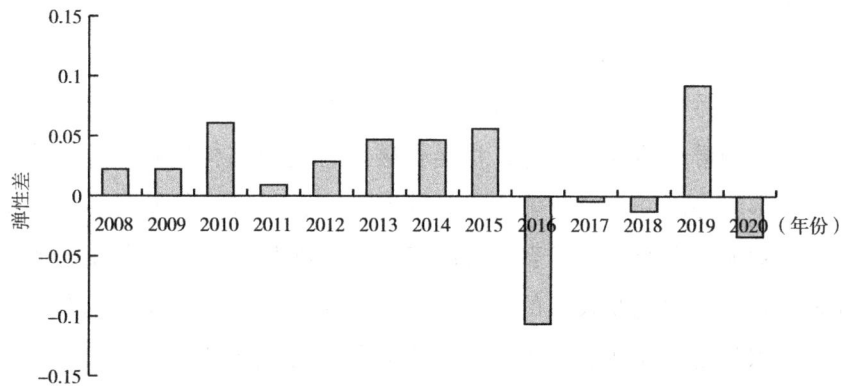

图 8-5　2008~2020 年我国劳动力市场供需弹性差

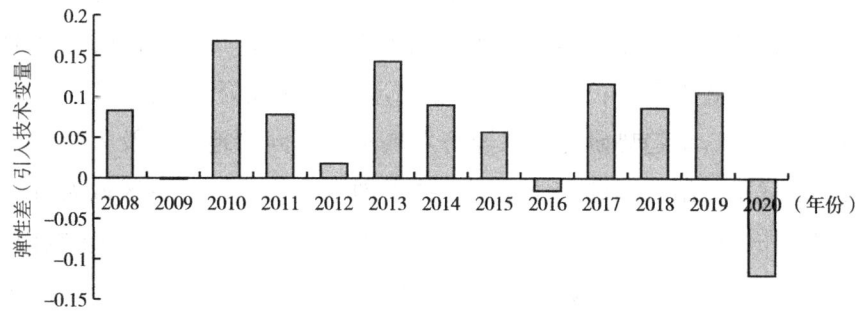

图 8-6　2008~2020 年我国劳动力市场供需弹性差（引入技术变量）

8.3　智能经济时代我国劳动力市场动态均衡趋势

（1）自由多元的职业结构。

智能经济时代机器对人类劳动替代的直接结果就是部分职业的消失，而伴随着智能经济的就业创造也催生了很多新的业态和就业形式。劳动者实现就业突破了固定场所、固定时间,而且一个人可以从事多种职业、获取多份收入。本趋势研究主要通过问卷调查的方式,选取不同年龄、不同岗位、不同薪酬等级、不同就业性质的人群作为调查对象,收集关于灵活就业方式、新型就业模式、新型劳动关系等方面的微观数据资料,解析自由多元的职业结构在充分就业、高质量就业方面的贡献以及可能存在的一些劳动者权益保障等问题。

(2) 智能融合的部门结构。

智能经济时代是产业大融合、人机共存共生的时代。产业部门之间协同发展、互相带动的发展态势,将会打破原有就业结构伴随产业演进的一般规律。本趋势研究以产业融合、智能制造、分享经济等新经济热点为背景,选取智能制造产业为代表进行研究,对就业人口的部门结构进行分析,研究智能经济时代就业人口的部门融合化趋势和特点,阐明新时代就业人口不仅要求具备专业技能,还需要具备综合智能智慧和数字素养。

(3) 空间集聚的区域结构。

智能经济时代区域经济发展的创新活动会集中在区域性中心城市,中心城市的就业汇聚功能会形成区域就业中心。因此,智能经济时代就业的区域结构性矛盾表现为:区域中一线、二线中心城市和周边三线、四线城市的就业差距。本趋势研究选取经济发展水平不同的地区以及太原城市群作为区域样本,结合区域产业结构、技术创新等指标,对各区域人口的就业空间分布特征与趋势做可视化分析,研究导致就业空间极化的影响因素,从而为经济发展态势相对较差、就业吸纳能力相对较弱的三线、四线城市解决就业难题提供对策依据。

(4) 技术极化的技能结构。

智能经济时代对劳动者素质和技能水平要求提高,机器代替的不仅是人类从事的繁重体力劳动,即使是简单重复性、程序化的脑力劳动也会逐渐被人工智能取代,劳动者需要从事的是更具创新性的劳动。本趋势研究主要分析智能技术对不同岗位职业的替代差异,以及与此同时不同职业岗位对创新型技能人才的争夺效应,阐明在创新型劳动制胜的智能经济时代,具有高创造性人力资本的人才对经济发展意义重大。

第 4 篇

智能经济时代劳动力就业结构实证研究

第9章 自由多元：智能经济时代劳动力市场职业结构调查研究

随着人工智能、5G 技术等的快速发展，在享受高效与便捷的同时，我们关注其对就业产生的影响。因此，进行智能经济时代劳动力就业状况系列调查问卷，本次调查采取发放电子问卷的方式，分别于 2019 年、2023 年组织两期问卷调查活动，其中 2019 年回收 1302 份有效问卷，2023 年回收 528 份有效问卷。

9.1 第一期问卷调查情况分析

9.1.1 样本背景分析

如表 9-1 所示的样本数据的统计结果显示，被调查者中男性占比为 38.33%，女性占比为 61.67%；年龄在 31~40 岁被调查者占总人数的 31.72%，41~50 岁的被调查者占比为 28.80%，21~30 岁的被调查者占比为 19.97%，小于 20 岁、51~60 岁的被调查者占比均为 9.25%，61 岁以上参与调查的人数较少，仅占 0.46%；被调查者工作地主要集中于县级城市，占比为 40.09%，其次为地级市、省会城市，占比分别为 24.19%、23.37%，在乡镇级工作的劳动者占比最小，仅为 12.44%；被调查者户口类型主要为非农业户口，占比为 61.14%。

表9-1　　　　　　　　　　样本背景分析

性别	男		女	
人数	499		803	
百分比	38.33%		61.67%	
年龄	<20	21~30	31~40	41~50	51~60	61以上
人数	124	260	413	375	124	6
百分比	9.25%	19.97%	31.72%	28.80%	9.25%	0.46%
工作地区	省会城市	地级市	县级	乡镇级
人数	303	315	522	162
百分比	23.37%	24.19%	40.09%	12.44%
户口类型	农业户口		非农业户口	
人数	506		796	
百分比	38.86%		61.14%	
家庭状况	父母	兄弟姐妹	配偶	子女
人数	1094	940	931	900
百分比	84.02%	72.20%	71.51%	69.12%

9.1.2　样本基本信息分析及技能分级

9.1.2.1　工作基本信息

从"行业—工作单位属性—职业类型"三个维度对被调查者的工作情况进行了划分。

(1) 行业分析。

在被调查者中，从事教育业的被调查者占比最高，占总人数的26.71%；其次为从事公共管理、社会保障和社会组织行业，金融业，农、林、牧、渔业，批发和零售业的被调查者，占总人数的比重分别为11.2%、7.75%、6.22%和6.14%；剩余行业的被调查者占比均不足5%（见图9-1）。

(2) 工作单位/雇主性质。

在被调查者中，工作单位为事业单位的被调查者占比最高，占总人数的34.18%；其次为私营企业/个体工商户，被调查者占总人数的19.51%；

第9章 自由多元：智能经济时代劳动力市场职业结构调查研究

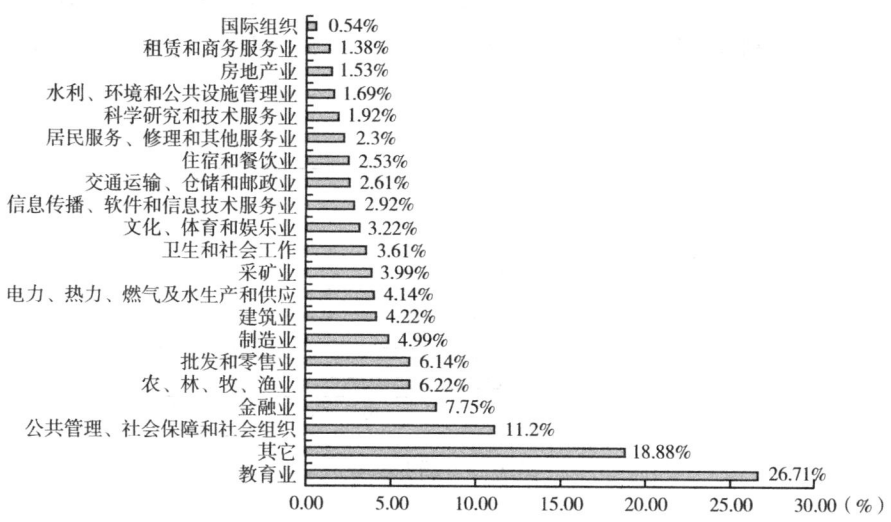

图9-1 劳动力就业的行业分布

工作单位为国有企业、政府部门/党政机关/人民团体的被调查者占总人数的比重分别为12.14%、11.6%；剩余被调查者的工作单位为个人/家庭、外商/港澳台商企业及其他民办非企业组织/协会/行会/基金会/村居委会，占比分别为7.83%、1.23%、1.15%（见图9-2）。

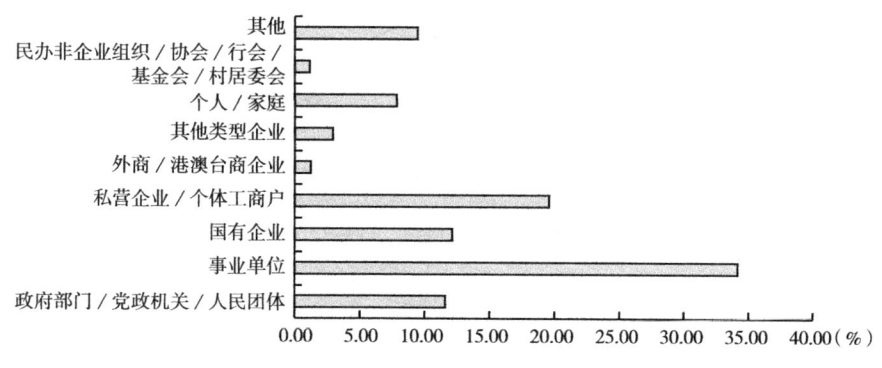

图9-2 工作单位/雇主属性

（3）职业类型。

在被调查者中，专业技术人员所占比重为29.88%；办事人员和相关人员，国家机关、党群组织、企事业单位负责人所占比重分别为15.98%、

15.36%；从事商业、服务业行业人员所占比重为13.75%；从事农、林、牧、渔、水利生产人员所占比重为2.38%；军人所占比重最小，仅为0.23%（见图9-3）。

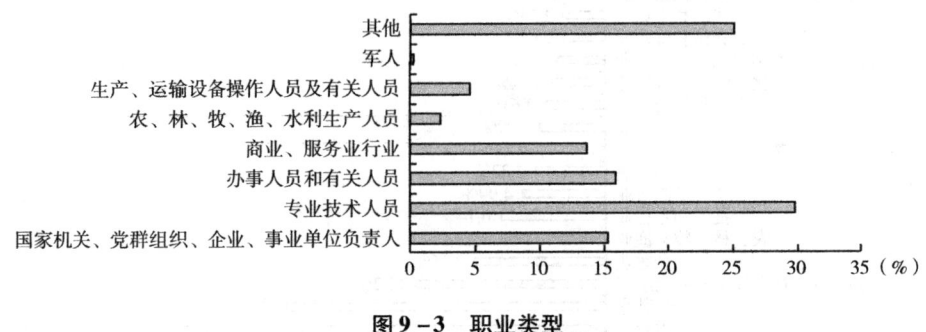

图9-3 职业类型

（4）工作年限。

在被调查者中，工作年限在1年之内的被调查者占总人数的13%；工作年限为1~3年的被调查者占总人数的12%；工作年限为3~5年的被调查者占总人数的11%；工作年限为5~10年的被调查者占总人数的13%；工作年限为10年以上的占总人数的51%（见图9-4）。

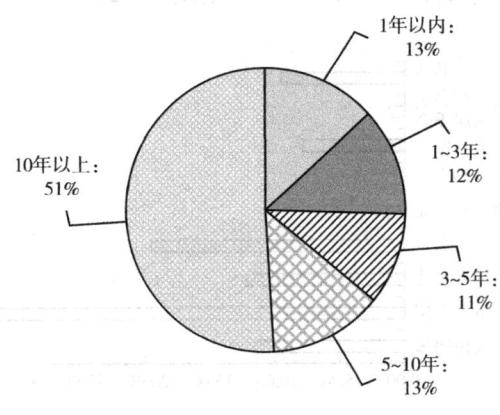

图9-4 工作年限

（5）年收入。

在被调查者中，年收入为2万元以下的被调查者占总人数的19%；年收入为2万~3万元的被调查者占总人数的13%；年收入为3万~5万元的被调查者占总人数的29%；年收入为5万～10万元的被调查者占总人数的26%；年收入为10万～20万元的被调查者占总人数的8%；年收入为20万～50万元的被调查者占总人数的3%；年收入为50万元以上的被调查者占总人数的2%（见图9-5）。

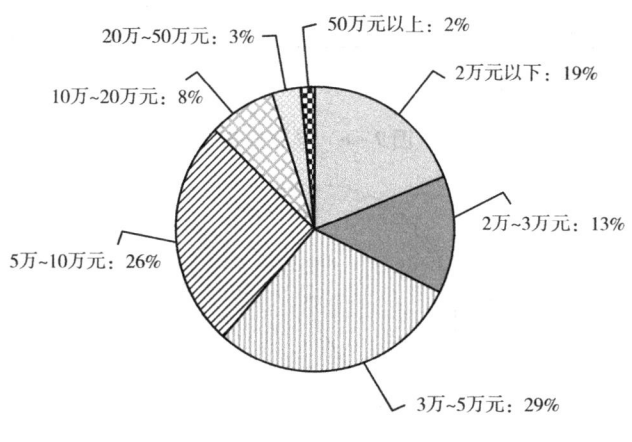

图9-5　年收入

9.1.2.2　工作技能水平划分

根据被调查者的最高学历、是否拥有职业技能证书、直接管辖的员工个数、年收入涨幅四个维度进行技能水平划分。

（1）学历分布。

在被调查者中，占比最高的是本科学历，占总人数的44.78%；其次是高中/中专/技校/职高学历和大专学历，分别占总人数的16.51%和15.82%；初中及以下学历占总人数的11.98%；硕士和博士占比较少，分别为8.76%和2.15%（见图9-6）。

（2）是否拥有职业技能证书。

61%的被调查者拥有职业技能证书，说明职业技能证书在当前就业中具有重要作用（见图9-7）。

从行业来看，交通运输、仓储和邮政业，金融业和教育业更需要职业技能证书，而批发和零售业、住宿和餐饮业、租赁和商务服务业和公共管

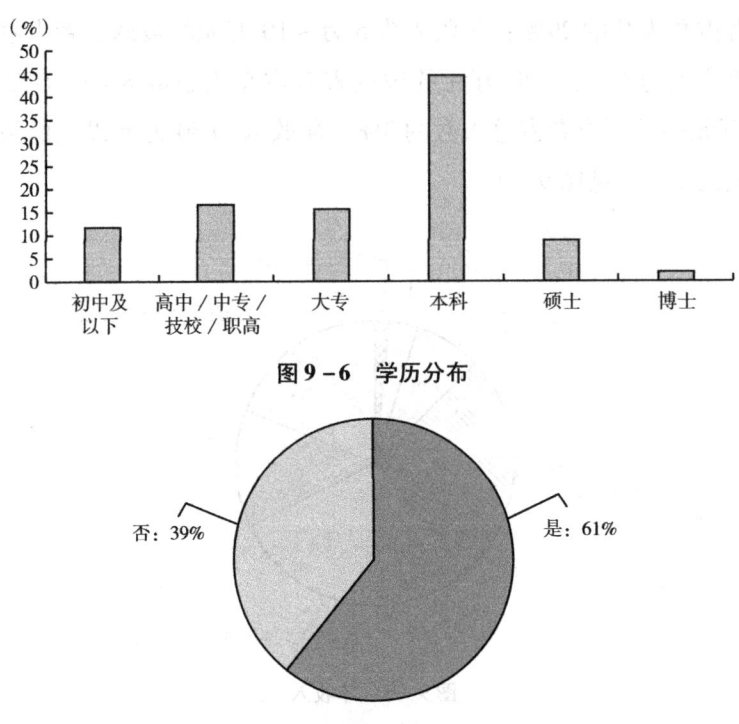

图9-6 学历分布

图9-7 是否拥有职业技能证书

理、社会保障和社会组织从业者拥有职业技能证书的比例均小于50%（见图9-8）。

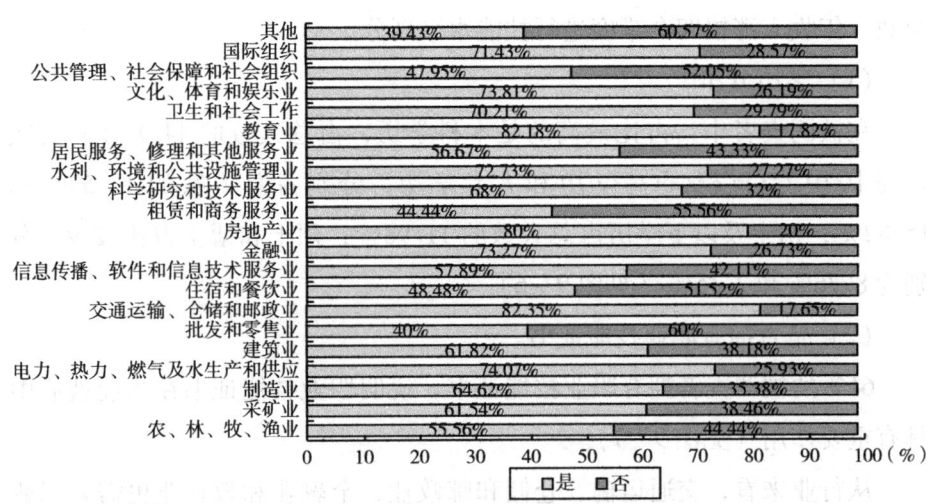

图9-8 不同行业拥有职业技能证书占比

第 9 章　自由多元：智能经济时代劳动力市场职业结构调查研究

（3）年收入涨幅情况。

从年收入涨幅来看，73%的被调查者年收入涨幅低于5%；21%的被调查者年收入涨幅在5%~10%；4%的被调查者年收入涨幅在10%~20%；仅有2%的被调查者年收入涨幅高于20%（见图9-9）。

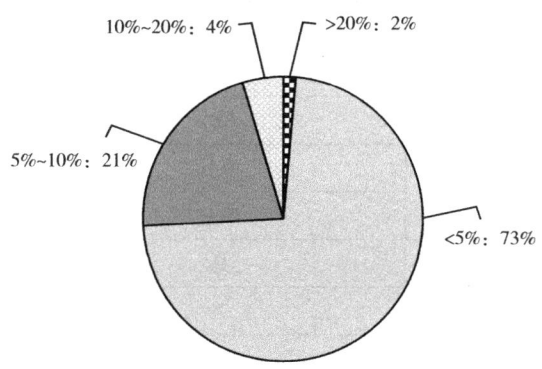

图9-9　年收入涨幅图

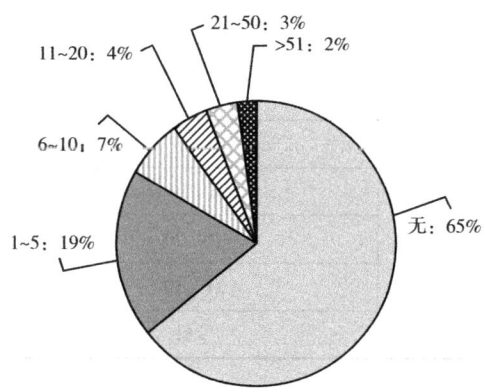

图9-10　直接管辖员工个数

（4）直接管辖的员工个数。

从直接管辖员工数量来看，65%的被调查者没有直接管辖员工；19%的被调查者直接管辖1~5名员工；7%的被调查者直接管辖6~10名员工；4%的被调查者直接管辖11~20名员工；3%的被调查者直接管辖21~50名员工；2%的被调查者直接管辖超过51名员工（见图9-10）。

对以上四个维度分别赋予25%的权重，形成多指标体系来划分被调查者的技能水平。评分体系如表9-2所示。

表9-2　　　　　　　　　　技能水平评分体系

题目	选项	得分
最高学历（25%）	初中及以下	0
	高中/中专/技校/职高	1
	大专	2
	本科	3
	博士	4
	硕士	5
是否拥有职业技能证书（25%）	是	2
	否	0
年收入涨幅（25%）	<5%	1
	5%~10%	2
	10%~20%	3
	>20%	4
直接管辖员工个数（25%）	无	0
	1~5	1
	6~10	2
	11~20	3
	21~50	4
	>51	5

根据上述评分体系，将被调查者划分为低、中、高三个等级的技能水平。得分小于1为低技能劳动力，439名被调查者位于此区间；得分大于1且小于或等于1.75之间为中等技能劳动力，614名调查者位于此区间；得分大于1.75为高技能劳动力，249名调查者位于此区间。

根据上述评分方法得到，34%的被调查者属于低技能劳动力，47%的被调查者属于中等技能劳动力，19%的被调查者属于高技能水平劳动力（见图9-11）。

第9章 自由多元：智能经济时代劳动力市场职业结构调查研究

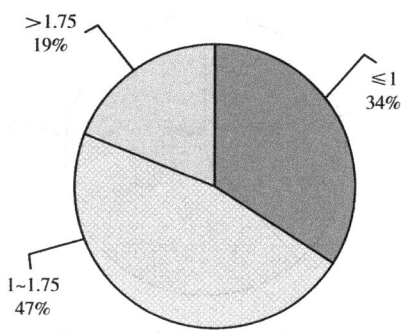

图9-11 技能水平占比

9.1.3 匹配性分析

9.1.3.1 受教育程度匹配性分析

表9-3中纵轴X代表被调查者的受教育程度，横轴Y表示被调查者认为该工作实际需要的教育程度，百分比表示被调查者认为工作中需要的教育程度占被调查者实际受教育程度的比值，表中斜体数据代表两者相匹配的百分比，可以看出高中、本科学历教育程度匹配性最高，分别为60.47%和68.27%（见表9-3）。

表9-3 受教育匹配度

X \ Y	初中及以下	高中/中专/技校/职高	大专	本科	硕士	博士	不必念书
初中及以下	*60.26%*	27.56%	5.77%	1.28%	0.64%	1.28%	3.21%
高中/中专/技校/职高	9.77%	*60.47%*	12.09%	14.42%	0	0.47%	2.79%
大专	0.49%	25.24%	*50.49%*	18.93%	3.40%	1.46%	0
本科	1.20%	5.83%	15.61%	*68.27%*	7.03%	1.72%	0.34%
硕士	0	3.51%	8.77%	59.65%	*23.68%*	2.63%	1.75%
博士	0	7.14%	0	10.71%	25%	*57.14%*	0

同时，有62%的被调查者认为需要继续提高学历（见图9-12）。

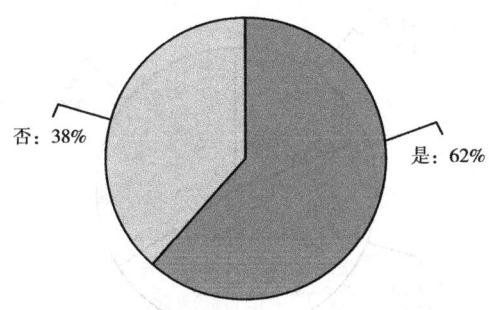

图9-12 是否考虑继续学习提高学历

9.1.3.2 工作技能匹配性分析

(1) 是否考虑提高工作技能

85%的被调查者认为需要继续提高工作技能水平以适应工作需要,表明了当前技能水平和工作的不匹配程度较高(见图9-13)。

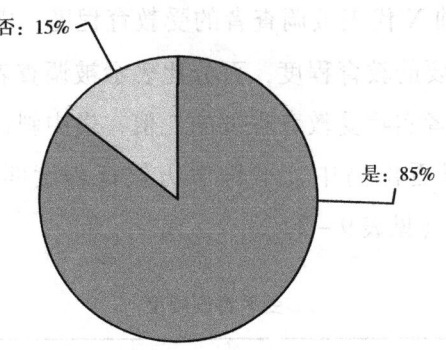

图9-13 是否考虑提高工作技能

(2) 更换工作的次数。

60%的被调查者没有更换过工作;28%的被调查者更换过1~2次的工作;11%的被调查者更换过3~6次工作;1%的被调查者更换过7~10次工作;0.38%的被调查者更换过11次以上工作。此组数据表明,大部分被调查者没有更换过工作(见图9-14)。

(3) 未来是否有改变自己职业的需要。

55.61%的被调查者认为在未来没有更换自己工作的需要,44.39%的被调查者认为在未来有更换自己工作的需要,基本各占一半(见图9-15)。

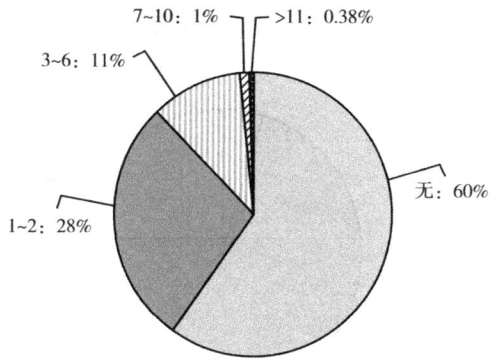

图9-14　更换工作次数

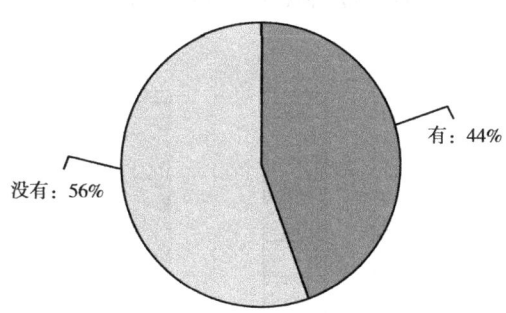

图9-15　是否有改变职业的需要

9.1.4　人工智能对就业的影响

人工智能对异质性劳动力会产生不同的影响，本部分依据问卷设计中的5个问题，分别分析人工智能对低、中、高技能劳动力造成的影响。

(1) 有受到过时代进步对您职业的冲击吗？

总体来看，58.4%的被调查者认为自己的职业受到时代进步的冲击，并通过调整自己适应工作；4.68%的被调查者认为自己的职业受到时代进步的冲击，并因此换了工作（调整职位）；36.91%的被调查者认为自己的职业没有受到时代进步的冲击（见图9-16）。

具体分析时代进步对异质性劳动力带来的影响。低技能劳动力受到时代冲击的影响最小，依次是中等和高技能劳动力；其中高技能劳动力最易受到时代进步的冲击并调整自己适应工作（见图9-17）。

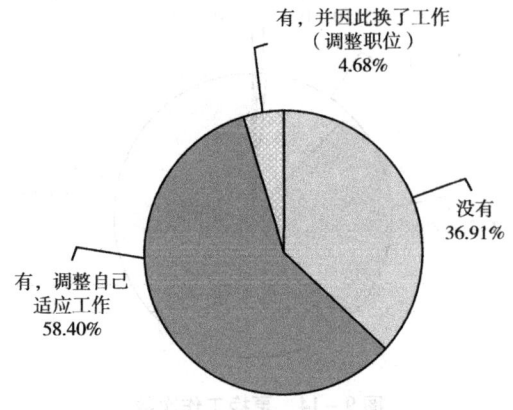

图 9-16 时代进步对职业的冲击

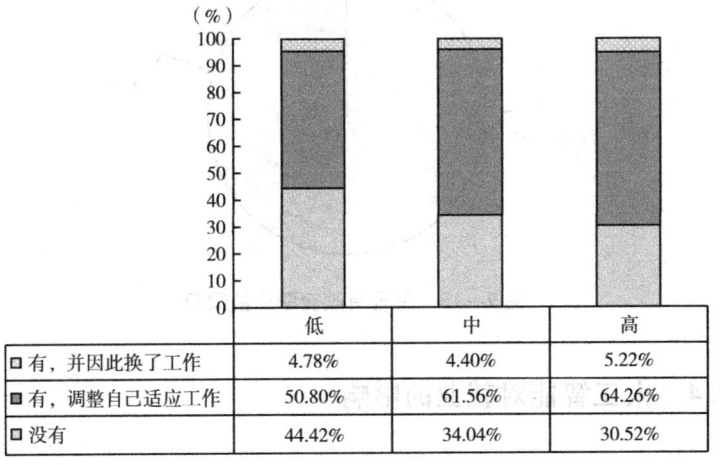

图 9-17 异质性劳动力受时代冲击的影响

（2）您了解人工智能吗？

总体来看，61.47%的被调查者对人工智能不太了解，只是新闻里听过而已；35.30%的被调查者对人工智能比较了解，会特别留意相关信息；仅有3.22%的被调查者对人工智能非常了解，会专门查找相关资料（见图9-18）。

（3）对机器人在生活中应用的看法。

总体来看，82.58%的被调查者认为机器人的广泛应用会使生活更加方便快捷；10.13%的被调查者认为机器人的使用不如人工；7.29%的被调查者认为无所谓（见图9-19）。

第9章 自由多元：智能经济时代劳动力市场职业结构调查研究

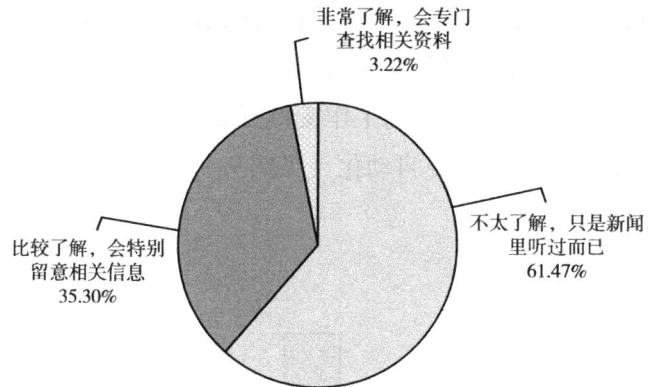

图9-18 对人工智能的了解程度

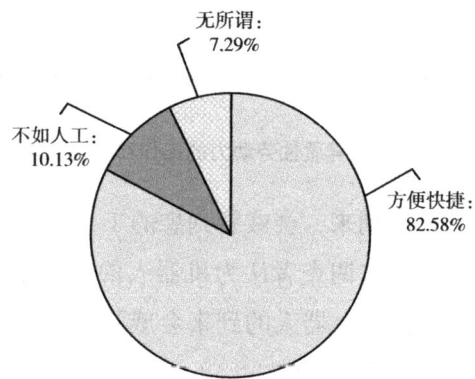

图9-19 对人工智能在生活中应用的态度

（4）您的工作变得更加自动化了吗？

总体来看，59.48%的被调查者认为工作变得更加自动化，40.52%的被调查者认为工作没有变得更自动化（见图9-20）。

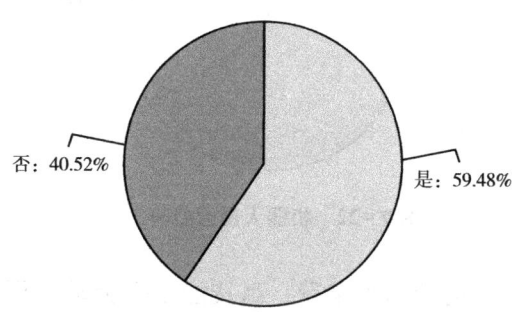

图9-20 工作是否变得自动化

从不同技能水平劳动力的工作自动化情况来看，72.29%的高技能劳动力的工作变得更加自动化；57.98%的中等技能劳动力的工作变得更加自动化；54.21%的低等技能劳动力的工作变得更加自动化。该组数据表明随着技能水平的提高，工作变得更自动化（见图9-21）。

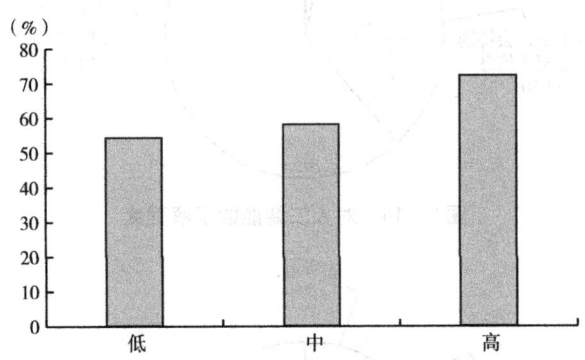

图9-21　异质性劳动力的工作自动化情况

（5）您认为机器人的到来，会威胁到您的工作吗？

总体来看，54.49%的被调查者认为机器人的到来不会威胁到自己的工作，34.08%的被调查者认为机器人的到来会威胁到自己的工作；11.44%的被调查者表示不清楚（见图9-22）。

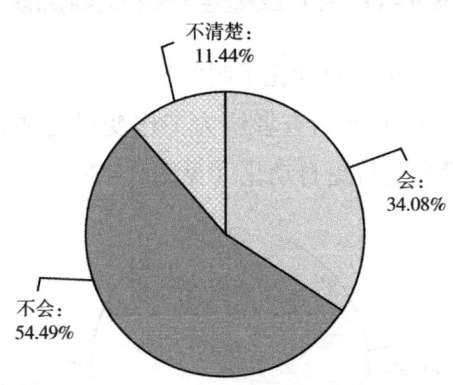

图9-22　机器人是否威胁工作

从不同技能水平的劳动力来看，高技能水平劳动力更加认为机器人不会威胁自己的工作；其次是中等技能水平劳动力；低技能水平劳动力较多认为机器人会威胁自己的工作（见图9-23）。

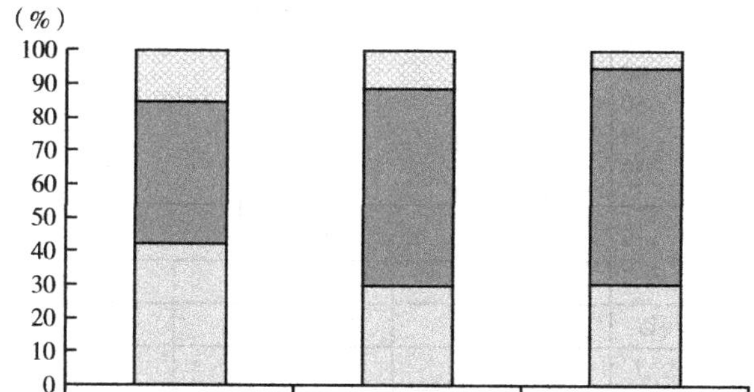

	低	中	高
不清楚	15.26%	11.24%	5.22%
不会	42.82%	58.96%	64.26%
会	41.91%	29.80%	30.52%

图9-23 异质性劳动力看待机器人威胁工作

（6）您希望机器人参与到工作中吗？

总体来看，73.75%的被调查者希望机器人参与到工作中，提高工作效率；9.36%的被调查者不希望机器人参与到工作中，担心取代自己的工作；其余16.88%的被调查者表示都可以（见图9-24）。

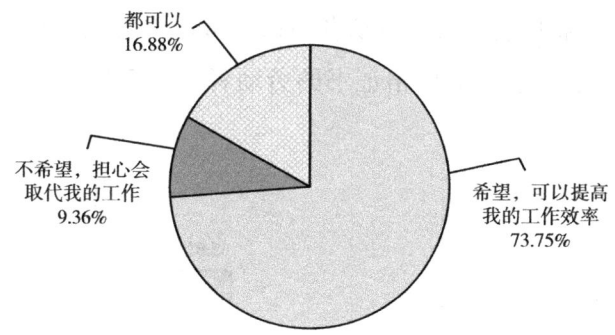

图9-24 是否希望机器人参与工作

从不同技能水平的劳动力来看，高技能水平劳动力更希望机器人参与工作，提高工作效率；低技能劳动力最不希望机器人参与工作，担心自己工作被取代（见图9-25）。

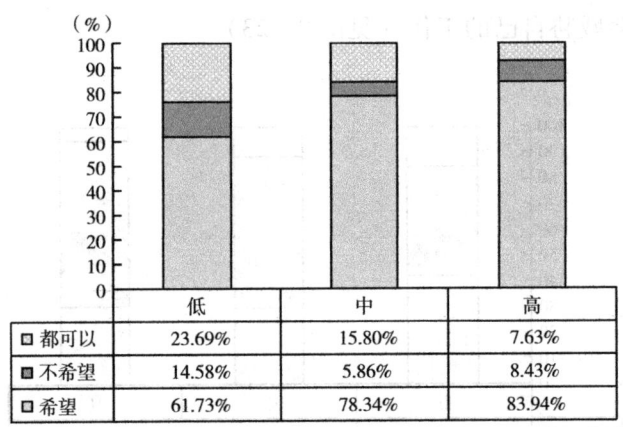

图 9-25 异质性劳动力对机器人参与工作的看法

9.1.5 人工智能就业替代效应交互分析

(1) 职业技能与就业替代。

具有更高职业技能水平的劳动者更不容易被人工智能所替代。职业技能选取是否拥有职业资格证书进行衡量。从图 9-26 所呈现的结果我们发现,拥有职业资格证书的劳动者中有 33.08% 认为机器人会威胁到自身的工作,未拥有职业技能证书的劳动者中认为机器人会威胁到自身的工作占比为 35.62%,比拥有职业资格证书的劳动者高 2.54%。拥有职业技能证

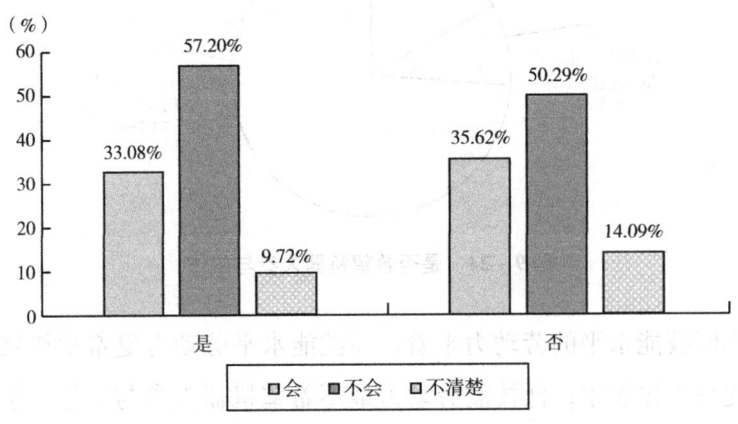

图 9-26 职业技能与就业替代

书的就业者相对于未拥有的就业者感受到机器人对工作威胁的比率低,可见拥有职业技能证书可以在一定程度上缓解人工智能对劳动力就业的替代效应。职业技能证书是劳动者职业技能水平衡量的指标,拥有职业技能证书的劳动者代表着具有更高的职业技能水平,故具有更高职业技能水平的劳动者更不容易被人工智能所替代。

(2)行业与就业替代。

不同行业受到人工智能的就业替代冲击程度不同,第三产业中许多行业也受到了不小的冲击(见图9-27)。住宿和餐饮业、采矿业、房地产业、租赁和商务服务业、交通运输仓储和邮政业、批发和零售业、文化体育娱乐业、信息传播软件和信息技术服务业、制造业、居民服务修理和其他服务业行业

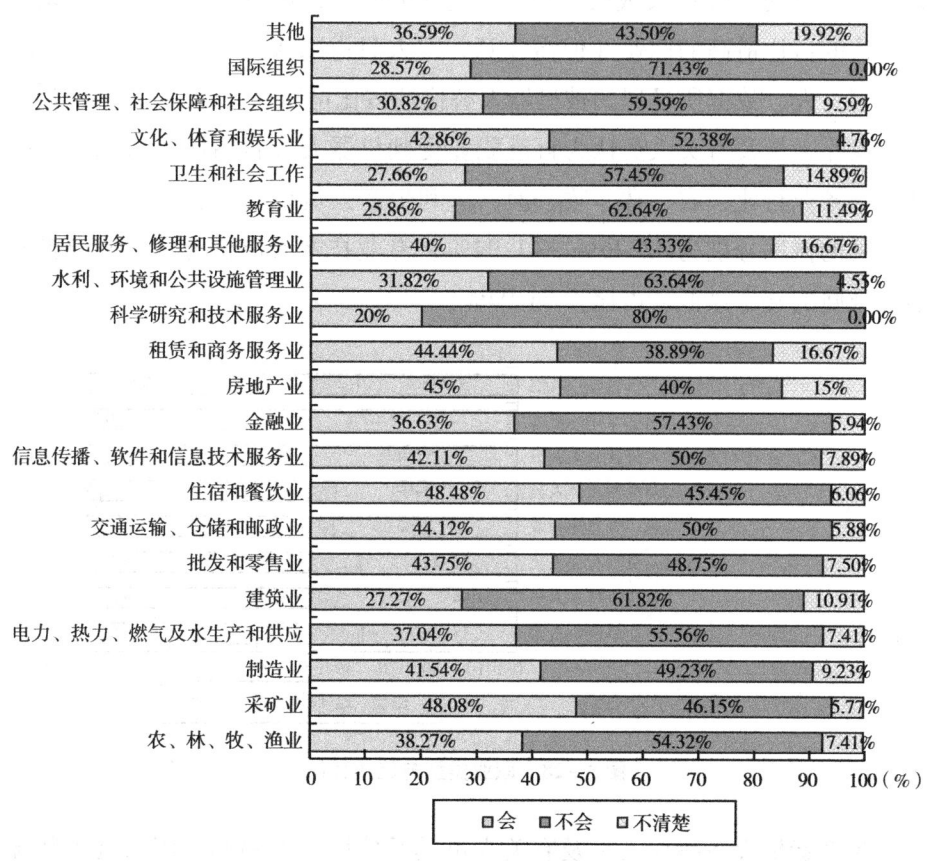

图9-27 行业与就业替代

的就业者均有40%及以上认为机器人会威胁到工作(上述行业就业者认为机器人威胁工作所占比例依次递减);科学研究和技术服务业、教育业、建筑业、国际组织等行业就业者认为工作被机器人威胁的比例较低(上述行业就业者认为机器人威胁工作所占比例依次递增),均在20%~30%。其中就业者均有40%及以上认为机器人会威胁到工作的行业中第三产业行业较多,可见随着人工智能的发展,机器换人现象不仅仅发生在第一、第二产业上,也逐步进入第三产业,对第三产业的劳动者同样也产生了替代效应。

(3)职业类型与就业替代。

工作流程偏简单重复机械的职业更容易被人工智能替代。从职业类型角度考量职业被机器人所替代的个人感知可以看到(见图9-28),军人认为自己职业受到机器人威胁的概率高达66.67%,是所有职业类型中认为被替代的占比最高的职业(但需注意,军人只占1302份问卷中的0.23%,即只有3人,数据所呈现的被机器人替代的占比可靠性待确定);生产运输设备操作人员及有关人员认为自己职业受到机器人威胁的概率为52.46%;商业服务业行业,农、林、牧、渔、水利生产人员认为自己职业受到机器人威胁的概率分别为42.46%、41.94%;专业技术人员认为自己职业被机器人威胁的概率最低,占比为24.94%。

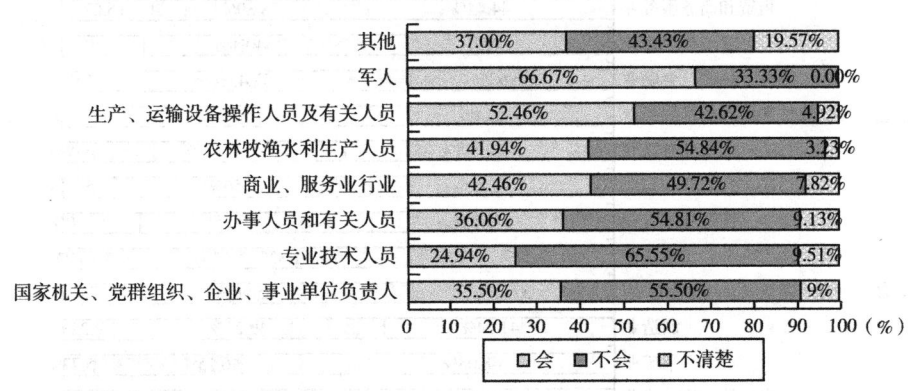

图9-28 职业类型与就业替代

生产运输设备操作人员及有关人员其受威胁概率最高,因为其工作流程多为重复性、机械性简单工作,而机器人可以提供更高效、更精准、更快的劳动供给；同样的商业、服务业行业、农林牧渔水利生产人员也因其工作偏简单而受到了一定的冲击；而专业技术人员因为其所拥有的技术具有一定的不可替代性，并且存在专业壁垒与准入门槛，所以人工智能较难对该高精尖的职业进行替代。

（4）工作地区与就业替代。

工作地位于经济发展水平越高的劳动者越能感受到机器人对其工作的威胁。从图9-29中可以看到，省会地区认为机器人会威胁工作的占比达到35.97%，地级市及县级占比分别为30.79%、30.27%。经济发展水平越高的地区对应越高、越先进、变化越快的技术水平需求，故在越发达地区工作的劳动力将越可能面临更多的风险与挑战，只有不断提升自我适应地区环境就业需求才能更好地把握高竞争下的机会，故省会城市劳动力面临的人工智能替代较地市级、县级劳动力高。

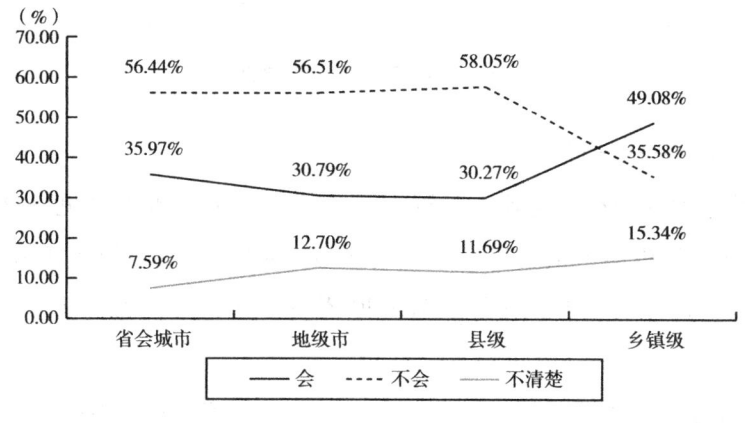

图9-29 工作地区与就业替代

最高学历高低对人工智能所造成的就业替代所产生的影响作用不容忽视。虽然工作地处乡镇的劳动力有高达49.08%的比例感受到机器人对工作的威胁，考虑到乡镇级的劳动力受教育水平总体偏低（见图9-30），最高学历为初中及以下的占比为48.47%，高中/中专/技校/职高占比为28.22%，两者相加比例高达76.69%。由于最高学历对劳动者的职业替代率有着不可忽视的影响，可能是造成乡镇级劳动者感受到机器人对工作威胁感偏高的重要原因。

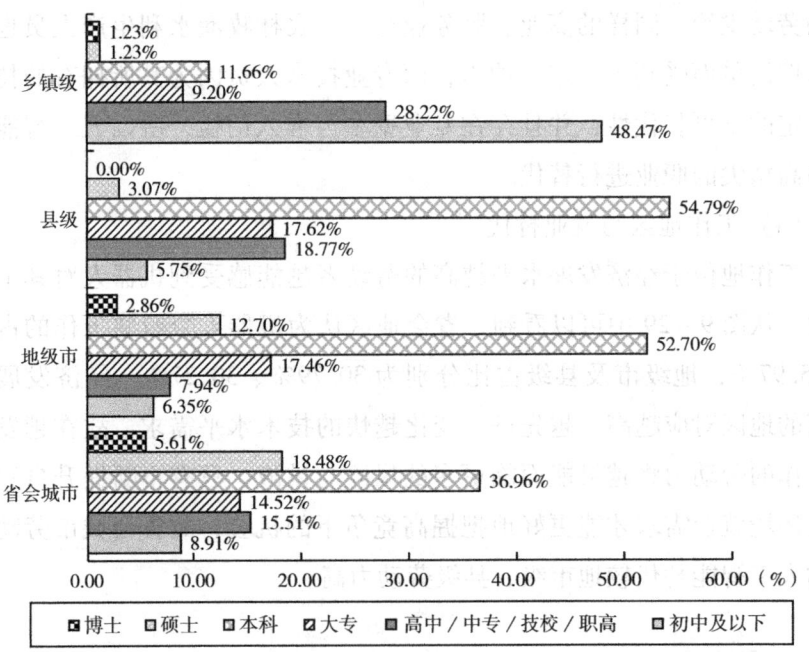

图 9-30　工作地区与学历

（5）年龄与就业替代。

年龄越大的劳动力受到人工智能就业替代的威胁越小（见图9-31）。50岁以下认为机器人威胁工作占比在30%～40%，50岁以上下降至20%附近。特别是劳动力年龄阶段在31～40岁所受到的人工智能对其工作的威

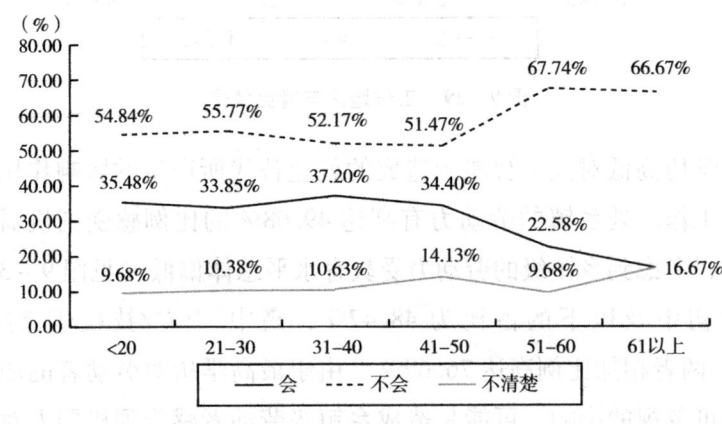

图 9-31　年龄与就业替代

胁最大,高达到37.2%。考虑到居于31~40岁的劳动者其快速学习与适应能力略低于更年轻的劳动力,接受新的知识和技术较慢,而其职业履历与工作经验积累不及更为年长的劳动力,所以其两个方面都处于居中地位可能使其所受到的人工智能就业替代压力更大。

(6)最高学历与就业替代。

最高学历与工作受机器人威胁呈现出较为显著的负相关关系(见图9-32),学历越高受到机器人的替代威胁越小,初中及以下与高中/中专/技校/职高均处于较高受威胁水平,分别占比为50.64%、44.44%;大专、本科及硕士占比接近,都处于30%附近,博士受机器人威胁水平最低,占比为21.43%。学历更高,通常具有更强的学习能力,进而可以在时代变化中学习更新自己的技能水平,使其有能力降低其受到人工智能所产生的就业替代。

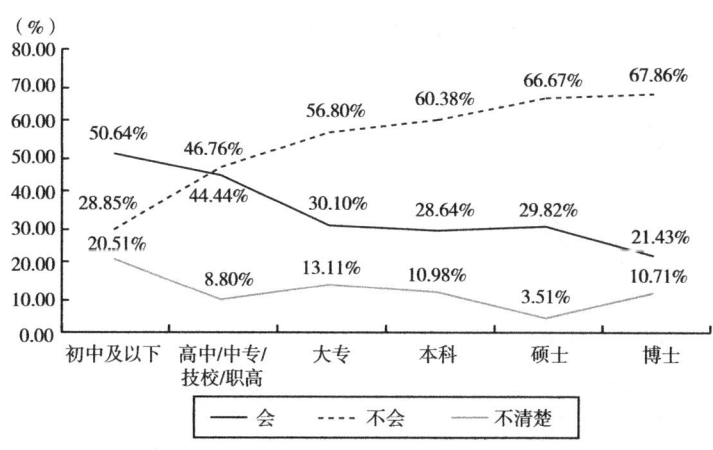

图9-32 最高学历与就业替代

(7)户口类型与就业替代。

农业户口劳动力所受到机器人对工作的威胁高于非农业户口劳动力(见图9-33)。农业户口类型的劳动者感受到机器人威胁工作的比例为41.03%,非农业户口类型的劳动者感受到机器人威胁工作的比例为29.65%。其与农业户口与非农业户口劳动力最高学历结构不同有很大的关系,如图9-34所示,非农业户口劳动力的最高学历平均水平明显高于农业户口劳动力,农业户口劳动力中,最高学历为初中及以下、高中/中专/技校/职高占比为

53.85%,而非农业户口劳动力中最高学历为初中及以下、高中/中专/技校/职高占比仅为12.44%,本科学历占比高达59.42%。非农业户口最高学历为硕士、博士的比例也均高于农业户口。

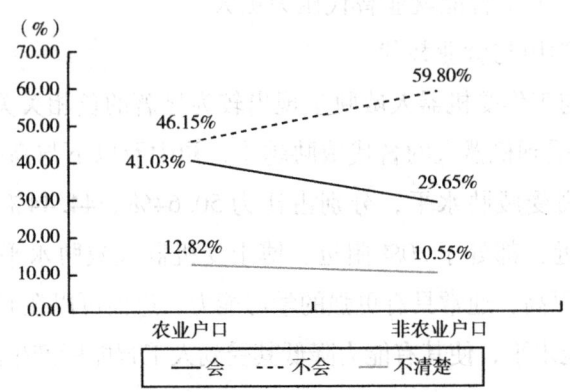

图9-33 户口类型与就业替代

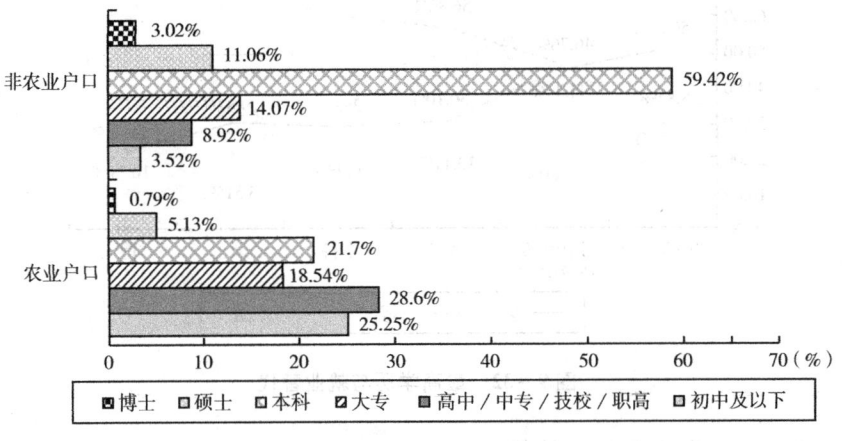

图9-34 户口类型与最高学历

(8)年收入与就业替代。

年收入不同劳动者工作受到机器人威胁工作的概率呈现出"U"形关系(见图9-35)。年收入20万元以下,随着收入的提高,受机器人替代威胁在逐渐降低,从42.34%逐步降至24.04%;当年收入大于20万元,受机器人替代的威胁随着收入的提高而增加,年收入在20万~50万元水平中有41.46%的劳动者认为自己的职业受到机器人的威胁，年收入50万元以上的劳动者有42.86%认为自己职业受到威胁。

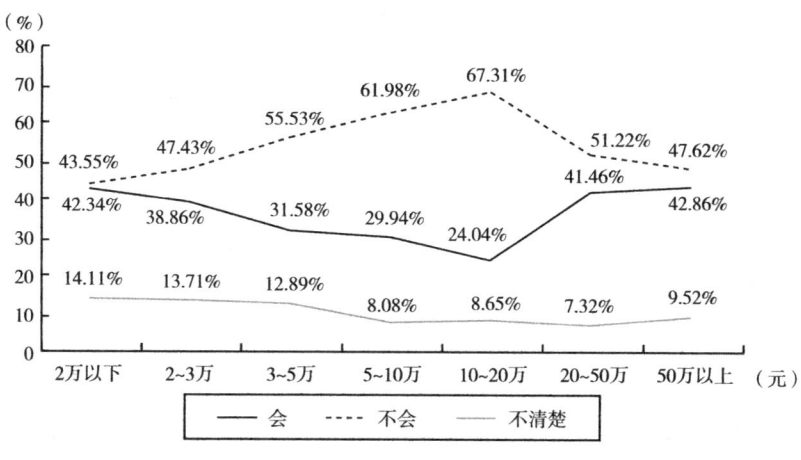

图9-35　年收入与就业替代

9.2　第二期问卷调查情况分析

9.2.1　样本背景分析

如表9-4所示的样本数据的统计结果显示，被调查者中男性占比为42.99%，女性占比为57.01%；年龄在41~50岁的被调查者占总人数的32.01%，21~30岁的被调查者占总人数的30.87%，51~60岁的被调查者占总人数的15.72%，小于20岁的被调查者占总人数的12.69%，61岁以上参与调查的人数较少，仅占1.52%；被调查者工作地主要集中在省会城市，占比为39.77%，其次为地级市、县级城市，所占比重分别为25.76%、21.02%，在乡镇级工作的劳动者占比最少，仅为13.45%；户口类型为非农业户口的被调查者占总人数的比重为57.95%，农业户口的比重为42.05%。

表9-4　　　　　　　　　　　　样本背景分析

性别	男			女	
人数	227			301	
百分比	42.99%			57.01%	
年龄（岁）	<20	21~30	31~40	41~50	51~60	61以上
人数	67	163	38	169	83	8
百分比	12.69%	30.87%	7.2%	32.01%	15.72%	1.52%
工作地区	省会城市	地级市		县级	乡镇级
人数	210	136		111	71
百分比	39.77%	25.76%		21.02%	13.45%
户口类型	农业户口			非农业户口	
人数	222			306	
百分比	42.05%			57.95%	
家庭状况	父母	兄弟姐妹		配偶	子女
人数	445	374		285	291
百分比	84.28%	70.83%		53.98%	55.11%

9.2.2 样本基本信息分析及技能分级

9.2.2.1 工作基本信息

从"行业—工作单位属性—职业类型"三个维度对被调查者的工作情况进行了划分。

（1）行业分析。

在被调查者中，从事教育业的被调查者占比最高，占总人数的13.64%；其次为金融业，卫生和社会工作，公共管理、社会保障和社会组织行业，农、林、牧、渔业，批发和零售业，制造业的被调查者，占总人数的比重分别为11.93%、10.42%、7.58%、7.01%、6.06%、5.11%；剩余行业的被调查者占比均不足5%（见图9-36）。

（2）工作单位/雇主性质。

在被调查者中，工作单位为事业单位的被调查者占比最高，占总人数

第9章 自由多元：智能经济时代劳动力市场职业结构调查研究

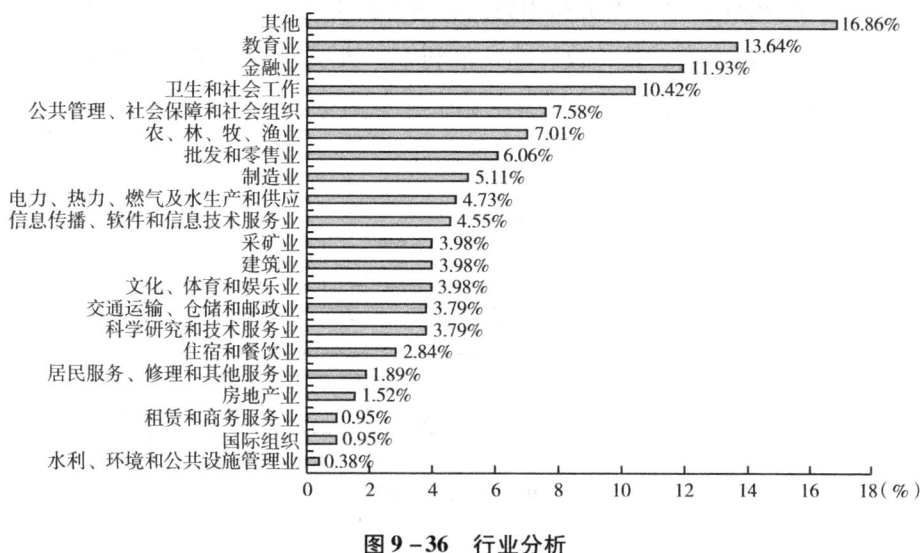

图 9-36 行业分析

的 25.19%；其次为私营企业/个体工商户，被调查者占总人数的 22.73%；工作单位为国有企业、个人/家庭、政府部门/党政机关/人民团体的被调查者占总人数的比重分别为 14.2%、9.66%、9.47%；剩余被调查者的工作单位分别为民办非企业组织/协会/行会/基金会/村居委会、外商/港澳台商企业及其他类型企业，占比均不足 5%（见图 9-37）。

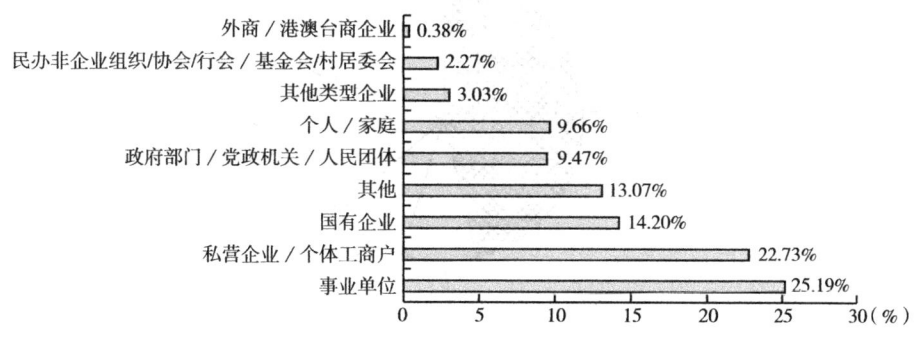

图 9-37 工作单位/雇主属性

（3）职业类型。

在被调查者中，专业技术人员所占比重为 23.86%；在国家机关、党群组织、企事业单位，商业、服务业行业工作的被调查者所占比重分别为

16.86%、16.67%；办事人员和相关人员所占比重为11.55%；从事生产、运输设备操作人员，农、林、牧、渔、水利生产人员所占比重分别为6.06%，4.17%；军人所占比重最小，仅为0.38%（见图9-38）。

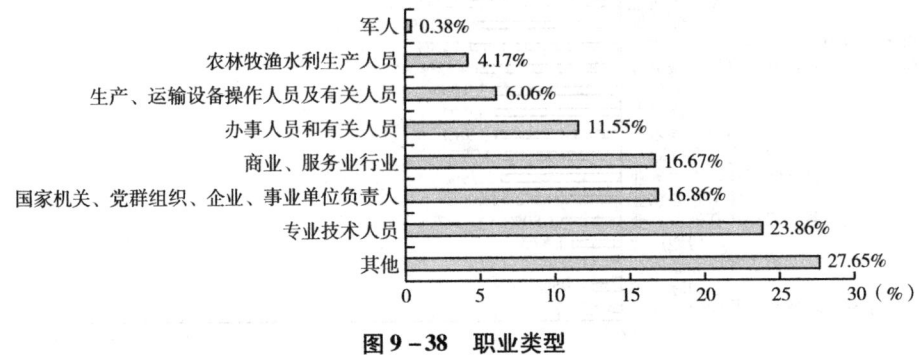

图9-38 职业类型

（4）工作年限。

在被调查者中，工作年限1年之内的被调查者占总人数的20%；工作年限为1~3年的被调查者占总人数的16%；工作年限为3~5年的被调查者占总人数的9%；工作年限为5~10年的被调查者占总人数的9%；工作年限为10年以上的占总人数的46%（见图9-39）。

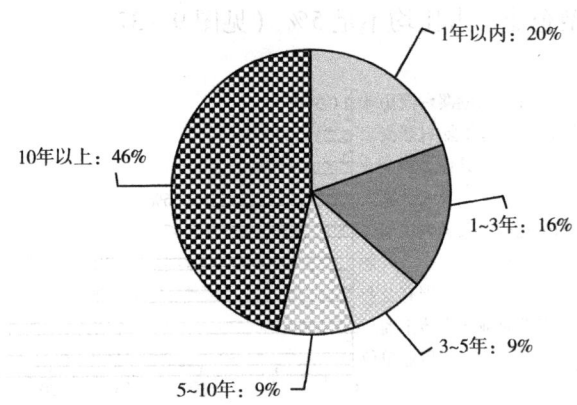

图9-39 工作年限

（5）年收入。

在被调查者中，年收入为2万元以下的被调查者占总人数的22%；年收入为2万~3万元的被调查者占总人数的9%；年收入为3万~5万元的被调查者占总人数的 14%；年收入为 5 万~10 万元的被调查者占总人数的 26%；年收入为 10 万~20 万元的被调查者占总人数的 17%；年收入为 20 万~50 万元的被调查者占总人数的 6%；年收入为 50 万元以上的被调查者占总人数的 6%（见图 9-40）。

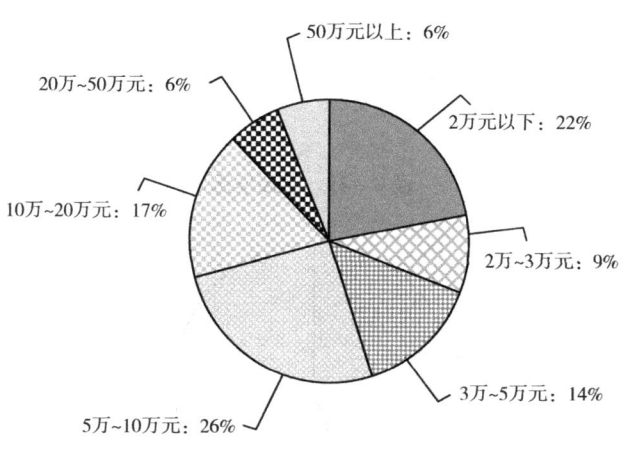

图 9-40　年收入

9.2.2.2　工作技能水平划分

根据被调查者的最高学历、是否拥有职业技能证书、直接管辖人工个数、年收入涨幅四个维度来进行技能水平划分。

（1）最高学历。

在被调查者中，占比最高的是本科学历，占总人数的 47.73%；其次是初中及以下学历和高中/中专/技校/职高学历，分别占总人数的 15.91% 和 14.2%；硕士学历占总人数的 9.66%；大专和博士占比较少，分别为 9.47% 和 3.03%（见图 9-41）。

（2）是否拥有职业技能证书。

55% 的被调查者拥有职业技能证书，说明职业技能证书在当前就业中具有重要作用（见图 9-42）。

从行业来看，水利、环境和公共设施管理业，卫生和社会工作，房地产业，国际组织，电力、热力、燃气及水生产和供应更需要职业技能证书，

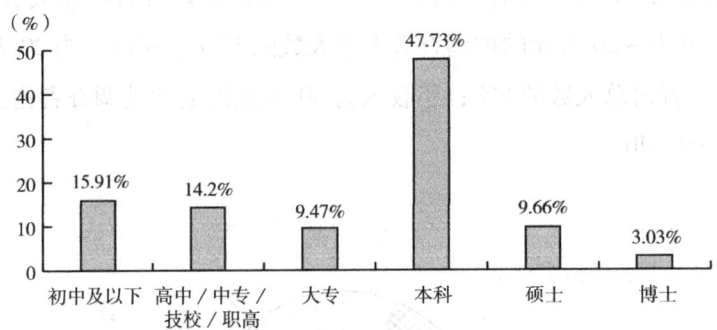

图 9-41　最高学历

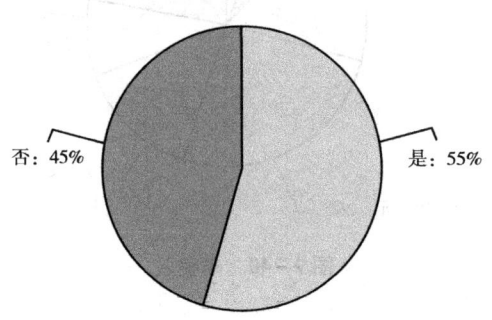

图 9-42　是否拥有职业技能证书

而批发和零售业、住宿和餐饮业、租赁和商务服务业从业者拥有职业技能证书的比例均小于50%（见图9-43）。

（3）年收入涨幅情况。

从年收入涨幅来看，71%的被调查者年收入涨幅低于5%；23%的被调查者年收入涨幅在5%~10%；2%的被调查者年收入涨幅在10%~20%；仅有4%的被调查者年收入涨幅高于20%（见图9-44）。

（4）直接管辖的员工个数。

从直接管辖员工数量来看，62%的被调查者没有直接管辖员工；20%的被调查者直接管辖1~5名员工；6%的被调查者直接管辖6~10名员工；4%的被调查者直接管辖11~20名员工；3%的被调查者直接管辖21~50名员工；5%的被调查者直接管辖超过51名员工（见图9-45）。

第9章 自由多元：智能经济时代劳动力市场职业结构调查研究

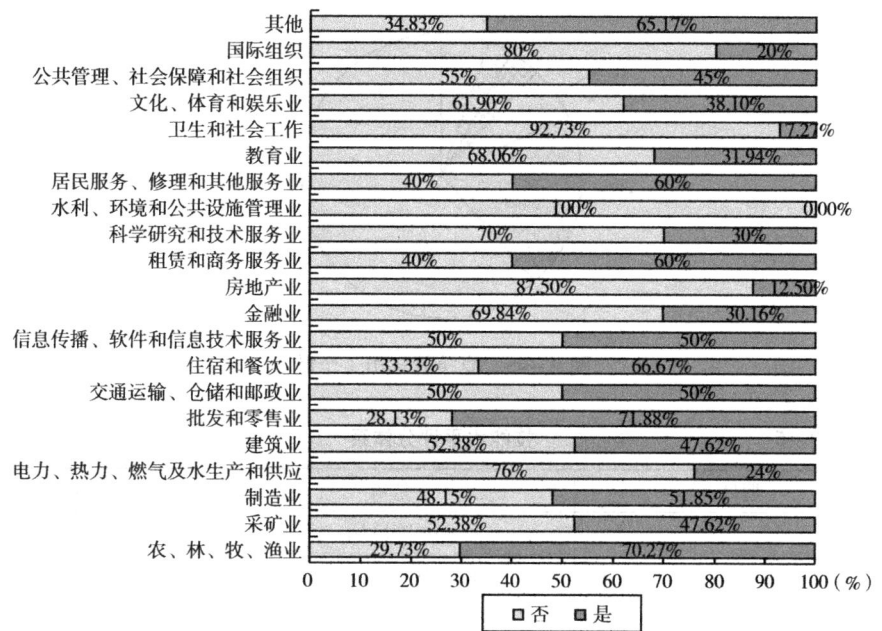

图9-43 不同行业拥有职业技能证书占比

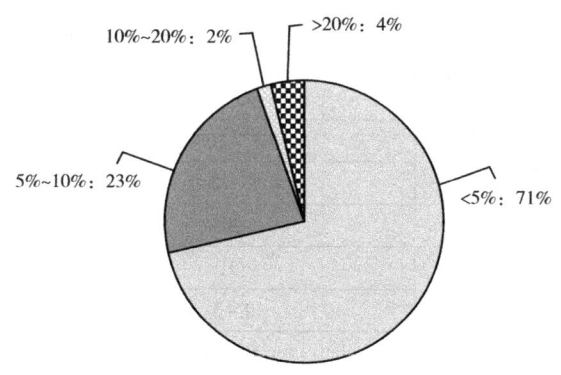

图9-44 年收入涨幅

对以上四个维度分别赋予25%的权重，形成多指标体系来划分被调查者的技能水平。评分体系如表9-5所示。

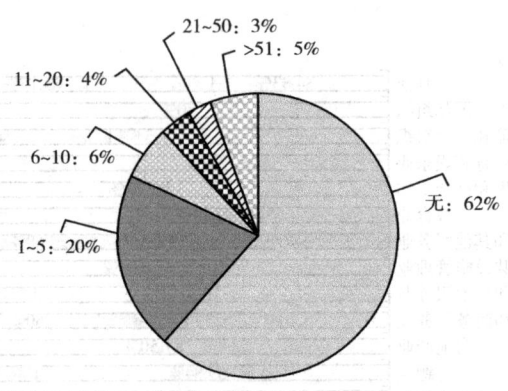

图 9-45 直接管辖员工个数

表 9-5 技能水平评分体系

题目	选项	得分
最高学历（25%）	初中及以下	0
	高中/中专/技校/职高	1
	大专	2
	本科	3
	博士	4
	硕士	5
是否拥有职业技能证书（25%）	是	2
	否	0
年收入涨幅（25%）	<5%	1
	5%~10%	2
	10%~20%	3
	>20%	4
直接管辖员工个数（25%）	无	0
	1~5	1
	6~10	2
	11~20	3
	21~50	4
	>51	5

根据上述评分体系，将被调查者划分为低、中、高三个等级技能水平的异质性劳动力。定义得分小于等于1为低技能劳动力，207名被调查者

位于此区间；得分大于 1 且小于或等于 1.75 之间为中等技能劳动力，118 名调查者位于此区间；得分大于 1.75 为高技能劳动力，203 名调查者位于此区间。

根据上述评分方法，39% 的被调查者属于低技能劳动力，22% 的被调查者属于中等技能劳动力。39% 的被调查者属于高技能水平劳动力（见图 9 - 46）。

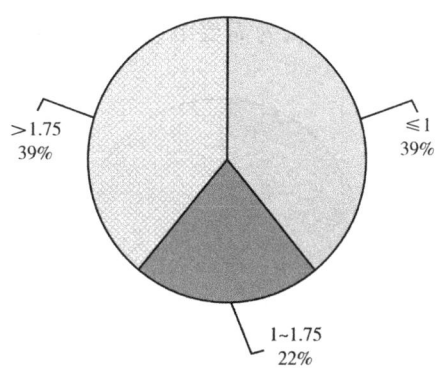

图 9 - 46　技能水平占比

9.2.3　匹配性分析

9.2.3.1　受教育程度匹配性分析

纵轴 X 代表被调查者的受教育程度，横坐 Y 表示被调查者认为该工作实际需要的教育程度，表格中的百分比表示被调查者认为工作中需要的教育程度占被调查者实际受教育程度的比值，表中斜体数据表示两者相匹配的百分比，可以看出本科学历教育程度匹配性最高，可达 72.62%（见表 9 - 6）。

表 9 - 6　　　　　　　　　受教育匹配度

X \ Y	初中及以下	高中/中专/技校/职高	大专	本科	硕士	博士	不必念书
初中及以下	55.95%	19.05%	2.38%	8.33%	0	0	14.29%
高中/中专/技校/职高	16%	53.33%	6.67%	16%	4%	2.67%	1.33%
大专	4%	22%	38%	22%	10%	4%	0

续表

X\Y	初中及以下	高中/中专/技校/职高	大专	本科	硕士	博士	不必念书
本科	0.40%	7.54%	10.71%	72.62%	5.56%	1.98%	1.19%
硕士	1.96%	1.96%	3.92%	43.14%	41.18%	7.84%	0
博士	6.25%	6.25%	0	6.25%	12.5%	43.75%	25%

同时，有55%的被调查者认为需要继续提高学历（见图9-47）。

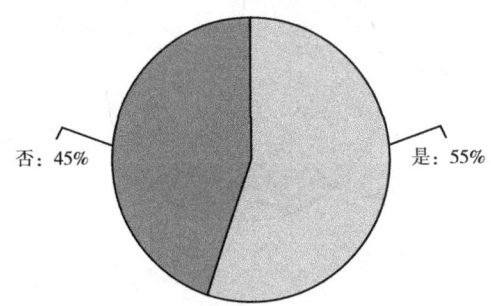

图9-47 是否考虑继续学习提高学历

9.2.3.2 工作技能匹配性分析

（1）是否考虑提高工作技能。

80%的被调查者认为需要继续提高工作技能水平以适应工作需要，表明当前技能水平和工作的不匹配程度较高（见图9-48）。

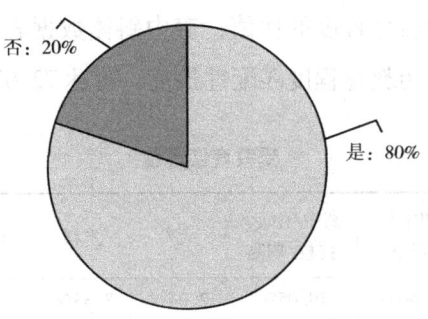

图9-48 是否考虑提高工作技能

(2) 更换工作的次数。

62%的被调查者没有更换过工作；27%的被调查者更换过1~2次的工作；10%的被调查者更换过3~6次工作；0.57%的被调查者更换过7~10次工作；1%的被调查者更换过11次以上工作。此组数据表明大部分被调查者没有更换过工作（见图9-49）。

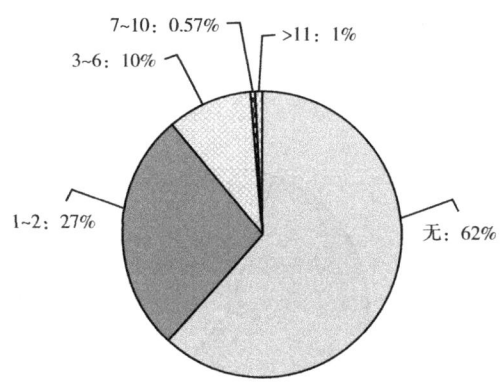

图9-49　更换工作次数

(3) 未来是否有改变自己职业的需要。

63%的被调查者认为在未来没有更换自己工作的需要，37%的被调查者认为在未来有更换自己工作的需要（见图9-50）。

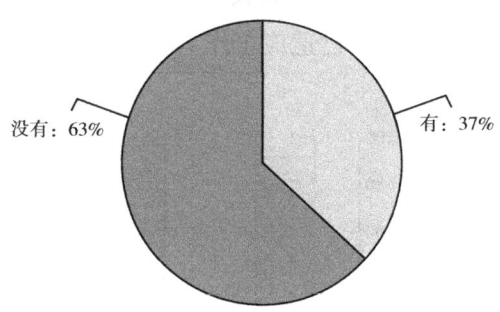

图9-50　是否有改变职业的需要

9.2.4　人工智能对就业的影响

人工智能对异质性劳动力会产生不同的影响，本部分依据问卷设计中的 5 个问题，分别分析人工智能对低、中、高技能劳动力造成的影响。

（1）有受到过时代进步对您职业的冲击吗？

总体来看，55.3%的被调查者认为自己的职业受到时代进步的冲击，并通过调整自己适应工作；5.11%的被调查者认为自己的职业受到时代进步的冲击，并因此换了工作（调整职位）；39.58%的被调查者认为自己的职业没有受到时代进步的冲击（见图9-51）。

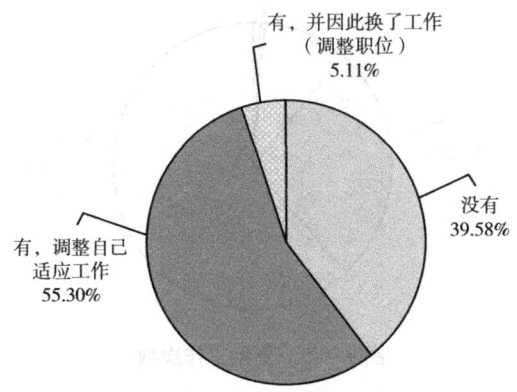

图9-51 时代进步对职业的冲击

具体分析时代进步对异质性劳动力带来的影响。低技能劳动力受到时代冲击的影响最小，依次是中等和高技能劳动力；其中高技能劳动力最易受到时代进步的冲击并调整自己适应工作（见图9-52）。

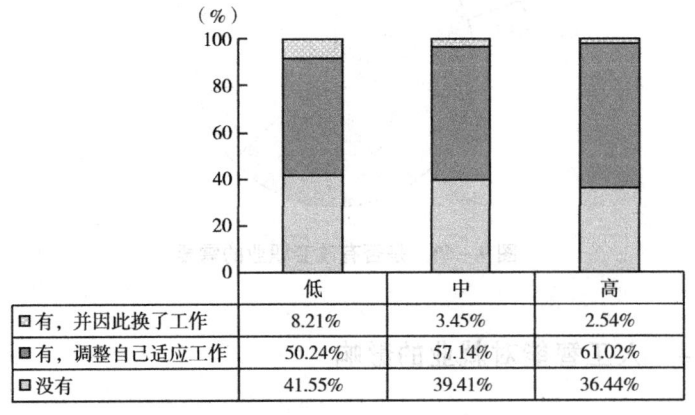

图9-52 异质性劳动力受时代冲击的影响

（2）您了解人工智能吗？

从总体来看，59.28%的被调查者对人工智能不太了解，只是新闻里听过而已；35.8%的被调查者对人工智能比较了解，会特别留意相关信息；仅有4.92%的被调查者对人工智能非常了解，会专门查找相关资料（见图9-53）。

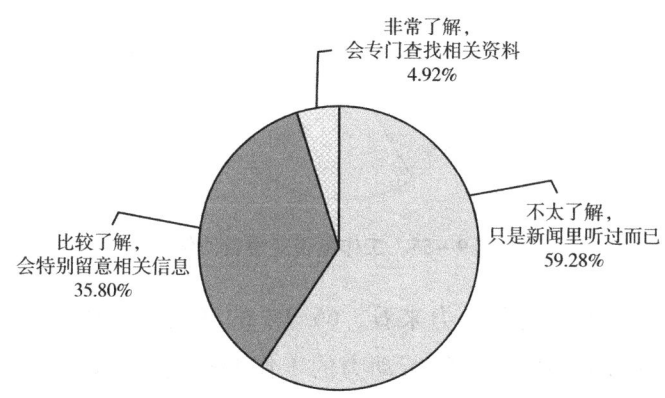

图9-53 对人工智能的了解程度

（3）对机器人在生活中应用的看法。

总体来看，85%的被调查者认为机器人的广泛应用会使生活更加方便快捷；8%的被调查者认为机器人的使用不如人工；7%的被调查者认为无所谓（见图9-54）。

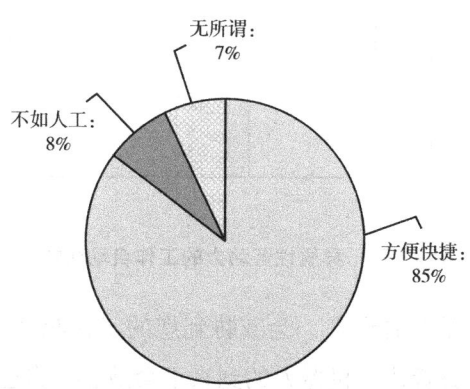

图9-54 对人工智能在生活中应用的态度

(4) 您的工作变得更加自动化了吗？

总体来看，59%的被调查者认为工作变得更加自动化，41%的被调查者认为工作没有变得更自动化（见图9-55）。

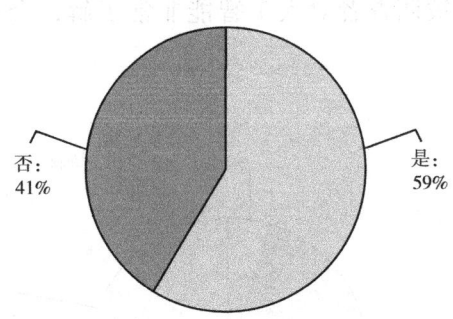

图9-55　工作是否变得自动化

从不同技能水平的劳动力来看，66.9%的高技能劳动力的工作变得更加自动化；59.1%的中等技能劳动力的工作变得更加自动化；53.6%的低等技能劳动力的工作变得更加自动化。该组数据表明随着技能水平的提高，工作更易变得自动化（见图9-56）。

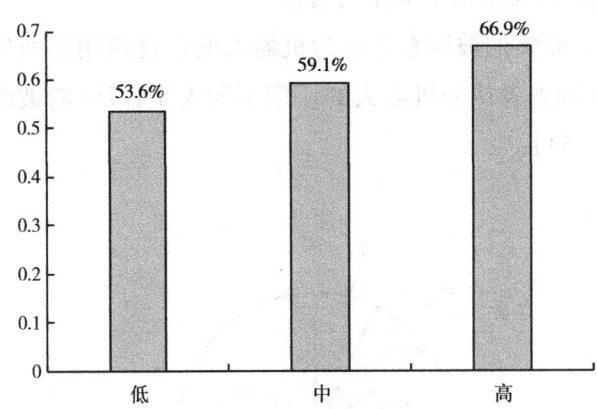

图9-56　异质性劳动力的工作自动化情况

(5) 您认为机器人的到来，会威胁到您的工作吗？

57.39%的被调查者认为机器人的到来不会威胁到自己的工作，33%的被调查者认为机器人的到来会威胁到自己的工作；10%的被调查者表示不清楚

(见图 9-57)。

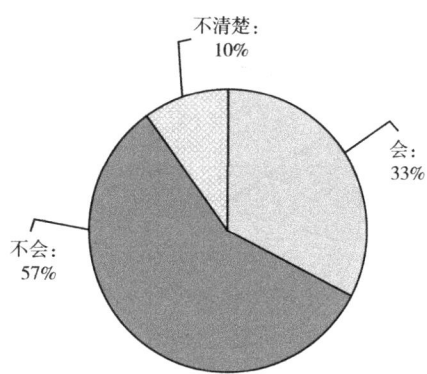

图 9-57 机器人是否威胁工作

从不同技能水平的劳动力来看,高技能水平劳动力更加认为机器人不会威胁自己的工作;其次是中等技能水平劳动力;低技能水平劳动力较多认为机器人会威胁自己的工作(见图 9-58)。

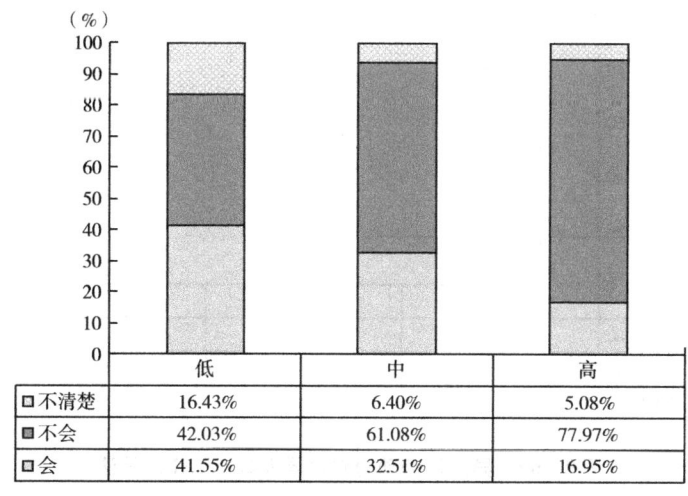

图 9-58 异质性劳动力看待机器人威胁工作

(6)您希望机器人参与到工作中吗?

从总体来看,70.64% 的被调查者希望机器人参与到工作中,可以提高工资效率;13.83% 的被调查者不希望机器人参与到工作中,担心取代自己的工作；其余15.53%的被调查者表示都可以（见图9-59）。

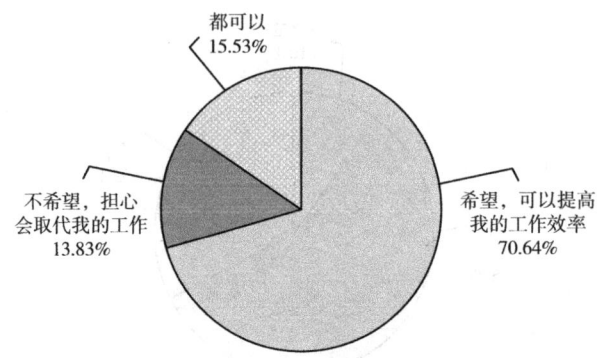

图9-59 是否希望机器人参与工作

从不同技能水平的劳动力来看，高技能水平劳动力更希望机器人参与工作，提高工作效率；低技能劳动力最不希望机器人参与工作，担心自己工作被取代（见图9-60）。

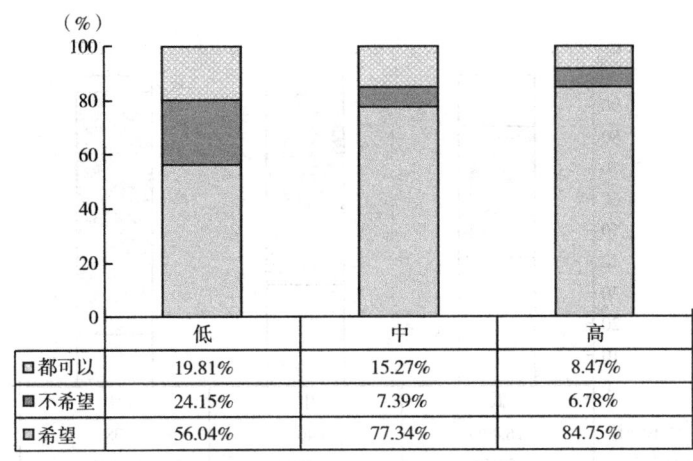

图9-60 异质性劳动力对机器人参与工作的看法

9.2.5 人工智能就业替代效应交互分析

（1）职业技能与就业替代。

具有职业技术能力的劳动者更难被替代。职业技术能力的衡量方式采取是否拥有职业技能证书。从图 9-61 可知，持有职业资格证书的人们更少认为机器人会威胁到工作，其中拥有职业资格证书的人认为机器人会威胁工作的概率为 26.39%，比未拥有职业资格证书的人们要低 13.69%，从此可见，职业技能的获取能一定程度上缓解人工智能对劳动者的替代效应，而职业技能证书则是客观上体现劳动者职业技能水平。由此体现出了职业技能的重要性，在职业技能越发重要的今日，劳动者对职业技能证书的需求将随之上升，职业技能培训机构可能会随之发展。

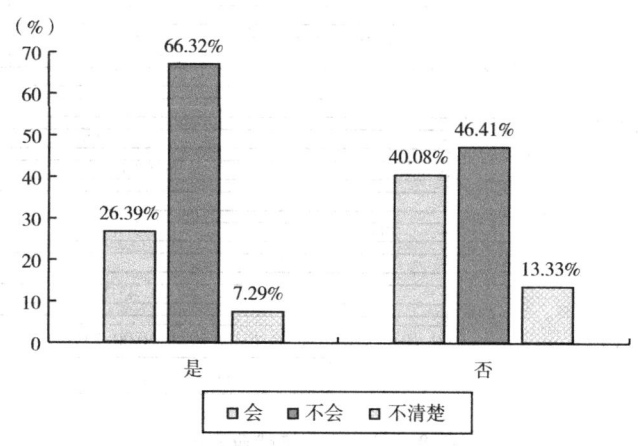

图 9-61 职业技能与就业替代

（2）行业与就业替代。

不同行业受到人工智能冲击的程度不同。由图 9-62 可知，农、林、牧、渔业，采矿业，电力、热力、燃气及水产品和供应业，批发和零售业，住宿和餐饮业，金融业租赁和商务服务业，水利、环境和公共设施管理业，居民服务、修理和其他服务业这些行业均有 40% 以上被替代的危险，而制造业，建筑业，交通运输、仓储和邮政业，信息传播、软件和信息技术服务业，房地产业，科学研究和技术服务业，教育业，卫生和社会工作，公共管理、社会保障和社会组织，国际组织这些行业有 10%~30% 被替代的危险。其中除第一产业替代率 40% 以外，第三产业有大量产业从业人员认为其有 40% 以上被替代的可能性，人工智能在近年来对于日常生活中的运用，已经逐步威胁到一些第三产业的从业人员。

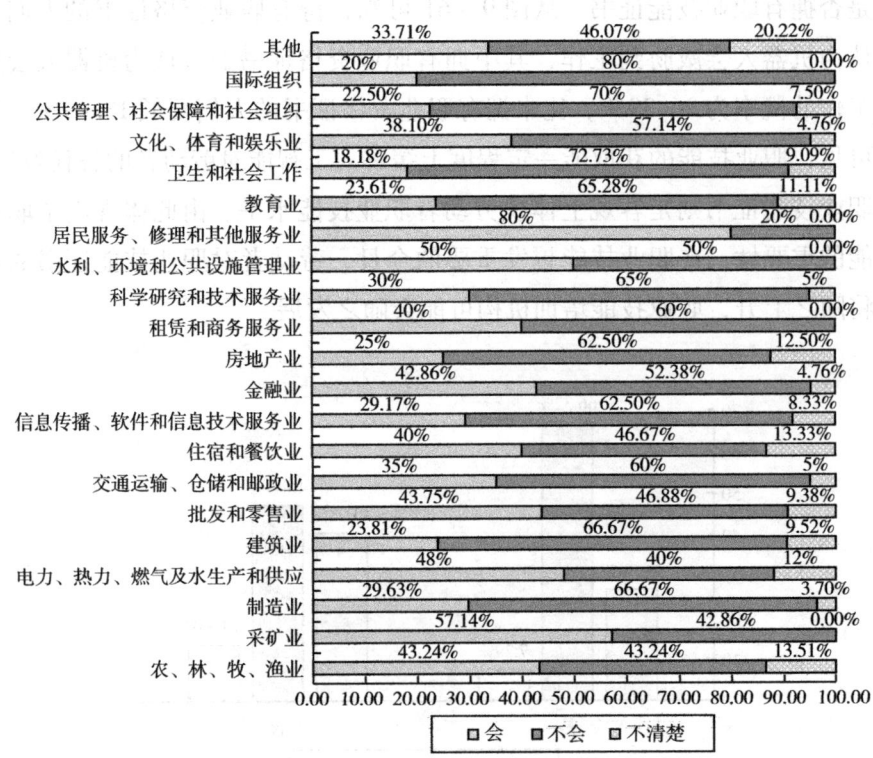

图 9-62 行业与就业替代

(3) 职业类型与就业替代。

职业类型的不同，影响着就业替代效应，进入壁垒更多的职业被替代的可能更小。国家机关、党群组织、企业、事业单位负责人，专业技术人员，办事人员和有关人员，商业、服务业行业这几类人群认为自己不太可能被替代概率分别为 65.17%、71.43%、60.66%、60.23%，而农、林、牧、渔、水利生产人员，生产、运输设备操作人员及有关人员分别认为其有 45.45%、53.13% 的概率被替代（见图 9-63）。

近年来，由于农业生产设备的技术进步，使农林牧渔水利生产人员这类从事第一产业的人员被替代率上升，从事生产、运输设备操作人员及有关人员这类职业类型由于其工作机械化，无较高的技术壁垒，导致从事该行业人员有着较高的替代率。而军人这项职业，样本量过少，部分军人认为自己就业替代率高。

第9章 自由多元：智能经济时代劳动力市场职业结构调查研究

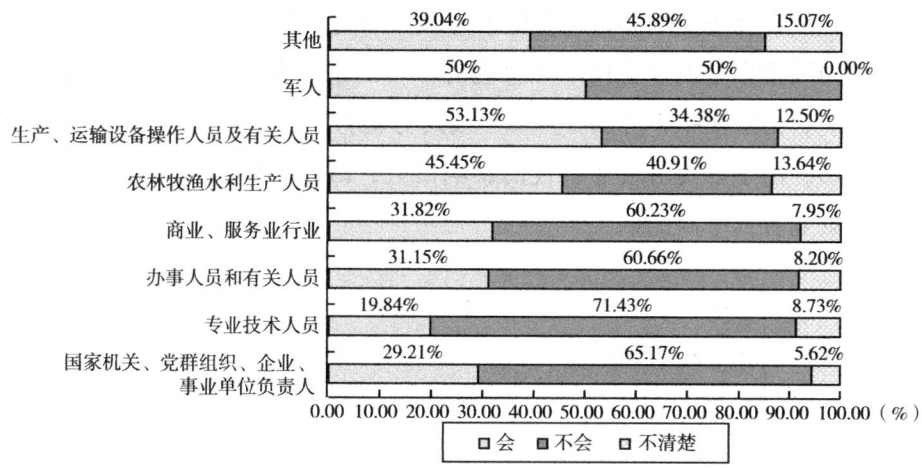

图 9-63 职业类型与就业替代

（4）工作地区与就业替代。

工作于发达地区的劳动者有着更高的可能性被替代，但是由于发达城市的创造就业能力强，在一定程度上能够创造新的就业机会吸纳劳动者。由图 9-64 可知，省会城市、地市级、县级、乡镇级的人认为机器人会替代其工作的比例分别为 32.28%、27.94%、36.04%、36.62%。

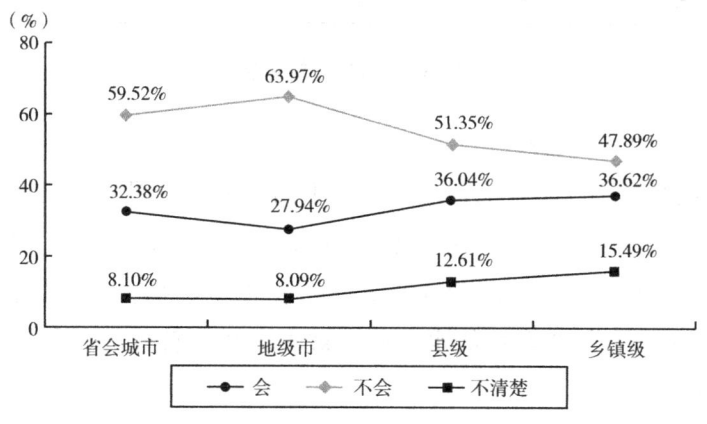

图 9-64 工作地区与就业替代

总体上工作于越发达的城市，其被替代率越高，但由于省会城市为一省的经济中心，其就业机会与就业创造能力更强，能有效地吸收被替代的劳动力，使省会城市的替代率略低于地级市而高于县级市。

学历因素也是就业替代不可忽视的一个因素。乡镇一级有着最高的被替代风险，由图9-65可知，乡镇一级的劳动者，其学历53.52%为初中及以下学历，由于学历对就业替代的影响巨大，因此学历因素可能是造成乡镇一级就业替代率高的因素。

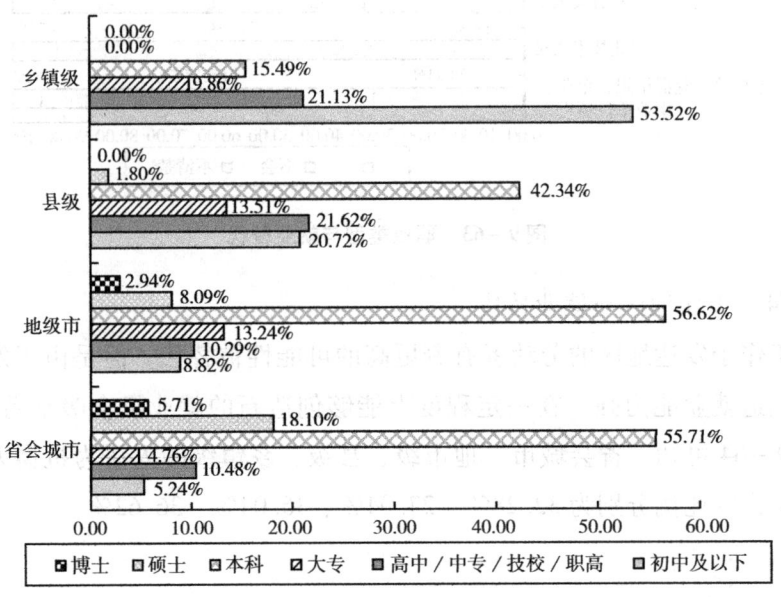

图9-65　学历与就业替代

（5）年龄与就业替代。

年龄越高越不易被人工智能替代。不同年龄段对机器人是否威胁其工作有不同看法，但总体上呈现年龄段越高，其认为不被取代的可能性越大。年龄越高于工作之中积累经验越丰富，技术也越加纯熟，劳动者进行"干中学"，提升自身的职业技能水平使其被人工智能替代的可能性下降（见图9-66）。

（6）最高学历与就业替代。

高学历与就业替代大体上呈现学历越高，其就业替代越弱。初中及以下，高中/中专/技校/职高，硕士中均有30%以上的人认为自己将被替代，其中初中及以下50%的人们认为自己将被机器人取代，而大专、本科、博

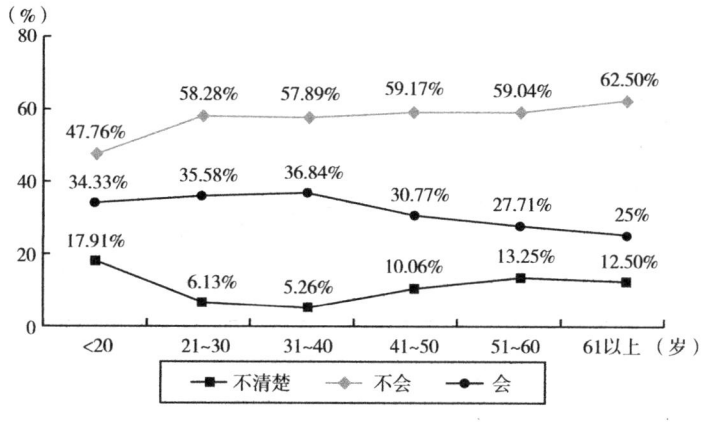

图 9-66 年龄与就业替代

士学历只有 20%~30% 的人们认为自己将被机器人取代,其中最低的是博士学历,仅有 18.75% 的人们认为自己会被机器人取代(见图 9-67)。

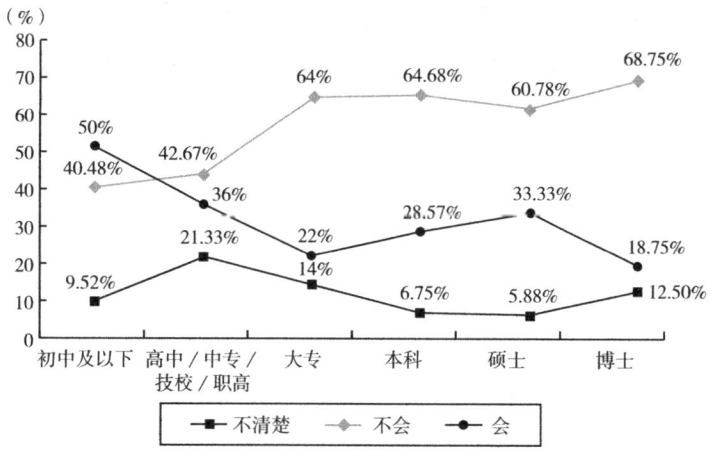

图 9-67 最高学历与就业替代

学历越高,其学习能力越强,能够更好地适应变化的就业环境,并且,学历高者从事的行业有着更高的进入壁垒,较难被人工智能所取代。

(7)户口类似于就业替代。

农业户口的劳动者受到人工智能替代的可能性大于非农业户口。42.79% 的人认为机器人会威胁其工作,但是城市户口则是只有 25.16% 的人这样认为(见图 9-68)。

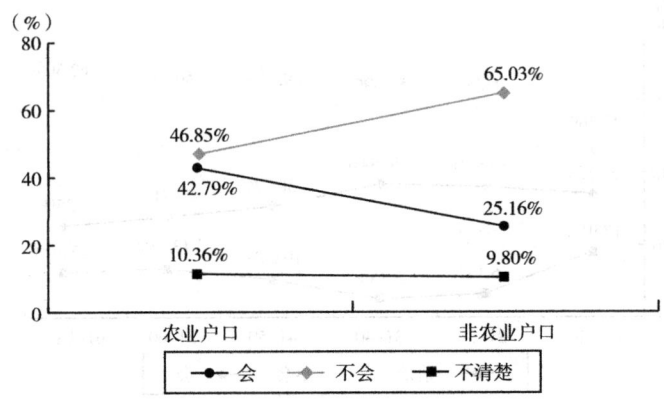

图 9-68 户口类似于就业替代

观察农业户口与非农业户口劳动力的最高学历可知,非农业户口本科以上学历的劳动力占 72.23%,而农业户口中本科以上学历只占 44.14%,可能是学历因素导致不同户口类型的劳动者从事不同类型的工作,使不同户口劳动者对于人工智能替代其工作有了不同看法(见图 9-69)。

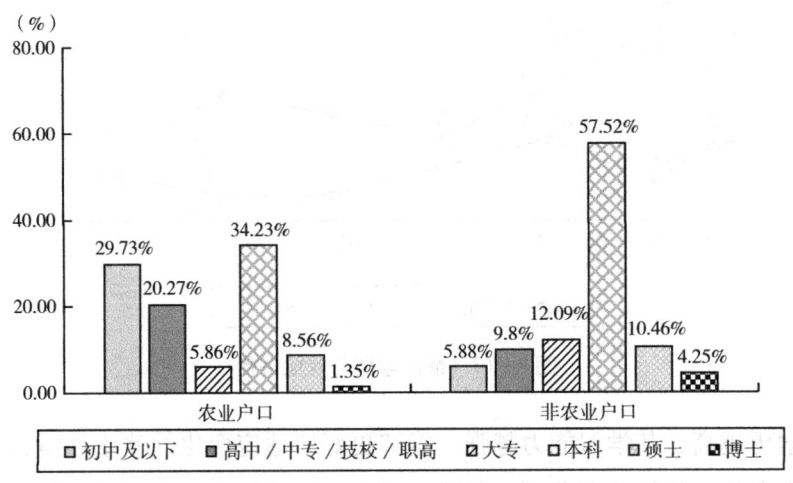

图 9-69 户口与最高学历

(8)年收入与就业替代。

年收入不同的劳动者,随着年收入上升,受人工智能替代可能性下降。随着年薪的提高,工作者的工作内容将随之变化,掺杂着管理任务与企业方向的抉择，这些方向人工智能无法胜任，由此人工智能替代作用将随之下降（见图9-70）。

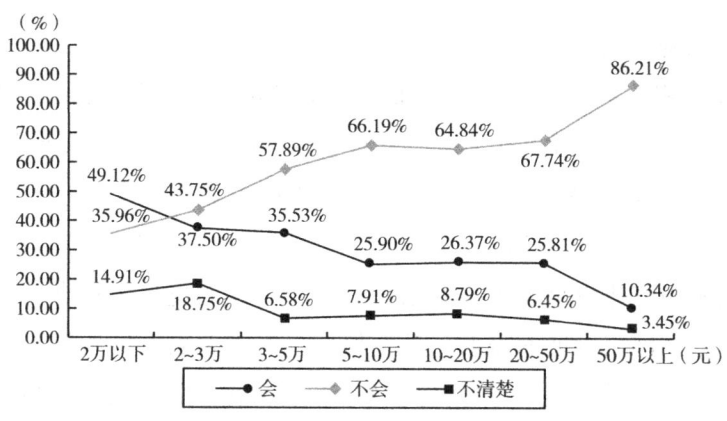

图9-70 年收入与就业替代

9.3 两期问卷对比分析

9.3.1 样本背景分析对比

2019共收回1302份有效问卷，2023年共收回528份有效问卷。新旧问卷在男女比例上均保持着4∶6的比例；在年龄比例上，旧问卷31~40岁年龄阶段人数占比最高，达31.72%，41~50岁及21~30岁占比分别为28.8%、19.97%。而新问卷31~40岁年龄阶段人数占比偏低，仅为7.2%，42~50岁及21~30岁年龄阶段人数占比接近，均处于较高的比例，占比分别为32.01%、30.87%；在工作地区上，旧问卷省会城市人数占比低于新问卷，占比分别为23.37%、39.77%，旧问卷县级人数占比40.09%，新问卷县级人数占比21.02%，其余比例均接近；在户口类型上，农业户口与非农户口比例接近4∶6，与当前我国城镇化水平相符；由于年龄结构、样本家庭状况不同，新问卷拥有配偶、子女数比例均低于旧问卷。

9.3.2 样本基本信息及技能分级对比

（1）行业分析对比。

2023年相较于2019年，金融业、科学研究和技术服务业、卫生和社会工作占比上升，教育业占比下降。从行业角度可以看到，金融业占比增加，从7.75%上升至11.93%；科学研究和技术服务业占比也呈现出增加的情况，从1.92%上升至3.79%，随着经济水平与技术水平的不断发展，科学研究和技术服务业也呈现出不断增长的态势，从而更好地符合劳动力市场环境的需求与国家发展的需求；卫生和社会工作人数占比从3.61%上升至10.42%，疫情三年下卫生和社会工作者成为抗击疫情不可或缺的力量，对其劳动力的需求与供给的提升也符合问卷的数据呈现；教育业由原先占比26.71%下降至13.64%，呈显著下降态势，这一数据变化也显示了自国家实施"双减"政策以来，课外补习行业迎来寒冬，进而使从事教育行业的劳动力数量降低（见图9-71）。

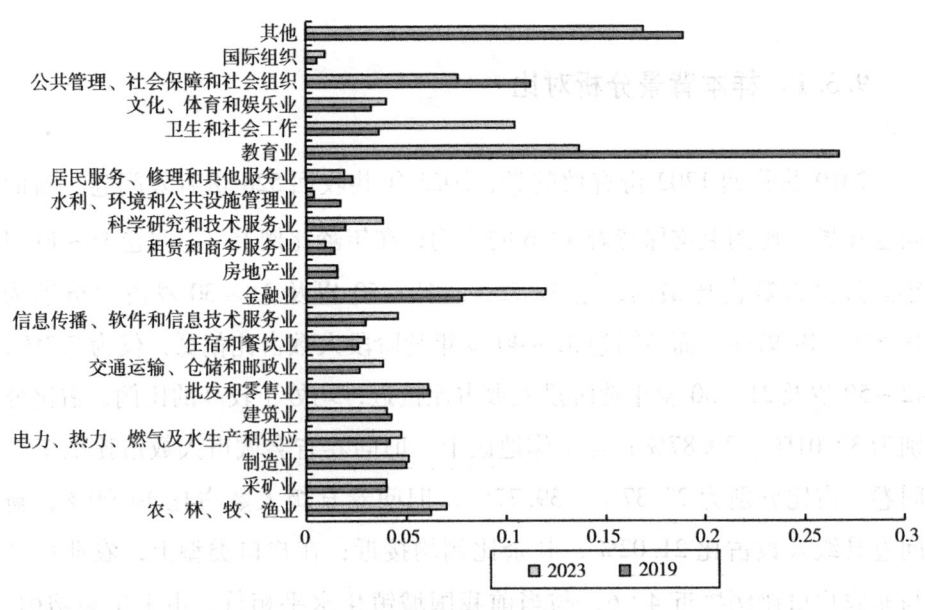

图9-71 2023年和2019年行业分析

(2) 工作单位/雇主性质、职业类型对比。

工作单位/雇主性质、职业类型的样本数据结构变化不大。工作单位/雇主性质仍呈现出事业单位占比最高，其次为私营企业/个体工商户/国有企业。职业类型专业技术人员处于较高比例，办事人员和有关人员比例下降。

(3) 工作技能水平对比。

工作技能水平通过四个维度多指标体系划分后可以看到，旧问卷样本数据，中等技能水平的劳动者占比最高，达47%，高等技能水平的劳动者占比最低，仅19%；而在新问卷样本数据中，低、高等技能水平劳动者所占比例几乎相同，均达39%，而中等技能水平劳动者占比为22%。技能水平占比的变化可以明显看出，高技能水平劳动者占比显著提高，从19%上升至39%；中技能水平劳动者占比显著下降，从47%下降至22%。可见在经济社会不断发展，大数据人工智能逐渐进入人们工作生活中的背景下，劳动力本身也在不断提升自己的技能水平从而更好地适应就业环境与发展环境（见图9-72）。

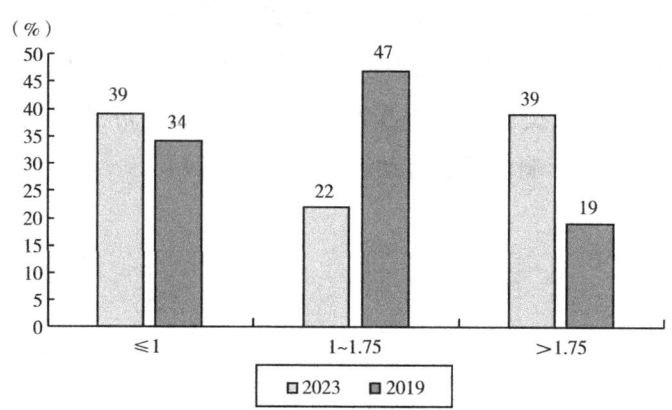

图9-72 2023年和2019年技能水平占比

9.3.3 匹配性分析及人工智能对就业的影响对比

(1) 匹配性分析对比。

本科学历受教育匹配度最高的，本科、硕士学历与工作所需学历的匹配度升高。本科学历受教育匹配度呈现出增长态势，从2019年的68.27%

上升至 2023 年 72.62%。同样的硕士学历与工作所需学历的匹配度也呈现出更加匹配的结果。由之前的 23.68% 上升至 41.18%，上升度更高。其余最高学历水平的匹配度都呈现出下降的趋势（见图 9-73）。

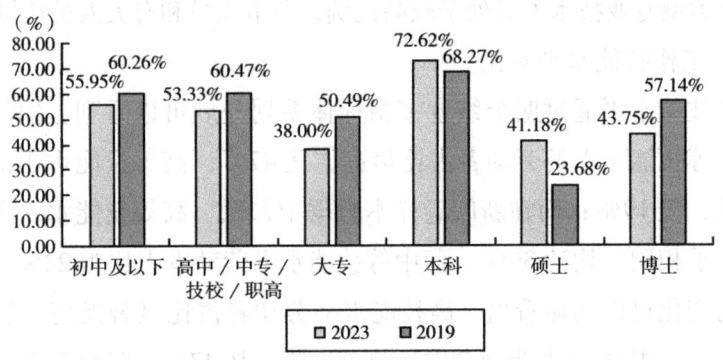

图 9-73　2023 年和 2019 年匹配性分析

（2）异质性劳动力受时代冲击的影响。

异质性劳动力受时代冲击的影响数据结构变化不大，低技能劳动力受到时代冲击的影响最小且其比例上升。与 2019 年问卷样布数据呈现结果相比，2023 年问卷样本数据中低技能劳动者受到时代进步冲击的比例增加，而中、高技能劳动者受到时代进步冲击的比例减少。可见时代进步所带来的冲击进一步开始影响低技能劳动者（见图 9-74）。

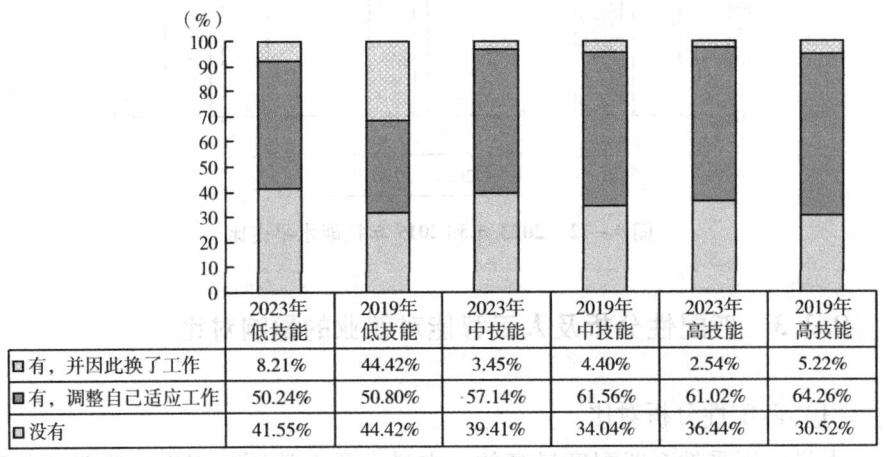

图 9-74　2023 年和 2019 年异质性劳动力受时代冲击的影响

第9章 自由多元：智能经济时代劳动力市场职业结构调查研究

（3）异质性劳动力看待机器人威胁工作对比。

2019年与2023年异质性劳动力在看待机器人威胁工作其数据结构相近。中技能水平劳动者认为机器人会威胁其工作的比例增加，由29.80%上升至32.51%；而高技能水平劳动者认为机器人威胁其工作的比例显著下降，由30.52%下降至16.95%。并且可以明显看到，中等技能水平劳动者对机器人是否威胁其工作不清楚的人数占比由11.24%下降至6.4%。劳动者随着经济社会的不断发展，对自己的就业环境、空间有了更加深入、更加全面的了解（见图9-75）。

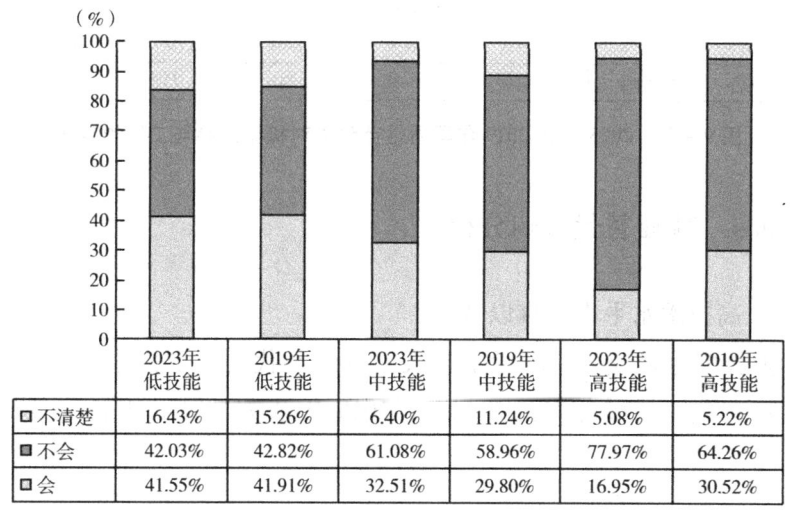

图9-75 2023年和2019年异质性劳动力看待机器人威胁工作

（4）异质性劳动力对机器人参与工作的看法对比。

在异质性劳动力对机器人参与工作的看法上，低、高技能水平劳动者不希望机器人参与工作占比增加。如图9-76所示，2023年低、中技能水平的劳动者不希望机器人参与工作的比例由2019年14.58%上升至24.15%、5.86%上升至7.39%。而高技能水平劳动者不希望机器人参加工作的比例并没有上升反而在下降。可见随着时间的推移，机器人对低、中技能水平劳动者的冲击效果逐渐增强，他们会面对更大的职业被替代的冲击，并且随着技术的不断推进而有所增强。

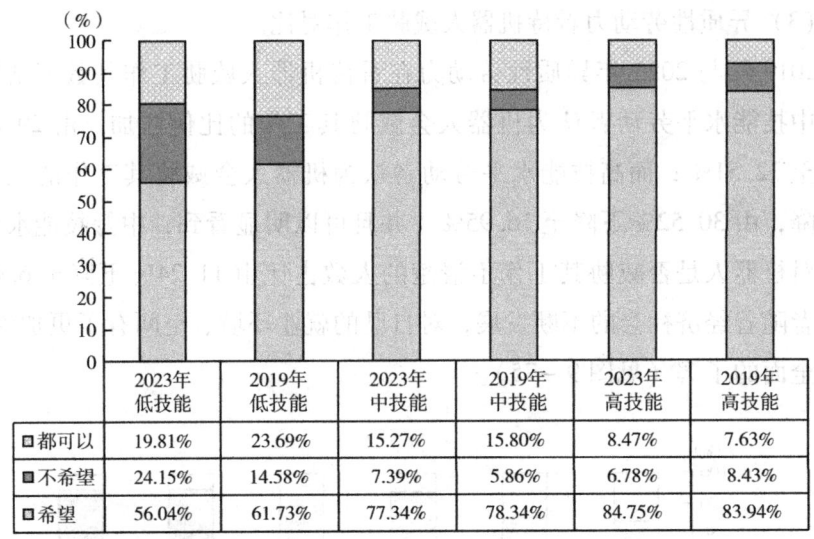

图 9-76 2023 年和 2019 年异质性劳动力对机器人参与工作的看法

9.3.4 就业替代影响分析

（1）高技术水平人才难以替代。

职业技能越发成为劳动者不被人工智能替代的重要因素。由图 9-77 可知，拥有职业技能证书的劳动者，2019 年认为其被人工智能替代率为

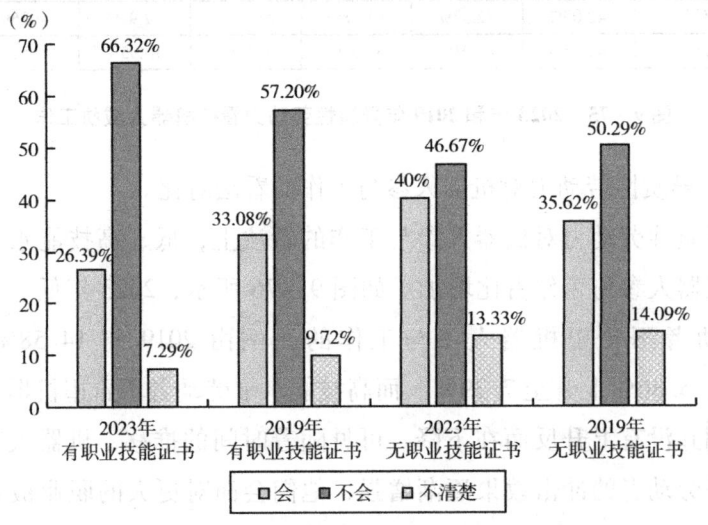

图 9-77 2023 年和 2019 年职业技能与就业替代

33.08%，至 2023 年，该比率下降到 26.39%。可见拥有专业职业技能证书的劳动力可以较有效应对人工智能所带来的就业替代冲击。

（2）就业替代向各行业衍生。

随着人工智能的不断深化，对不同产业的影响也不同。其中影响最大的是居民服务、修理和其他服务业，该行业 2019 年仅有 40% 的劳动者认为自己会被取代，而到了 2023 年则有 80% 的劳动者认为其将被取代。人工智能的不断深化，不断向第三产业衍生，日常的机械化设备被制造出来，不断取代人工。如图 9-78 所示，人工智能的发展，也使处于第一、第二产业的劳动者更加有了被替代的风险，农、林、牧、渔业的劳动者认为其被替代的可能性增加了 4.97%，采矿业的劳动者认为被替代的可能性上升了 9.06%，人工智能的不断发展，不仅在产业的类型，也在其替代的力度上有所提高。

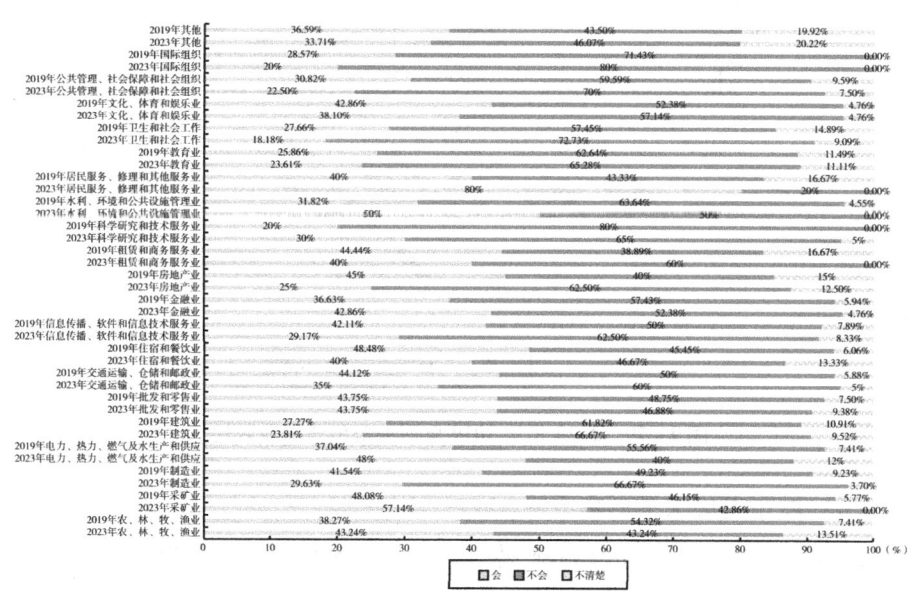

图 9-78　2023 年和 2019 年行业与就业替代

（3）专业化人才难以替代。

拥有专业技能的人员更难以被替代现象得以加强。专业技术人员 2019 年有 65.55% 的从业者认为其不被替代，而到了 2023 年则有 71.43% 的人员认为不会被替代,增长了 5.88%。而农、林、牧、渔、水利生产人员 2019 年有 54.84% 的人员认为不会被替代,而到了 2023 年这个数据下降到 40.91%,生产运输设备操作人员及有关人员也下降了 8.24%。拥有专业技术的人员,拥有独特的技能,不易被人工智能所取代,而类似生产人员、运输设备人员,其工作简单,在人工智能发展的今天,机器设备能够满足工厂的降低成本需要,从而该类劳动者的被替代可能性加大(见图 9-79)。

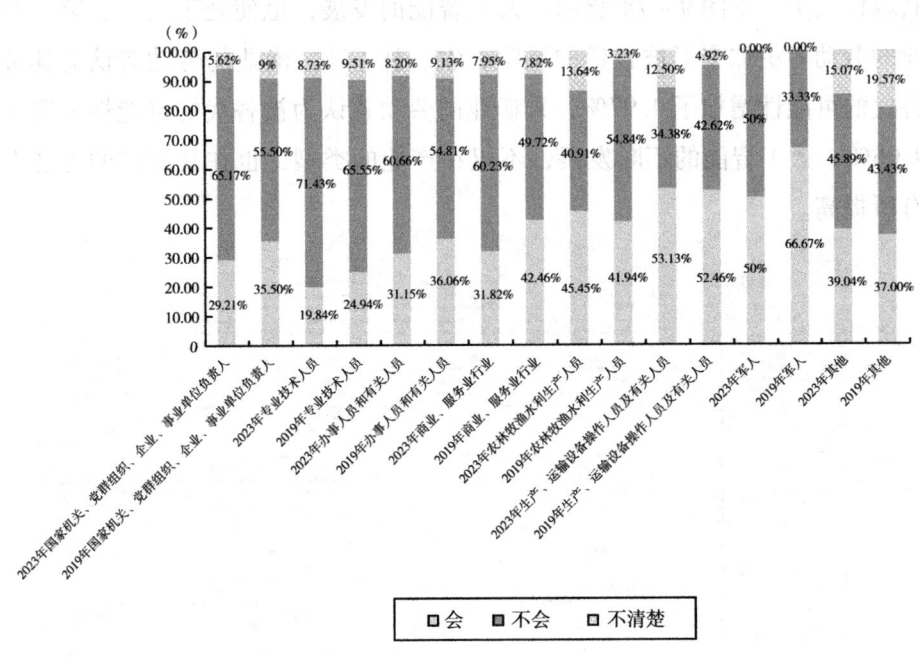

图 9-79　2023 年和 2019 年职业类型与就业替代

(4) 城市发展水平影响下降。

2019 年乡镇级劳动力不被替代率为 35.58% 而到了 2023 年上升到 47.89%。其原因可能是,在互联网平台不断发展的情况下,就业形式得到创新,使不发达地区也有优秀的工作机会,例如直播带货模式与短视频拍摄,这类新型的就业使劳动者在乡镇一级也有充足的保障(见图 9-80)。

(5) 年龄影响就业替代。

年龄因素仍影响着就业替代。对比 2023 年与 2019 年数据可知,大体

第 9 章 自由多元：智能经济时代劳动力市场职业结构调查研究

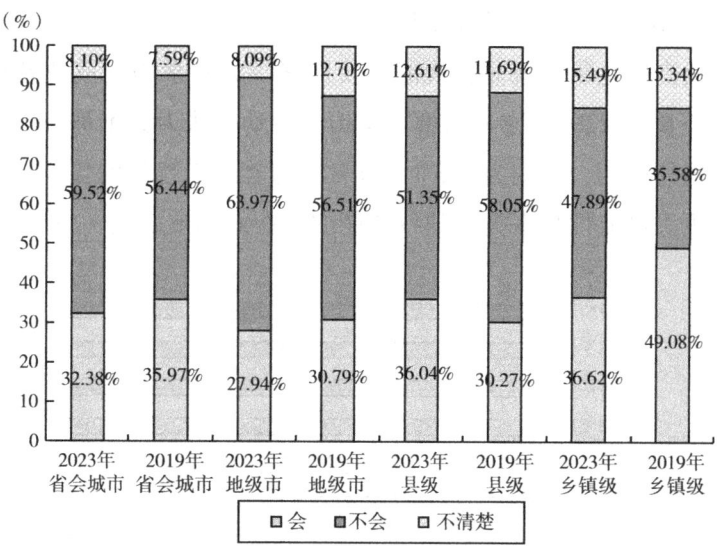

图 9-80　2023 年和 2019 年工作地区与就业替代

上仍体现着年龄上升替代率下降的趋势，人工智能的发展，依旧不能替代随着时间增长的阅历与经验，随着年龄增加劳动者的这方面的能力逐步加强，难以被替代（见图 9-81）。

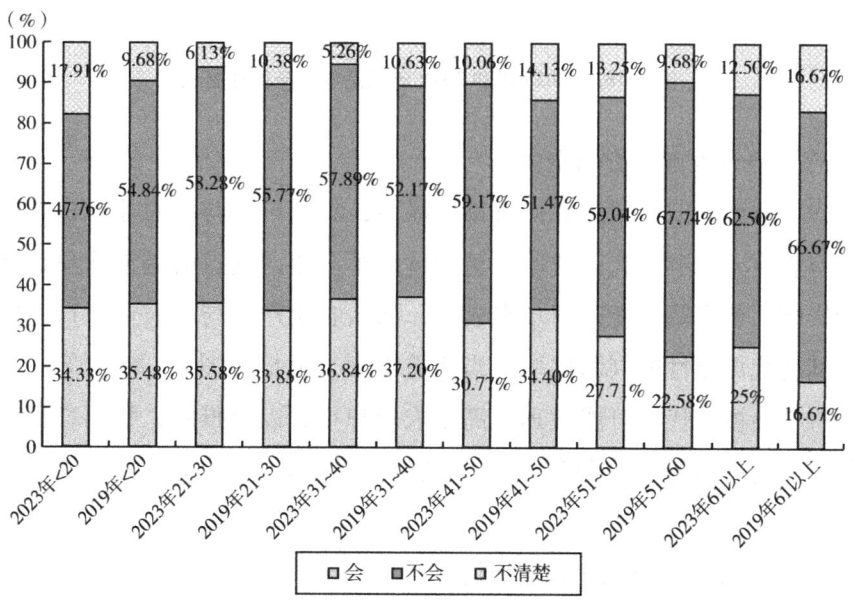

图 9-81　2023 年和 2019 年年龄与就业替代

(6) 学历成为就业替代重要因素。

学历的高低是影响就业替代的重要因素。大专学历的就业替代从原先的30.1%下降到22%，本科与博士学历的劳动者认为其不被替代的可能性有不同程度的增加，分别为4.3%与1%。随着人工智能的普及化，学历高的人群有更大可能性从事拥有独特技能的行业而不被取代（见图9-82）。

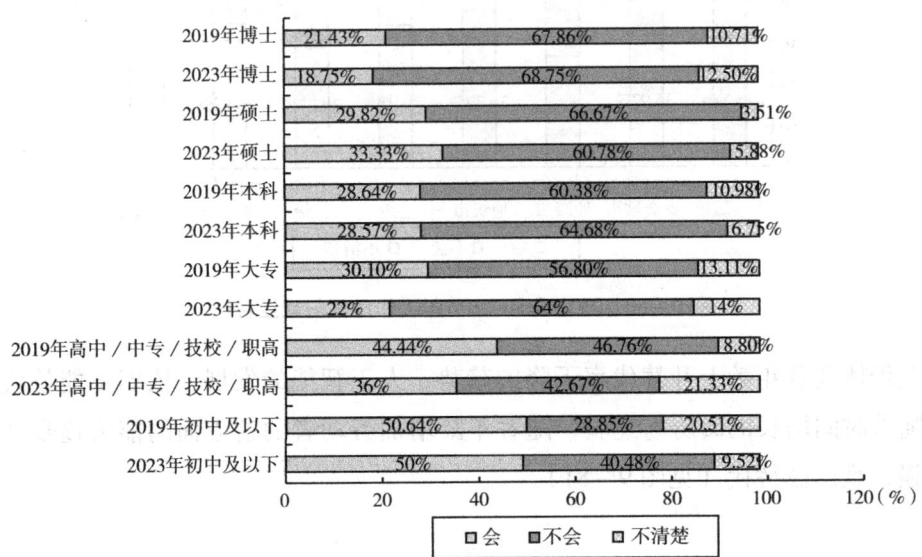

图9-82 2023年和2019年最高学历与就业替代

(7) 户口因素仍影响重大。

户口类型仍旧与就业替代有重要联系，农业户口与非农业户口仍然对就业有着重要影响。我国开始户籍制度改革多年，其目的是消除户籍所带来的影响，若户籍制度改革卓有成效，那么农业户口与非农业户口的劳动者对其替代可能性的判断比率应当相差不大，可是从图9-83可知，非农业户口不会被替代的可能性远远高于农业户口，以此推断，我国户籍制度改革仍需进一步推进，解决户口不同而导致就业形式不同的不公平就业问题。

(8) 收入水平与就业替代挂钩。

年收入与就业替代关系影响变大（见图9-84）。2019年20万~50万

第9章 自由多元：智能经济时代劳动力市场职业结构调查研究

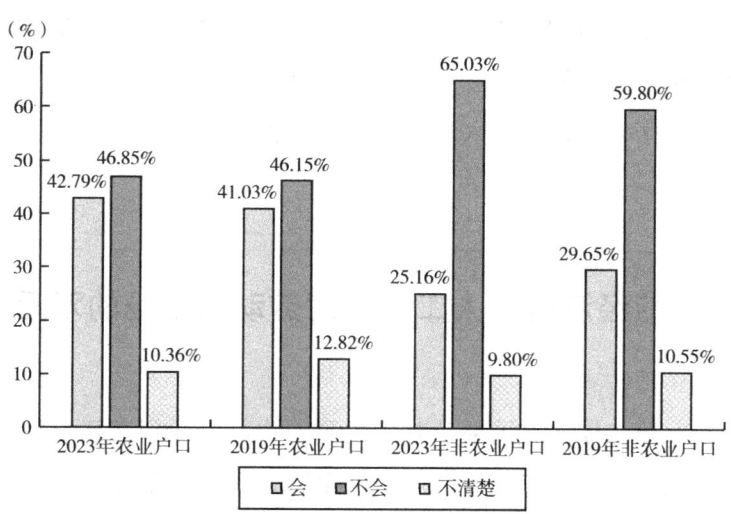

图 9-83　2023 年和 2019 年户口类型与就业替代

元以上的年收入者认为自己不被替代可能性有 51.22%，而 2023 年则上升到 67.74%，2019 年 50 万元以上的年收入者认为自己被替代可能性有 47.62%，而 2023 年则上升到 86.21%，相对于年收入 2 万元以下的低收入

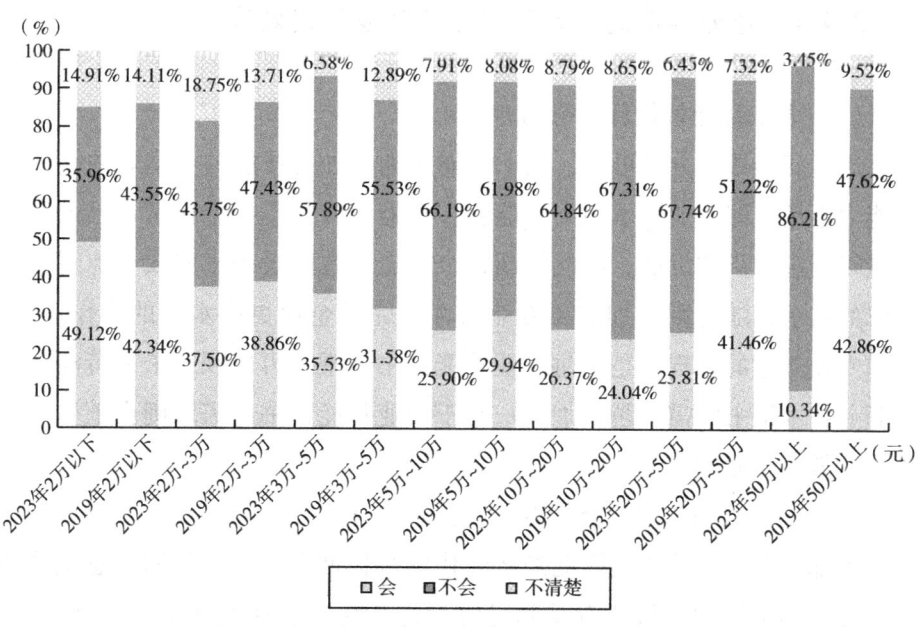

图 9-84　2023 年和 2019 年年收入与就业替代

者2019年有42.34%的人认为自己会被替代而2023年则上升到49.12%，人工智能的推进，使低收入者更有可能被替代，原因可能是他们大多从事机械化工作易于替代，而收入高人群由于其独特性难以替代，从而产生这种现象。

9.4 智能经济时代人工智能对劳动力市场的双重效应

从第一、第二期问卷结果及对比中我们均可以看到在智能经济时代对人类劳动市场有着不可忽视的影响。智能经济时代机器对人类劳动替代的直接结果就是部分职业的消失，同时劳动力整体技能水平不断提高。而伴随着智能经济的就业创造也催生了很多新的业态和就业形式。三年中人工智能技术飞速发展，随之带来对劳动力就业方面产生了不同维度的影响。

9.4.1 智能经济时代人工智能的就业替代效应

（1）人工智能替代低端劳动力。

通过问卷数据分析可知，人工智能对拥有独特技能的劳动者的就业替代能力不足，即专业技术型人才能够在智能化时代更好地保留自己的岗位并且得到进一步的发展，以此推断，企业购买智能设备来完成企业对低端工作的需求，随之则更加需要专业人才来完成企业更高水平的工作需要。目前专业人才的体现则是通过职业技能证书展现，可以预想未来劳动者对于职业技术证书的需求越发加大。对于职业技能证书的需求则会催生出职业技能教育行业的兴起。

（2）劳动力对人工智能持普遍支持态度。

大部分劳动力感受到智能经济时代的替代冲击，同时仍旧愿意接受机器人参与到工作中。从"有受到过时代进步对您职业的冲击吗？"问题结果可以看到，60%的人都受到过技术进步对职业的冲击。其中将近90%的劳动力选择调整自己适应工作。而在"是否希望机器人参与工作"选项中可以看到，无论是在 2019 年的调查样本还是 2023 年的调查样本，尽管机器人的介入会使劳动者面临失业或重新择业的风险，但高达 70% 的劳动者还是希望机器人可以加入生产生活中，为人类的生产生活提供更加便捷的服务。

（3）人工智能逐步替代第三产业的行业。

人工智能制造的目的是降低人力成本，第三产业主要为服务业，为居民服务，这种类型的产业在各式各样机器人出现后，对在其中的劳动者而言是致命的打击，如酒店类型的服务业，由于智能技术的进步，许多需要人工进行的工作由人工智能进行，进一步取代了劳动力。第三产业的就业替代使第三产业的劳动者需要转化工作类型，转向更加专业或者私人定制化的服务，由于人工智能技术是面向更为广大的群众，其创造目的决定了提供大众化的服务，因此为提升自身竞争能力需要提供更为独特的专业服务。

9.4.2　智能经济就业人工智能的就业创造效应

（1）形成突破固定场所、固定时间的新业态、新就业形式。

2019 年工作地处乡镇级的劳动者所感受到的就业替代相较于省会城市、地市级、县级偏高，但 2023 年问卷样本数据样本所呈现的结果显示，乡镇级所受到的就业替代相较于 2019 年呈现出下降的比例，不同工作地的劳动者所受到的就业替代差距缩小。这在一定程度上反映了新业态、新就业形式的特征——劳动者实现就业突破了固定场所、固定时间。不仅如此，一个人还可以同时从事多种职业、获取多份收入。

（2）促使劳动力技能水平整体提高。

在基于问卷数据形成多指标体系来划分被调查者的技能水平中，2023 年的调查样本数据相较于 2019 年的调查样本，高技能水平劳动力占比扩大，低技能水平劳动力占比降低。风险与挑战是并存的，劳动力面对机器人的替代风险时，同样会思考如何改变当下的困境，从而不断学习进步、提升自我工作技能水平。在不断学习中，劳动力水平有了质的提升，从中等技能水平人员进一步发展成为高等技能人员，在更适应就业环境、社会环境、经济环境的同时，也提供更多优秀人才。劳动力本身得到了提升与发展，整体的劳动力市场也散发出更多的生机与活力。

（3）工作地区、最高学历对部分新兴职业的影响力下降。

劳动力就业替代学历是至关重要的因素，学历在一定程度上显示劳动者的素养水平，更高学历水平的劳动者可以在就业中较为轻易地更改自身的工作，并且在工作中获得更好的晋升机会。基于学历考虑，我们发现乡镇级劳动力存在最高学历偏低的情况。从而解释了2019年工作地处乡镇级的劳动者所感受到的就业替代相较于省会城市、地市级、县级偏高的现象。而2023年问卷样本数据样本所呈现的结果显示，乡镇级所受到的就业替代相较于2019年呈现出下降的比例，也让我们发现，随着近年来共享经济的兴起，以网络自媒体形式的工作的出现，智能经济的发展滋生出了新的就业形态如网红、直播带货等。工作的时间、空间不受限制，从业的关键不再是学历，个人性格、视频运镜、素材选材、团队运营等成为与就业息息相关的因素，在一定程度上削弱了人工智能带来的替代冲击，对劳动力的多种就业形式有了一定的帮助。

综上所述，通过问卷结果的呈现，可以看到智能经济时代对劳动力市场产生的影响是毋庸置疑的。人工智能本身的到来具有双面性，劳动力在不得不面临时代进步带来被替代的风险挑战的同时，也激发了其进一步提升自我劳动力水平的动力，同时一些职业消失的同时又有新业态、新就业形式的产生。所以如何提升劳动力技能水平、如何把握新业态新就业形式特征成为智能经济时代下每一个劳动者必须不断思考的问题，也是我们进一步需要研究与把握的方向。

第10章 智能融合：基于智能化产品需求的制造业就业研究

人工智能技术的深入发展为经济社会带来全新的机会和挑战，为顺应时代潮流，各国不断出台战略规划，促进实体产业与智能化融合发展，美国、德国等工业强国纷纷出台"工业4.0"以及"工业互联网"等战略规划。中国人工智能水平的发展开始相对较晚，在基础层、技能层等方面，明显滞后于部分国家，但我国在算法方面和其他国家差距较小，抑或是还领先一步。2015年以来，国家多次把人工智能和智能制造纳入国家发展规划，明确其战略意义（见图10-1）。党的十九大强调，将推动互联网等高新技术与实体经济的进一步融合。

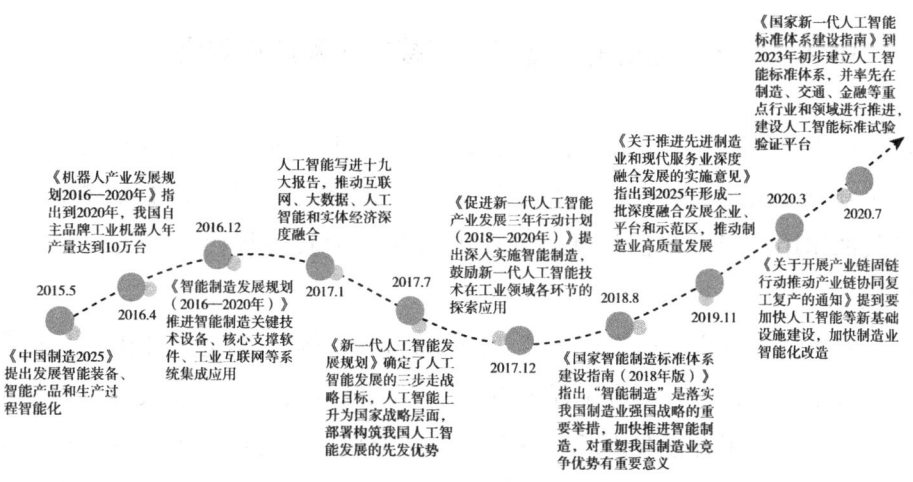

图10-1 人工智能和智能制造重点政策时间路线

智能化在工业行业的应用突出表现为对工业机器人的应用，而工业机器人对各行业影响程度不同，本章从产品需求角度入手，将工业机器人的使用及其对就业的影响作为研究重点，系统探讨了工业智能化的就业效应以及影响机制，为缓解工业机器人的使用与就业替代的矛盾、进一步创造就业岗位提供理论指导和实践参考，加强该研究有助于使政府部门在协调产业发展和就业的相关政策措施更具针对性和有效性。

10.1 智能化技术影响就业的作用机制

智能化技术应用范围较广，因而对就业的影响也比较大。一方面，智能化设备在各行业中的普遍使用会直接取代部分劳动者，从而减少劳动者就业机会；另一方面，智能化技术的应用促使新行业形成，从而创造新的就业机会。同时智能化技术提高生产效率，降低产品价格，因此可能会带来更多市场需求，这也给劳动力带来可能的新增就业机会。我们将重点围绕智能化技术对劳动力市场的作用机理，构建智能化影响就业的理论分析框架。

10.1.1 智能化的就业替代：直接效应和间接效应

以工业机器人为代表的智能化技术，正在广泛应用到制造业生产制造各个环节，从而对制造业行业就业形成了深远影响。结合智能化技术就业替代的作用路径，我们将其对就业的替代分为直接替代和间接替代两种效应。

直接替代效应整体表现为就业岗位的数量下降。制造行业由于采用智能化技术设备，生产制造流程中更多工作由机器人完成，导致智能化技术设备的投入使用直接取代了大量劳动力，带来劳动力市场失业率增加。例如，机器人在完成零件安装、设备替换、装箱整理等方面的工作比人类快很多，同时具有很高的精准度。因此，对于一些重复性、程序化作业的就业岗位，工业机器人直接取代的生产效率和经济效益显著，进而此类工作岗位对人类劳动的需求大幅降低。

间接替代效应集中体现为就业结构的转型升级。智能化技术应用提高企业生产效率,从而使节约的劳动力转向更高技术要求的工作岗位。工业机器人在制造业中的应用推广提高了企业生产效率,每单位产品生产所需的劳动投入减少,进而形成间接替代。伴随智能化不断深入,智能制造必将引发企业内部劳动力技能结构的重置,低技能劳动力受智能化技术冲击较大,机器对其替代效应明显。在智能化引发的就业结构转型升级过程中,劳动力是否真正失业,取决于其掌握的技能是否与智能化应用场景下的生产制造流程相匹配。与此同时,智能化应用将提升制造业生产的机器设备投入,伴随资本有机构成的提高,劳动在生产要素投入中的占比也在不断下降(见图10-2)。

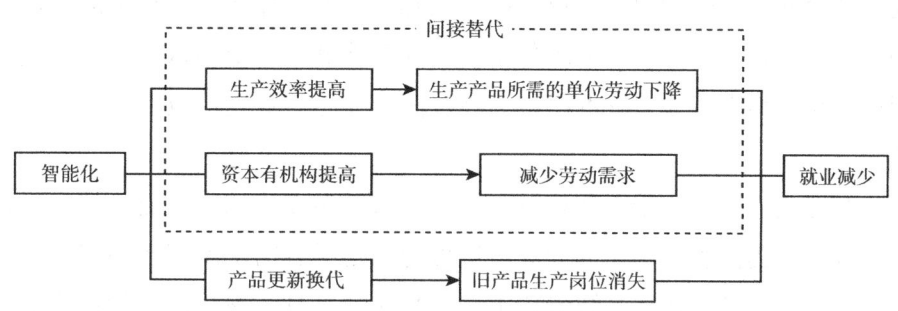

图10-2 智能化对就业替代效应作用机制

理性看待智能化的就业替代效应,客观认识机器对人类劳动解放的历史进步性。相对于人类劳动,具有智能化技术的生产制造流程可以高效率完成生产任务。当然,对于那些需要情感投入、人际沟通协调、经验分析等的工作任务和岗位,机器仍旧逊色于人类。如果进一步考虑到人与机器的关系和社会伦理道德等因素,智能化应用的领域及程度,也是需要我们重新思考和判定的。就目前人工智能应用场景而言,智能化对劳动力市场的替代效应不仅显现在生产制造领域,在农业和服务业也影响颇深。我们可以看到很多技术含量较低的工作岗位已然被机器取代,技术性失业现象频发。但我们也清醒地认识到,智能化的就业替代并非简单的机器替代劳动而造成失业,更多的是把劳动者从一些程序化、缺乏创造性或极其耗费体力、极具风险的工作任务中解放出来,并促进劳动者提升技能水平,从而有助于改善劳动力市场的整体就业质量。

10.1.2 智能化的就业创造：互补效应

智能化对制造业就业的创造效应，主要通过传统产业链延伸带动劳动需求，以及技术创新引发新兴行业进而新增就业岗位。无论是对传统产业链的升级延伸，还是新兴行业的出现，都会对劳动力市场产生巨大需求冲击，而新增的就业需求均源于消费需求的升级。关于消费者对产品和服务的需求，智能化技术主要通过降低企业生产成本获得价格优势，产品和服务的市场价格降低引发和带动消费者需求。为满足新增的消费需求，企业的生产投入包括劳动力在内就会随之增加。当然，伴随着新技术的传播应用，智能化带来的劳动力需求集中表现在技能和人力资本水平上，受教育程度、技术培训、人力资本积累等高技能人才是就业创造效应的主要受益人群。

智能化应用促进传统产业链延伸进而带动劳动需求。智能化技术降低生产成本、提高生产效率的同时，还可为满足顾客需求实现产品定制及一对一个性化服务。例如，智能化工厂依托快速处理海量信息、使用机器模拟人类视觉功能的优势，机器视觉技术广泛应用于产品生产设计，该技术不仅可快速完成产品定制，而且实现了产品性能的提升。智能化生产制造从顾客需求出发，最终服务于顾客，制造业链条由此延伸至产品定制、个性化设计、特殊功能制造等以顾客为中心的全程生产制造服务链。在消费需求升级、追求个性化的时代，智能制造有效激发和带动了消费者需求。对于制造业企业而言，行业内企业的研发创新、产业链延伸会对行业内其他企业产生影响。生产制造的智能化对关联的上下游企业也有着很强的外部性，即智能化应用会由此产生更多与智能化生产服务相关的上下游企业，扩大行业整体生产规模。可见，产业链延伸对劳动力需求大幅增加，相关就业机会也随之增多。

智能化应用引发创新创业发展新业态从而增加就业岗位。智能制造不仅带来新产品和新服务，甚至衍生出新兴行业，行业细分进一步形成新的生产部门，拓展了企业的经营范围，进而创造出更多的就业机会。企业通过提高创新能力来获取更大收益，而创新能力的提升带来对高技术人才的需求。制造业企业为增强市场核心竞争力，企业智能化需要更多依托自主创新获取核心能力，从而赢得利润、积累资本。制造业智能化的内生需求就直接带来对高技术人才的强烈需求。企业自主创新过程离不开懂智能技术、掌握数字技能、深谙现代企业管理的复合型人才，因此对于高知人才的需求是智能化应用的必然结果。同时随着工业机器人的深度推广和应用，保障智能化机器和生产设备稳定高效运转，制造业企业需要配备熟悉智能设备且经过专门培训的技术人员，以及有着数字智能专业知识背景的管理人员。因此，对于售后服务人员以及管理人员等综合职能型岗位的劳动力需求也在增加。可见，伴随消费需求升级和制造业智能化，各类创新创业发展新业态的出现，对智能设计、技术研发、设备维护、数字物流、综合管理等新型人才的需求将成为劳动力市场的重要部分（见图 10-3）。

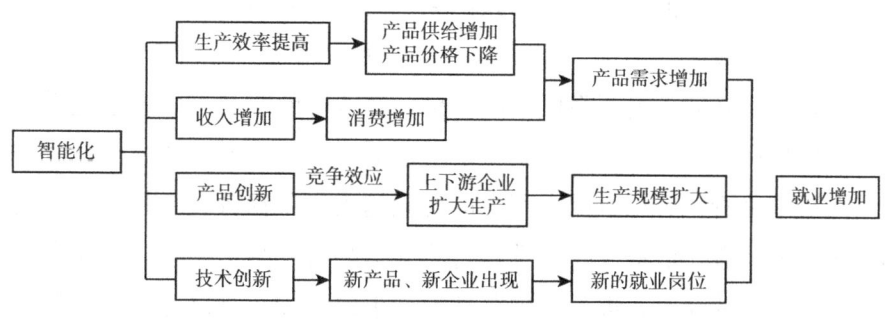

图 10-3　智能化对就业创造效应的作用机制

智能化的就业替代和就业创造两种效应在劳动力市场是同时存在、共同作用的。智能化对就业综合效应的方向和大小取决于两种力量对决的结果：如果就业替代效应大于就业创造效应，那么智能化对劳动力市场的影响就呈现为就业替代，即智能化技术使得更多劳动力失去就业机会、劳动力市场失业率上升；如果就业替代效应小于就业创造效应，则智能化对劳动力市场的影响最终表现为就业创造，即智能化应用为劳动力带来更多就业机会、劳动力市场失业率下降。结合上述技术与就业的效应分析，我们可以发现伴随技术变革的劳动市场也在发生结构性演进，即满足市场需求的劳动力技能结构在不断调整。由于劳动力的知识积累、技能提升、人才培养需要时间周期,故纵向观察智能技术对劳动力市场的冲击,劳动力市场短期受技术冲击的就业替代效应较明显,长期则就业创造效应会成为主导因素。短期内,新技术推广和应用会直接导致诸多传统劳动力面临被取代的风险,而高技术人才不足以满足市场需求,从而劳动力市场就业规模就缩小;长期来看,经过人才培养和技能培训等劳动力供给的结构性调整,更加符合市场对劳动力的知识和技能要求,供需匹配带来就业增加,并且新增就业群体对技术推广应用的外部性,进一步促进智能化应用的深度和广度,从而持续创造就业岗位,带动就业机会持续增加。

10.1.3 智能化的就业传导机制:基于产品需求

消费需求是理解智能化生产与就业结构问题的关键。劳动力市场的就业需求是产品市场消费需求的引致结果,即需求旺盛的行业,就会引发大量生产要素的投入,劳动要素的需求也会相应增加。劳动生产率的提高,引起企业成本降低,进而降低产品价格,消费者的产品需求就会上升,需求上升使生产者会扩大生产规模,从而可能会带来就业量的增加。进一步从产品需求来看,劳动力成本所占的份额越大,劳动者收入越高,劳动者同时也是消费者,消费者收入升高自然会提高对产品的需求,厂商会因此产生扩大生产的动力,进而促进劳动力需求的增加。所以对劳动密集型行业,智能化会带来产品需求的大量增加,从而增加劳动需求。反之,对于资本密集型行业,智能化可能会减少劳动需求。本部分研究聚焦制造业行业,并且重点关注行业中劳动密集型行业。

基于产品需求构建的智能化对就业的传导机制如图10-4所示。研究将通过需求价格弹性来刻画市场上消费需求对技术所引发的商品价格波动的反应,从而论证基于产品需求的就业传导机制。若制造业产品的需求富有弹性,即产品价格波动带来消费需求的剧烈变化,因此当技术应用促使产品价格下降时,消费者对产品的需求就会大幅增加,由此会衍生对劳动力的需求增加,这在一定程度上会抵消部分由于智能化引发的就业替代。若制造业生产的产品是缺乏弹性的,产品价格下降,产品需求的增加并不显著,那么劳动力需求增加有限,智能化对就业的影响就以替代效应为主。

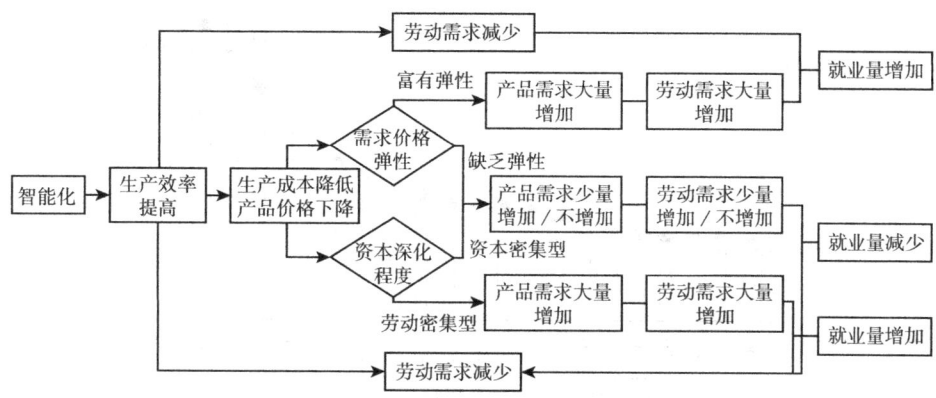

图 10-4 智能化的就业传导机制

10.2 我国工业智能化现状与行业就业特征

10.2.1 我国工业机器人应用简况

近些年来,智能化技术飞速发展,而与其相关的智能化产品也层出不穷,其中发展尤为迅速的就是智能机器人。本研究根据国际机器人联盟 IFR 数据,对工业机器人的应用现状分析如下。

(1) 我国工业机器人年新增安装和年保有量加速上升①。

1999~2019 年,全球工业机器人的年新增安装数量以及年保有量都呈明显的上涨趋势(见图 10-5)。尤其是在 2010 年以来,世界各国工业机器人使用规模增速较快。2019 年,世界各国累计拥有 10758476 台工业机器人,比 1999 年上涨 272.28 个百分点;2018 年,其年度新增安装数量达到

---

① 资料和数据来源:2000~2020 年《国际机器人联盟 IFR》公布数据。

最高，为1659241台，且2017年、2018年、2019年连续三年年新增安装数量都超过了150万台。

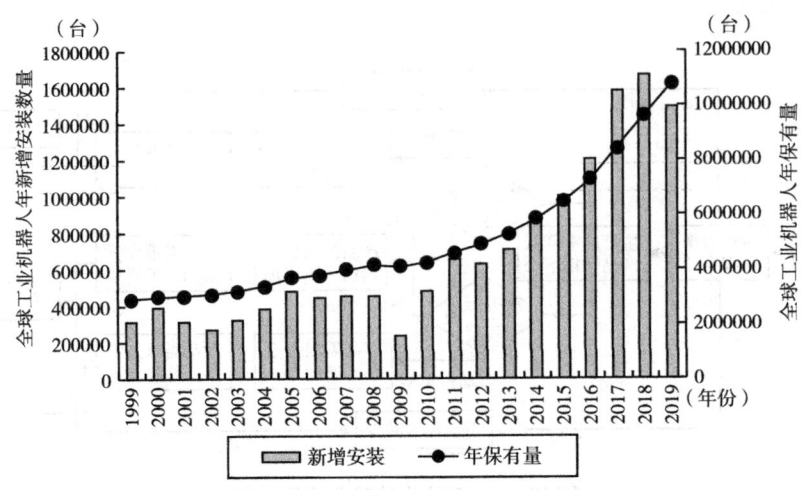

图10-5 全球工业机器人年新增安装和年保有量趋势

1999~2019年我国工业机器人的年新增安装数量和年保有量与全球一致，均呈现明显上升趋势。从数据（见图10-6）可以看出，我国工业机器人的推广应用较全球整体情况起步晚，在2006年之后才有了显著增长。

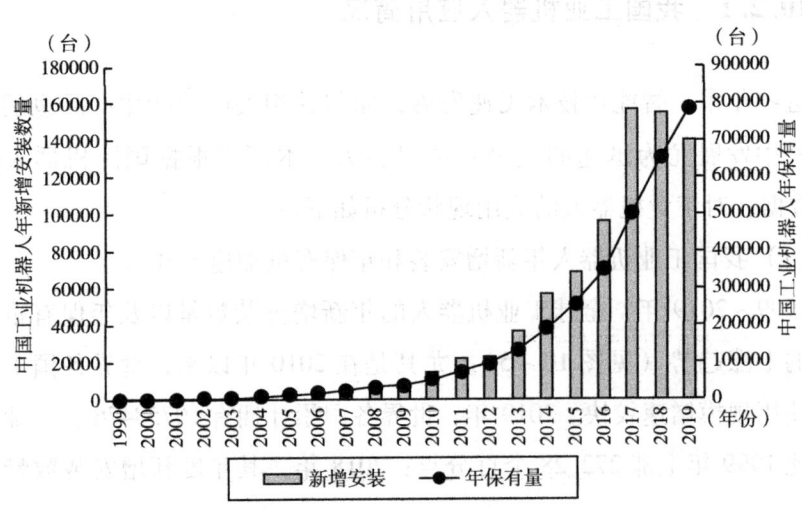

图10-6 中国工业机器人年新增安装和年保有量趋势

但从2010年以后，我国工业机器人的年新增安装数量和年保有量均呈现快速上升，且明显快于全球增速。2019年中国工业机器人的年保有量达到了782725台，占世界工业机器人年保有量的7.28%，相比1999年我国工业机器人的年保有量为550台，仅占全球工业机器人年保有量的0.019%，足可见近十年我国工业机器人应用速度在全球范围内是遥遥领先的。我国工业机器人年新增安装数量在2017年达到最高，为156176台，在2018年、2019年有略微下降，可能是由于当前宏观经济下行压力较大，制造业企业对机器人的需求下降导致的。

（2）我国工业机器人应用增速显著快于发达国家[①]。

在IFR统计的100个国家和地区中，选取美国、德国、日本三个工业机器人安装数量名列前茅的国家，与中国的工业机器人应用情况进行对比。图10-7显示，日本工业机器人应用在四个国家中处于领先地位，2006年我国工业机器人应用尚处于起步阶段，年保有量仅有17327台，日本当时的工业机器人年保有量351658台，是我国的20.3倍。同期，美国工业机器人年保有量150725台，是我国的8.7倍；德国工业机器人年保有量132594台，是我国的7.65倍。然而，数据趋势明显可见的是，我国工业机

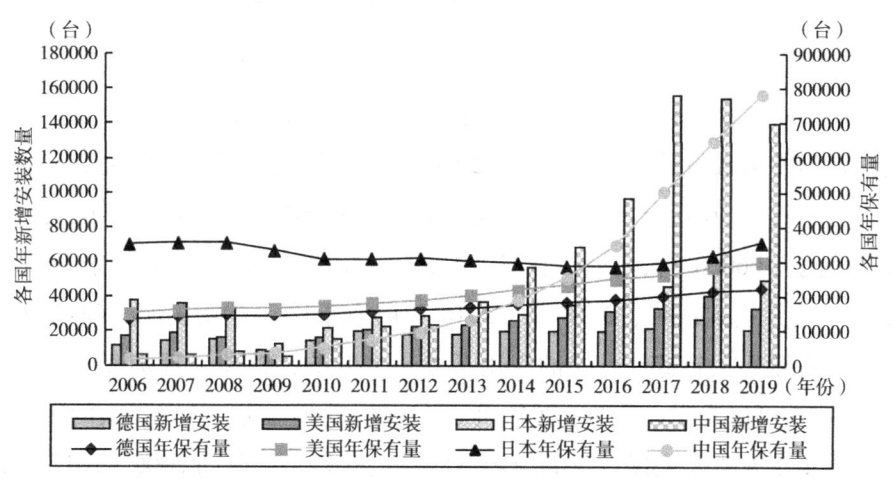

图10-7　中、美、德、日工业机器人应用情况

---

① 资料和数据来源：2007~2020年《国际机器人联盟IFR》公布数据。

器人发展非常迅速，于 2014 年超过德国，2015 年超过美国，2016 年超过日本，从而跃居全球工业机器人年保有量榜首。这源于我国工业机器人的 2013 年新增安装数量 36560 台，达到了四个国家中最高。从图 10 - 8 也可清晰地看到，中国工业机器人的年保有量逐年增长，所占份额越来越大；德国和美国的占比份额变化不大，相对稳定；而日本工业机器人年保有量的占比份额下降较为明显。

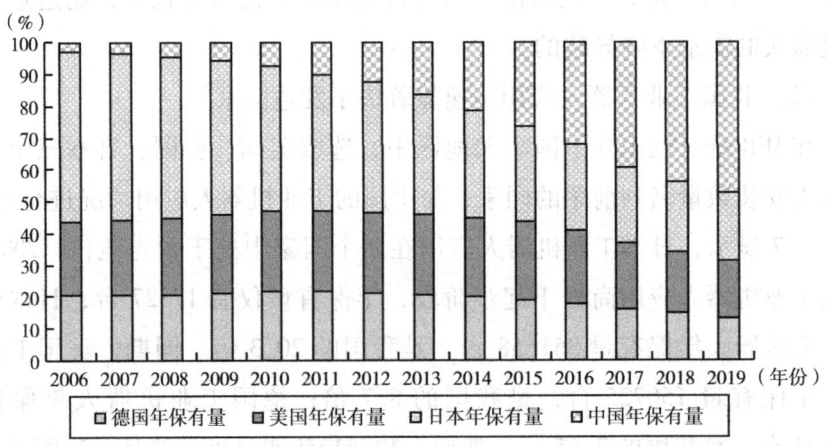

图 10 - 8　中、美、德、日工业机器人占比份额

（3）我国工业机器人在制造业的新增安装数量显现峰值[①]。

图 10 - 9 显示，我国制造业工业机器人新增安装数量与全国工业机器人年新增安装数量趋势基本一致，2006 年我国制造业行业工业机器人新增安装数量仅有 3690 台，而 2019 年我国制造业行业工业机器人新增安装数量达到了 106000 台，增长了 2772.63%。2017 年新增安装工业机器人 125754 台并达到顶峰，2018 年、2019 年略有下降。数据表明，我国近 15 年工业机器人在制造业行业的应用是逐年上升的，整体呈现加速上升。从图 10 - 10 可以看出，2006~2019 年，我国制造业行业工业机器人的年保有量占全年工业机器人保有量的份额整体呈上升趋势，其间 2006~2015 年份额上升趋势明显，2015 年以后趋于份额趋于稳定。

---

①　资料和数据来源：2007~2020 年《国际机器人联盟 IFR》公布数据。

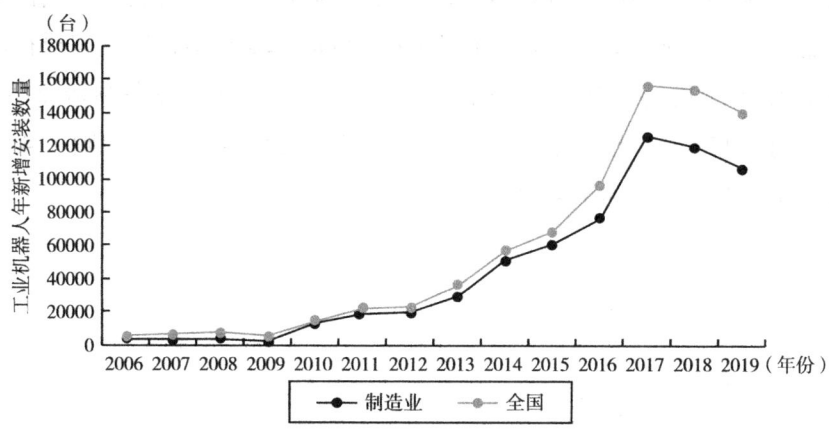

图 10 – 9　我国制造业行业工业机器人的年新增安装数量

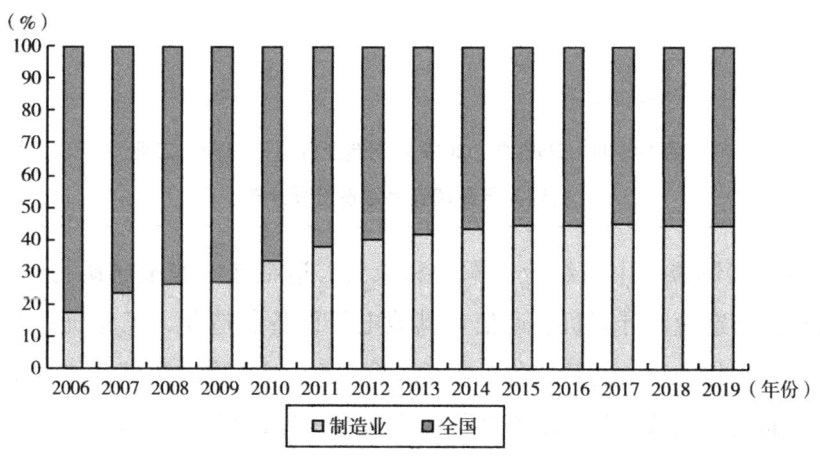

图 10 – 10　我国制造业行业工业机器人年保有量份额

为了解制造业内部分行业情况，我们针对制造业分行业工业机器人的安装和保有情况做了统计和分析。图 10 – 11 分别显示 2006 年和 2019 年部分制造业工业机器人年新增安装数量份额。据统计数据显示，2006 年图中未显示行业的工业机器人年新增安装数量均为 0，表明相比较于其他行业来说，这 6 个行业工业机器人应用处于领先水平。在食品和饮料制造业、医药制造业、橡胶和塑料制品业、金属制品业、电气机械及器材制造业和交通运输设备制造业中，2006 年橡胶和塑料制品业的工业机器人新增安装数量占比为70%。2019年占比较大的是交通运输设备制造业和电气机械及器材制造业，分别为36.85%和47.74%。2006～2019年，橡胶和塑料制品业由2575台增长到3576台，增加了1001台，交通运输设备制造业由399台增长到32151台，增加了31752台，电气机械及器材制造业则由442台增长到41651台，增加了41209台。

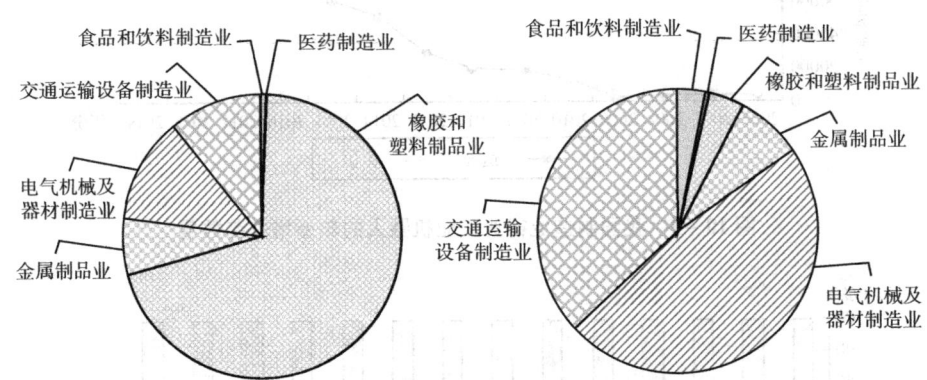

图10-11 2006年、2019年制造业行业（部分）工业机器人年新增安装数量份额分布

2019年制造业中纺织业，木材和家具，造纸业，非金属矿物制品业，普通机械制造业，计算机、通信和其他电子设备制造业，工业机器人也已投入使用，相关行业的智能化水平较2006年实现了质的突破。这六个行业中，普通机械制造业年新增安装机器人数量占比最高，该行业2008年开始引进工业机器人，年新增安装数量74台，到2019年则达到8638台，增加了8564台。计算机、通信和其他电子设备制造业也占有较大比重，该行业于2009年引入工业机器人，年新增安装数量为55台，到2019年达到2031台，增加1976台（见图10-12）。

10.2.2 我国制造业劳动力就业特征及趋势

人工智能、大数据和云计算的广泛运用，引发全球产业变革，各国全力聚焦智能制造。据牛津经济研究院报告显示，未来10年机器人将代替全

第10章 智能融合：基于智能化产品需求的制造业就业研究

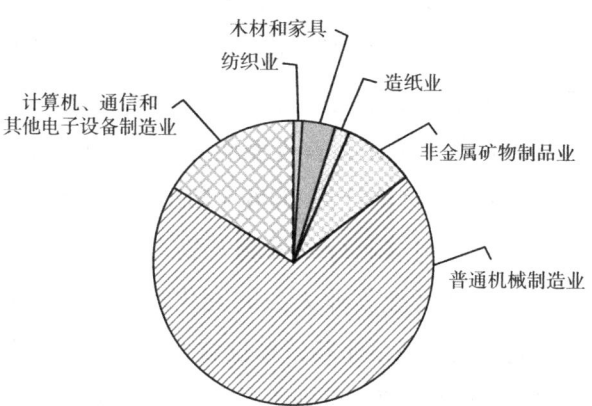

图 10-12　2019 年制造业行业（部分）工业机器人
年新增安装数量份额分布

球 2000 万个制造业岗位，平均替代率为 1.6 人/机器人。我国智能制造业产值规模逐年攀升，2020 年约 25056 亿元，同比增长 18.85%，是国民经济发展的重要推动力（见图 10-13）。

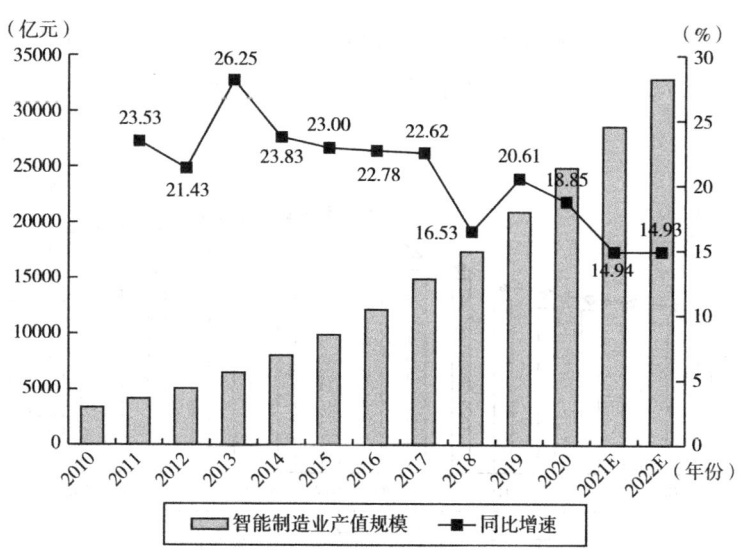

图 10-13　2010~2022 年中国智能制造业产值规模及增速

（1）制造业就业总人数先上升后下降①。

我国制造业各行业内部，很多就业岗位被工业机器人取代，"机器换人"现象已成常态。制造业企业将工业机器人引入工业生产过程，提升生产效率，其对劳动力市场的冲击，首先表现为直接的就业替代。

图10-14数据源自国家统计局2006~2020年统计年鉴，全国城镇非私营单位就业总人数以及制造业行业就业人数。数据显示，我国城镇非私营单位就业人数和制造业行业就业人数的变化趋势大致相同。2006~2013年，全国制造业就业人数和城镇非私营单位就业人数均呈上升趋势，分别于2013年和2014年各自达到峰值，就业人数分别为5257.9万人和18277.8万人。2013年以后，制造业行业的就业人数和城镇非私营单位就业人数都呈下降趋势。截至2020年，我国制造业就业人数为3805.5万人，下降了27.62%，城镇非私营单位就业人数为17039.1万人，下降了6.78%。根据统计数据，我们测算了制造业行业就业人数在总就业人数中的份额（见图10-15），结果表明该份额在考察时间内基本维持在20%左右，占比基本稳定，未发生明显变化。整体数据趋势可见，2006年以来我国劳动力市场的整体就业规模和制造业就业规模同步缩减，而同期我国工业机器人数量持续增长，故工业智能化趋势和机器换人同步加速。

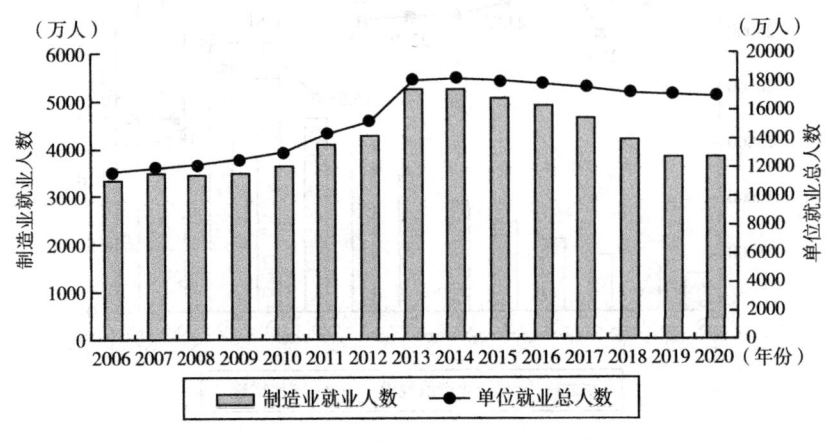

图10-14 我国制造业行业就业人数

---

① 数据来源于2007~2020年《中国统计年鉴》。

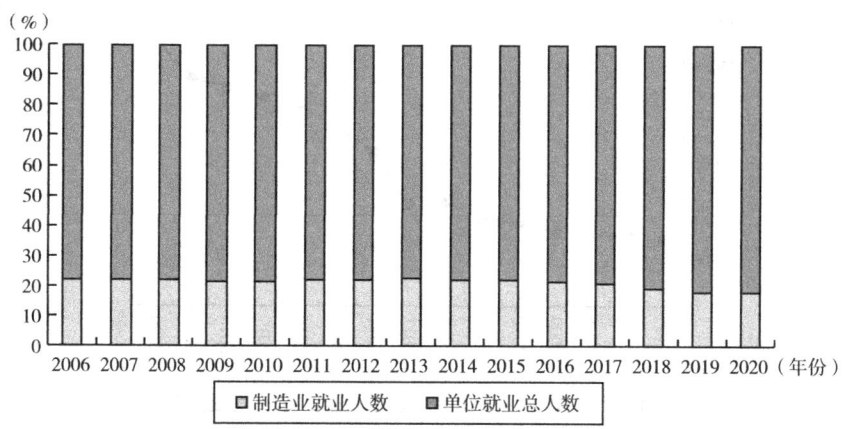

图 10-15　我国制造业行业就业人数占比份额

(2) 制造业高技术人员就业数量逐年上升①。

人工智能应用实践证明，智能技术的挑战主要体现在就业结构上就业总量的变化非主要冲击。我国智能制造劳动力市场结构性矛盾突出，技能型人才短缺问题持续，求人倍率长期保持在 2 以上。在整体就业规模缩减的同时，工业机器人引入对劳动力市场的结构性冲击成为值得关注的重点。中国制造曾经凭借劳动力成本优势占领国际市场，而智能制造对制造业转型升级的压力和挑战更多源自技术创新，而创新需要大量智能型、技术型人才。因此，工业机器人应用势必对我国制造业就业结构产生更加深刻的影响：技术替代低技术劳动力的同时，对高技术人员的需求会大幅激增（见图 10-16），我国高技术人员就业人数呈上升趋势。数据进一步显示（见图 10-17），中低技术的就业人员所占比重是逐渐下降的。因此，我国传统制造业的就业结构会随着工业机器人的引入而重新调整，技术含量较低的工作岗位会被机器逐渐取代，该岗位或消失；对于高技术人员而言，面对工业机器人所带来的就业挑战，一方面自身技能成为劳动力市场的稀缺资源；另一方面快速的学习能力可使其尽快调整自身人力资本水平和技能结构，或可更快适应市场变革。

---

① 数据来源于 2007~2020 年《中国科技统计年鉴》。

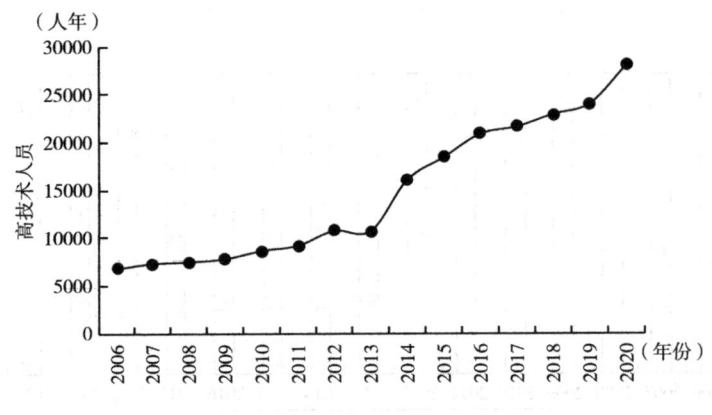

图 10-16 2006～2020 年我国高技术行业就业人数

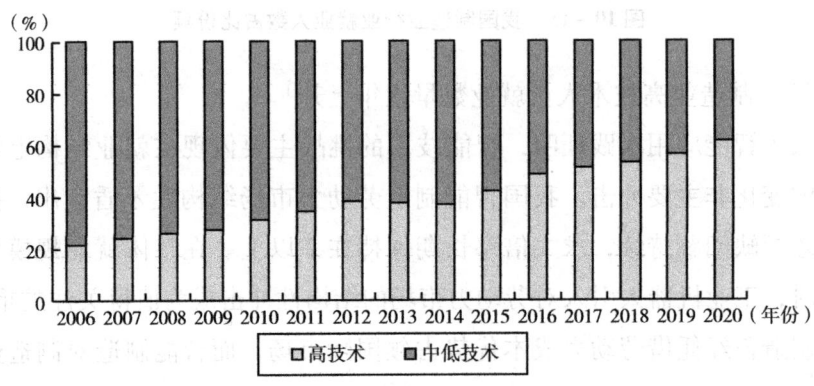

图 10-17 我国高技术行业和中低技术行业就业人数分布

(3) 制造业技能型人才缺口较大。

伴随机器人大量投入使用制造业生产过程，与人工智能、物联网、大数据和云计算相关的工程技术新职业应运而生，分布在机械与自动化、国防与交通运输设备制造、信息技术、新材料制造、新兴医疗制造和能源与环保等行业，操作、调试、维修维护和改造等技能型劳动力，成为我国工业智能化的人才基础。据智联《高技术制造业人才需求与发展环境报告》显示，2022 年 1～4 月，高技术制造业招聘职位数同比增速高达 28.2%，领先全行业的 8.4%，大批岗位急需高技能人才。人社部发布全国"最缺工"100 个职业排行季度报告中，制造业人才需求旺盛、供给不足。2021年第四季度，全国"最缺工"职业中"生产制造及有关人员"占 43%，

2022年上半年,"多工序数控机床操作调整工""工业机器人系统操作员""半导体分立器件和集成电路装调工""计算机网络工程技术人员"等智能制造领域职业排位上升,缺工现象持续(见图10-18)。2020年9月发布的《中国集成电路产业人才白皮书(2019~2020年版)》显示,2023年前后全行业人才需求为76.65万人左右,人才缺口约为22万人。据工信部、教育部调查显示,仅制造业十大重点领域中,到2025年技能人才缺口将近3000万人。制造业高级技能人才缺乏成为制约中国制造业转型的重要阻碍。

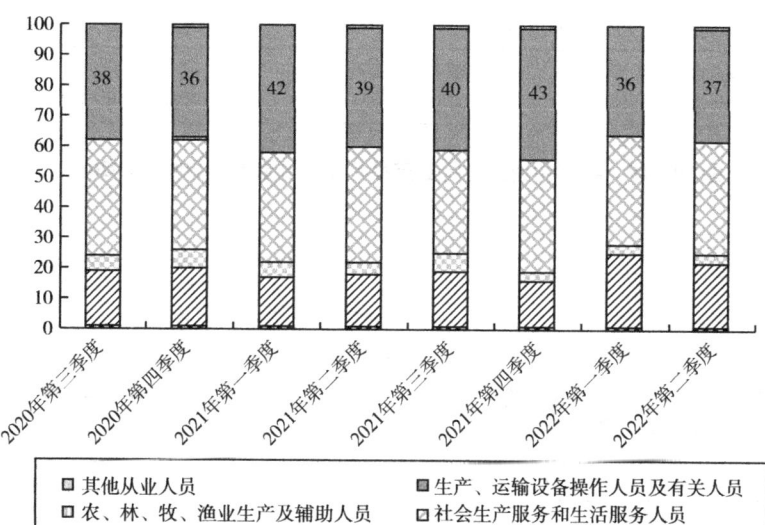

图10-18 全国"最缺工"100个职业排行

10.2.3 我国制造业行业消费需求变化趋势

(1)制造业供给增长速度呈现行业异质性①。

我国制造业各行业产品需求情况可通过年产量水平来体现,鉴于制造业分行业种类众多,结合本书重点关注的12个制造业行业与《2017年国民经济行业分类注释》中各行业产品进行匹配,我们选择了12个主要行业

---

① 数据来源于2021年《中国工业统计年鉴》。

的产品产量进行分析。为了更清晰地显示各行业情况,我们将 12 个行业产品产量变化情况分别绘制如图 10-19 和图 10-20 所示。

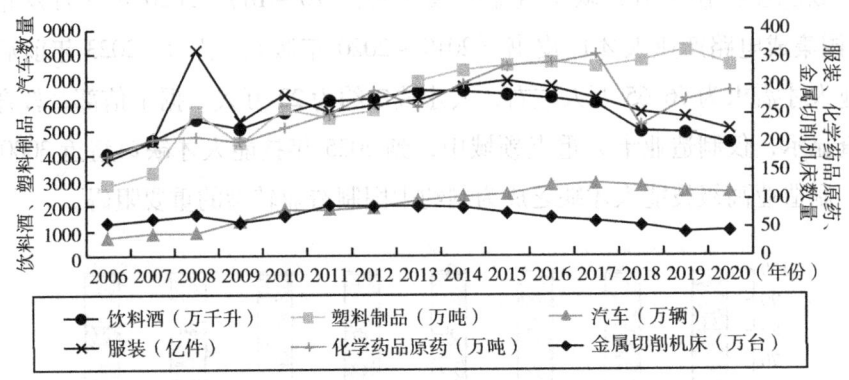

图 10-19　我国制造业分行业产品产量增长趋势（2006~2020 年）

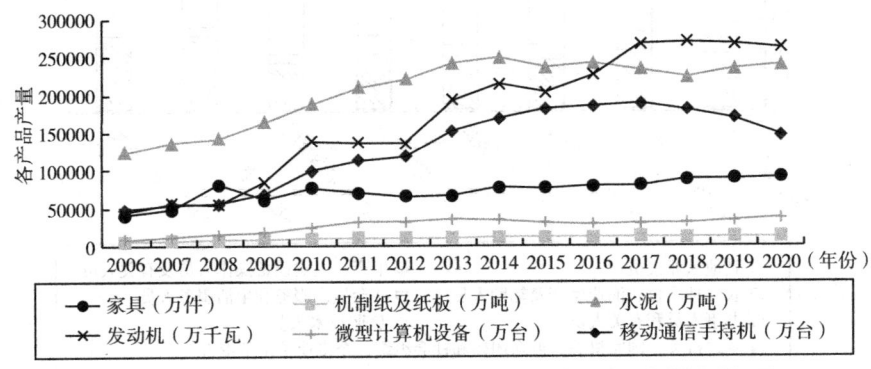

图 10-20　我国制造业分行业产品产量增长趋势（2006~2020 年）

统计数据趋势图显示,部分产品产量基本维持稳定,而部分产品产量呈现明显的上涨趋势。塑料制品、化学药品原药、家具、机制纸及纸板、水泥、发动机及微型计算机行业产品产量增长趋势明显,塑料制品从 2006 年的 2801.87 万吨增长到 2020 年的 7603.22 万吨,增长了 171.36%；化学药品原药从 2006 年的 176.55 万吨增长到 2020 年的 291.9 万吨,增长了 65.3%；家具从 2006 年的 41628 万件增长到 2020 年的 91221 万件,增长了 119%；机制纸及纸板从 2006 年的 6863.02 万吨增长到 2020 年的 12700.63 万吨,增长了 85.06%；水泥产品产量从 2006 年的 123676.48 万吨增长到

2020年的239470.83万吨,增长了93.63%;发动机产品产量从2006年的45267.36万千瓦增长到2020年的262652.03万千瓦,增长了480.22%;微型计算机行业产量从2006年的9336万台增长到2020年的37800万台,增长了305%。饮料酒、汽车、服装、金属切削机床和移动通信手持机行业的产量趋势呈现出"U"形变化特征,即先上升后下降,该类行业前期产量的快速上涨说明行业需求极大程度得以满足,对于该类多数民生生活普及化产品的国内需求更多体现在品质提升上,而国外市场受全球贸易环境影响,因此数量的增长态势有所调整。

(2)制造业销售产值各行业份额基本稳定①。

制造业产品需求除用产出水平刻画外,也可通过行业销售产值来测度。我们对2006年和2016年的制造业各行业销售产值数据展开对比,分析如下。

图10-21和图10-22显示,2006年和2016年我国制造业各行业销售产值占比情况。我国制造业各行业的工业销售产值占比情况基本稳定,在研究关注的12个制造业行业中,2006年工业销售产值占比最高的是计算机、通信和其他电子设备制造业,为22.57%,其次是交通运输设备制造业和电气机械及器材制造业,分别为13.9%和12.39%。2016年工业销售产值占

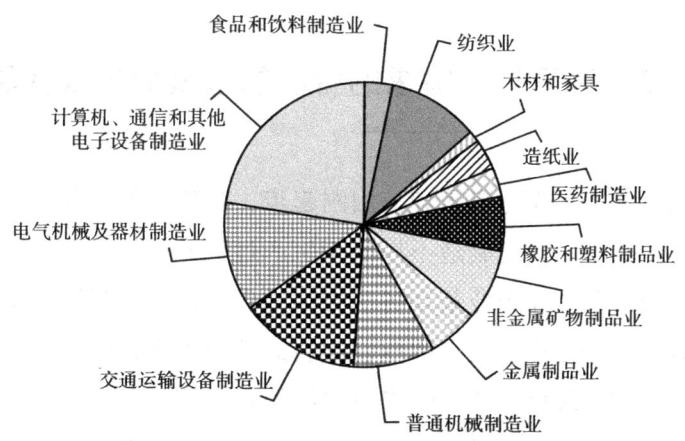

图10-21 我国制造业各行业2007年工业销售产值占比

---

① 数据来源于2007年和2017年《中国工业统计年鉴》。

比最高的是交通运输设备制造业,为20.03%,其次是计算机、通信和其他电子设备制造业以及电气机械及器材制造业,分别为16.61%和12.51%。可见,上述三大行业产值占据12个行业产值的近50%份额,10年间交通运输设备制造业产值份额增加6.13个百分点,计算机、通信和其他电子设备制造业产值下降5.96个百分点,电器机械及器材制造业产值份额变化不大。

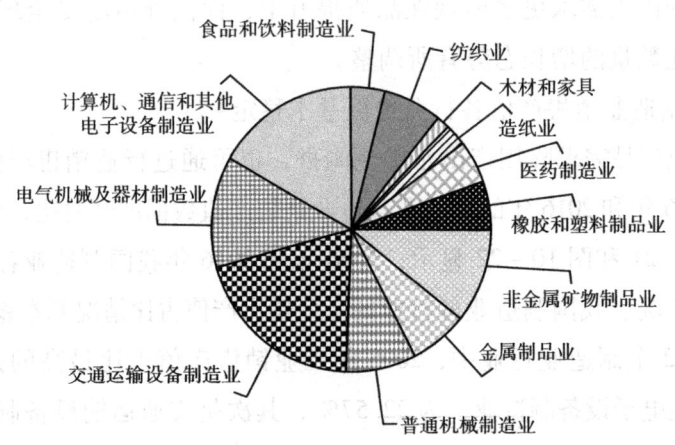

图10-22 我国制造业各行业2017年工业销售产值占比

10.3 基于行业需求的智能制造就业效应检验

我国人工智能规模化引入和应用刚起步,对各行各业和经济社会的影响还在动态演进中。智能制造不局限于生产过程或单体智能,而是扩展到产业价值链全部环节和企业活动各个方面的创新,同时智能制造与消费需求升级两者间互相促进:人工智能刺激新的消费需求,消费需求升级会促进制造业产业链高级化,从而带来可持续的就业扩张、创新技术的应用和经济高质量发展。研究通过引入智能化变量,推演技术变量对劳动力需求的影响机制,需求价格弹性作为技术影响劳动力需求的中介变量,是模型的关键结论;结合需求价格弹性分析不同行业智能化应用的就业结构,是模型分析的实证意义所在。

10.3.1　劳动力市场一般均衡分析：引入智能化技术变量

消费需求是理解智能化生产与就业结构问题的关键。劳动力市场的就业需求是产品市场消费需求的引致结果，即需求旺盛的行业，就会引发大量生产要素的投入，劳动要素的需求也会相应增加。按照市场一般均衡分析框架，假设某行业智能化生产函数为：$Y = AL$，A 代表智能化生产水平（技术状况）[①]。假设行业需求包括国内总需求和净出口，行业市场出清满足供需相等，即 $Y = (1 - I) \cdot N \cdot D\left(\frac{p}{w}, w\right)$。其中，I 代表进口份额，N 代表总人口。

$$Y = AL \xrightarrow{\text{取对数}} \ln Y = \ln A + \ln L \Rightarrow \ln L = \ln Y - \ln A \Rightarrow \frac{\partial \ln L}{\partial \ln A} = \frac{\partial \ln Y}{\partial \ln A} - 1$$

$$Y = (1 - I) \cdot N \cdot D\left(\frac{p}{w}, w\right) \xrightarrow{\text{取对数}} \ln Y = \ln(1 - I) + \ln N + \ln D$$

$$\xrightarrow{\text{I 独立于 A, N 为常量}} \frac{\partial \ln Y}{\partial \ln A} = 0 + 0 + \frac{\partial \ln D}{\partial \ln A}, \text{即} \frac{\partial \ln Y}{\partial \ln A} = \frac{\partial \ln D}{\partial \ln A}。$$

因此有：

$$\frac{\partial \ln L}{\partial \ln A} = \frac{\partial \ln D}{\partial \ln A} - 1 \tag{10-1}$$

可见，智能化生产（技术进步 A）是新增就业，还是缩减就业规模，取决于行业需求的技术弹性，即行业需求的技术弹性大小是决定就业效应的方向性变量，我们将需求的技术弹性 $\frac{\partial \ln D}{\partial \ln A}$ 称为生产力弹性。就业的技术弹性 $\frac{\partial \ln L}{\partial \ln A}$ 取决于生产力弹性 $\frac{\partial \ln D}{\partial \ln A}$ 的大小：若生产力弹性大于 1，则就业技术弹性为正，即技术进步带来就业增加；若生产力弹性小于 1，则就业的技术弹性为负，即技术进步带来就业减少。因此，关注生产力弹性的大小及变化情况，是研究技术进步对就业影响的关键中间变量。

[①] Bessen J, Automation and jobs: when technology boosts employment [J]. Economic Policy, 2019, 34 (100): 589-626.

模型研究发现，需求价格弹性是消费需求影响就业的关键指标。首先，设定劳动产出份额 s 为：$s = \frac{wL}{pY}$，由于 $Y = AL$，则 $s = \frac{wL}{pY} = \frac{w}{pA}$，得出：

$$\frac{w}{p} = As \qquad (10-2)$$

以生产力弹性为逻辑起点继续分析[①]：

$$\frac{\partial \ln D}{\partial \ln A} = \frac{\partial \ln D}{\partial \ln As} \cdot \frac{\partial \ln As}{\partial \ln A} = \frac{\partial \ln D}{\partial \ln As}\left(\frac{\partial \ln A + \partial \ln s}{\partial \ln A}\right) = \frac{\partial \ln D}{\partial \ln As}\left(1 + \frac{\partial \ln s}{\partial \ln A}\right)$$

$$\xrightarrow{\frac{w}{p} = As} \frac{\partial \ln D}{\partial \ln \frac{w}{p}}\left(1 + \frac{\partial \ln s}{\partial \ln A}\right) = \frac{\partial \ln D}{\partial \ln w - \partial \ln p}\left(1 + \frac{\partial \ln s}{\partial \ln A}\right)$$

$$= \frac{1}{\frac{\partial \ln w}{\partial \ln D} - \frac{\partial \ln p}{\partial \ln D}}\left(1 + \frac{\partial \ln s}{\partial \ln A}\right) \qquad (10-3)$$

由于 Y 在市场总需求中占比较小，故假设 $\frac{\partial w}{\partial D} = 0$，即 Y 行业的产品需求变化不会影响劳动要素的价格，即工资水平不受 Y 的需求影响。

$$\frac{\partial \ln D}{\partial \ln A} = -\frac{\partial \ln D}{\partial \ln p}\left(1 + \frac{\partial \ln s}{\partial \ln A}\right) = \varepsilon\left(1 + \frac{\partial \ln s}{\partial \ln A}\right) \qquad (10-4)$$

10.3.2 我国制造业就业的技术弹性估计

上述推演结果表明，生产力弹性 $\frac{\partial \ln D}{\partial \ln A}$ 取决于需求价格弹性 ε 和劳动产出份额的技术弹性 $\frac{\partial \ln s}{\partial \ln A}$。接下来结合制造业数据，分别就需求价格弹性和劳动产出份额的技术弹性展开讨论。

（1）行业需求价格弹性异质性显著。

为了分析制造业行业弹性，先构建需求估计式：

[①] 该推演过程发现 $\varepsilon = \frac{\partial \ln D}{\partial \ln \frac{w}{p}}$ 成立，这是后面需求价格弹性估计方程构建的重要依据。

第10章 智能融合：基于智能化产品需求的制造业就业研究

$$\ln D\left(\frac{p}{w}, w\right) = \alpha + \beta_1 \ln \frac{w}{p} + \beta_2 \left(\ln \frac{w}{p}\right)^2 + \gamma_1 \ln w + \gamma_2 (\ln w)^2 + \varepsilon$$

(10-5)

该式表明，人均需求是关于价格 p 和工资收入 w 的函数，系数 β_1 和 γ_1 表示需求价格弹性和需求收入弹性。在式（10-4）推导过程中发现，需求价格弹性 $e_d = \frac{\partial \ln D}{\partial \ln \frac{w}{p}}$，根据式（10-5）可以得出，$e_d = \frac{\partial \ln D}{\partial \ln \frac{w}{p}} = \beta_1 + 2\beta_2 \ln \frac{w}{p} = \beta_1 + 2\beta_2 \ln As$。因此，$\hat{e}_d = \hat{\beta}_1 + 2\hat{\beta}_2 \ln As$。

该式的经济含义在于：根据回归结果的系数可以求出需求价格弹性，只要 β_1 和 β_2 在统计上有意义（显著），从而我们关注的 $\frac{\partial \ln D}{\partial \ln A}$ 的重要影响因素需求价格弹性 e_d 就可以得出。

选取制造业 2000~2019 年各行业工业销售产值来衡量各行业消费需求 D，制造业各行业平均工资代表 W，工业生产者出厂价格指数代表 P。同时剔除通货膨胀影响，用实际工资和工业实际销售产值来表示（见表10-1）。

表10-1　　　　实际工资、产出、出厂价格指数描述性统计

变量	样本量	平均值	标准差	最小值	最大值
W	240	25473	13436	6463	63061
P	240	0.9817	0.149	0.5107	1.3331
D	240	30852	41923	348	237474

制造业各行业的需求价格弹性测度结果（见表10-2）显示，制造业各行业的需求价格弹性多数呈上升趋势，且由于时间因素，同样的商品，时间越长，消费者越容易找到替代品或者调整自己的消费习惯，因而需求价格弹性越来越高。数据表明，造纸业、金属制品业、非金属矿物制品业、电气机械及器材制造业以及食品和饮料制造业的需求价格弹性是有所下降的，而纺织业、普通机械制造业、橡胶和塑料制品业的需求价格弹性有所上升，对于医药制造业，交通运输设备制造业，木材和家具以及计算机、通信和其他电子设备制造业的需求价格弹性呈现高位上升趋势。从估计结

果可以看出消费需求结构的变化趋势和特征，2000年以来，消费需求更多追求医疗保健、休闲娱乐、生活品质类，而对于生存类基本需求的价格敏感度在下降。

表10-2　　　　　　制造业各行业需求价格弹性表

行业	年份	ε	行业	年份	ε	行业	年份	ε
造纸业	2000	4.92	纺织业	2000	1.02	木材和家具	2000	6.93
	2019	2.06		2019	2.60		2019	7.04
金属制品业	2000	2.24	医药制造业	2000	2.65	普通机械制造业	2000	2.01
	2019	0.07		2019	7.26		2019	2.53
非金属矿物制品业	2000	2.74	食品和饮料制造业	2000	2.20	橡胶和塑料制品业	2000	2.01
	2019	1.69		2019	1.89		2019	2.53
电气机械及器材制造业	2000	2.24	交通运输设备制造业	2000	7.02	计算机、通信和其他电子设备制造业	2000	5.26
	2019	0.32		2019	8.71		2019	6.75

（2）劳动产出份额技术弹性的零处理。

劳动产出份额的技术弹性 $\frac{\partial \ln S}{\partial \ln A}$ 估计值近似为0。结合所关注工业智能化问题，选取制造业12个行业[①]工业机器人安装数量表示智能化应用A，使用2006~2019年对应行业相关数据进行估计，估计的回归方程为 $\ln s = \delta \ln A + c + \varepsilon$。

表10-3、表10-4是12个行业的回归结果。除电气机械及器材制造业，计算机、通信和其他电子设备制造业统计不显著外，其余各行业回归系数统计显著。回归结果同时表明，12个所选制造业行业，劳动份额的技术弹性δ均小于1，呈现缺乏弹性的特征，即技术进步对劳动产出份额的影响较小。考虑现实中还会有除技术因素以外的其他因素会影响劳动在产出中的份额，因此我们认为技术对劳动份额变动的影响不大，故将 $\frac{\partial \ln s}{\partial \ln A}$ 定

---

① 行业选取12个制造业行业：食品和饮料制造业，纺织业，木材和家具，造纸业，医药制造业，橡胶和塑料制品业，非金属矿物制品业，普通机械制造业，金属制品业，电气机械及器材制造业，计算机、通信和其他电子设备制造业，交通运输设备制造业。

义为 0，即将 s 看作常量。于是，$\frac{\partial \ln D}{\partial \ln A} = \varepsilon\left(1 + \frac{\partial \ln s}{\partial \ln A}\right)$ 等价为 $\frac{\partial \ln D}{\partial \ln A} = \varepsilon$。

表 10 – 3　　　　　　　　　　前六个行业回归结果表

	(1) lns1	(2) lns2	(3) lns3	(4) lns4	(5) lns5	(6) lns6
lna1	-0.059*** (0.015)					
lna2		-0.081** (0.029)				
lna3			-0.054* (0.027)			
lna4				-0.058** (0.025)		
lna5					-0.082*** (0.014)	
lna6						-0.027** (0.011)
_cons	8.682*** (0.078)	7.751*** (0.081)	8.527*** (0.081)	7.509*** (0.066)	8.194*** (0.057)	7.778*** (0.069)
N	20	20	20	20	20	20

注：*、** 和 *** 分别表示在 10%、5% 和 1% 的水平上显著，括号内数字表示标准差。

表 10 – 4　　　　　　　　　　后六个行业回归结果表

	(1) lns1	(2) lns2	(3) lns3	(4) lns4	(5) lns5	(6) lns6
lna1	-0.125*** (0.019)					
lna2		-0.086** (0.031)				
lna3			-0.043*** (0.010)			
lna4				-0.019 (0.011)		

续表

	(1)	(2)	(3)	(4)	(5)	(6)
	lns1	lns2	lns3	lns4	lns5	lns6
lna5					0.011 (0.021)	
lna6						−0.193*** (0.028)
_cons	7.972*** (0.083)	8.408*** (0.166)	7.747*** (0.061)	7.663*** (0.081)	7.330*** (0.087)	8.358*** (0.213)
N	20	20	20	20	20	20

注：** 和 *** 分别表示在5%和1%的水平上显著，括号内数字表示标准差。

至此，我们关心的生产力弹性就与需求价格弹性直接相关，即行业需求对劳动力就业的中介效应得以证明。根据式（10-1）可知，技术进步的就业效应取决于需求价格弹性的大小：当行业需求富有弹性时，智能化冲击会带来就业增加；当行业需求缺乏弹性时，智能化冲击会带来就业减少。

10.3.3 研究假设

根据理论模型推演结论，关注人工智能的就业效应，可聚焦不同行业需求异质性。为此，我们从行业智能化程度、行业需求价格弹性和行业需求结构三个方面，提出关于智能制造与劳动力就业问题的基本假设。

研究假设 H10-1：人工智能技术对制造业就业的影响呈现非均衡性特征。人工智能主要体现为工作的自动化，不同行业的自动化程度不同，或为全部自动化（完全取代人类劳动），或为局部自动化（部分取代人类劳动）的同时提升劳动生产率。当人工智能为全部自动化时，人类的某类职业将面临消失，无论行业需求是否富有弹性，其对就业的影响都不再重要。当人工智能对某行业的影响是局部自动化而非完全替代时，行业需求特征就成为就业效应的关键变量。

研究假设 H10-2：行业需求价格弹性是技术进步影响就业的中介变

量。若行业属于新兴行业,需求价格弹性大,人工智能的应用会增加就业机会。若行业属于需求饱和型行业,需求价格弹性小,人工智能应用会减少就业机会。当人工智能技术应用于当前消费者具有大量未满足需求的市场(行业),那么行业就具有足够的需求价格弹性,此时人工智能作为提高生产效率的新技术,将会增加该行业就业规模。当人工智能技术是应用于相对需求接近饱和的市场(行业),那么新技术应用在提升生产效率的同时,将会对行业的就业产生负向影响,该行业的就业机会将会减少或失去。

研究假设 H10-3:人工智能技术在消费需求升级行业的应用,促进劳动力市场动态匹配与均衡。智能化应用对就业市场的短期冲击,表现为就业替代效应,这种替代是机器对劳动力现有岗位和技能的替代;长期而言,智能化应用会带来消费升级,进而伴随制造业的智能化升级以及新兴行业的诞生,此时劳动力市场的技能需求升级、就业结构也随之优化,促进劳动力市场的更高质量就业生态的形成。因此,伴随智能化技术应用场景增多、推广领域扩大、影响范围加深,新技术将会通过促进消费需求结构升级,实现劳动力市场高质量就业的目标。

10.3.4 模型构建与变量选取

我们认为,理解智能化对就业影响的视角在于行业的需求结构,消费需求的差异性、层次性和动态性,有利于形成生产制造部门的产业势能。

(1)构建中介效应模型。

基于理论模型的基础,研究工业智能化对于就业的影响,构建如下固定效应模型。模型中被解释变量 L_{it} 表示 i 行业第 t 年末就业总人数,核心解释变量 $robot_{it}$ 表示 i 行业第 t 年的工业机器人安装数量。X_{it} 是一系列的控制变量,σ_{1i} 表示行业固定效应,θ_{1t} 表示时间固定效应,ε_{1it} 是误差项。

$$L_{it} = \alpha_0 + \alpha_1 robot_{it} + \alpha_2 X_{it} + \sigma_{1i} + \theta_{1t} + \varepsilon_{1it} \quad (10-6)$$

在对工业机器人对就业影响分析的基础上,我们进一步探究工业机器人对就业的间接影响。研究试图通过中介效应模型进行检验,故构建如下中介效应模型。

$$e_{it} = \beta_0 + \beta_1 robot_{it} + \beta_2 X_{it} + \sigma_{1i} + \delta_{1it} \quad (10-7)$$

$$L_{it} = \gamma_0 + \gamma_1 robot_{it} + \gamma_2 e_{it} + \gamma_3 X_{it} + \sigma_{1i} + \theta_{1t} + \mu_{1it} \quad (10-8)$$

（2）变量选取。

我们将 IFR 全球分行业工业机器人数据与《中国劳动统计年鉴》《中国工业统计年鉴》制造业行业数据进行匹配，匹配后得到 12 个制造业 2006～2019 年 14 年分行业数据，作为研究的基础数据。如表 10-5 所示，研究选取制造业各行业年末就业人员总量为就业量（L）。考虑劳动力市场对于技术冲击存在滞后效应，在稳健性检验中会检验就业人数的滞后一期影响。核心解释变量为工业机器人的安装数量（robot），数据来源于 IFR。我国工业机器人从 2006 年开始有数据记录，故使用 2006～2019 年我国工业机器人数据，结合 12 个制造业行业的相关数据进行实证研究。同时选取市场需求作为工业智能化影响就业的中介变量，市场需求通过需求价格弹性来衡量，需求价格弹性则是通过各行业的工业销售产值（Y）、平均工资（W）、生产者出厂价格指数（P）测度所得。

表 10-5　　　　　　　　变量含义及数据来源

变量	指标	含义	单位	数据来源	数据年份
robot	工业机器人数量	各行业工业机器人安装数量	台	国际机器人联盟 IFR	2006～2019
L	就业量	各行业年末就业总人数	千人	中国劳动统计年鉴	2006～2019
W	工资水平	各行业人均年工资	元	中国劳动统计年鉴	2006～2019
P	生产者出厂价格指数	各行业生产者出厂价格指数	/	中国统计年鉴	2006～2019
Y	工业销售产值	各行业规模以上企业工业销售产值	亿元	中国工业经济统计年鉴	2006～2019
fixcp	资本深化程度	各行业规模以上企业固定资产净值	亿元	中国工业经济统计年鉴	2006～2019
prof	利润总额	各行业规模以上企业年利润总额	亿元	中国工业经济统计年鉴	2006～2019
rd	研发投入	各行业规模以上企业内部研发投入	亿元	中国科技统计年鉴	2006～2019
humcp	人力资本	各行业规模以上企业研发人员全时当量	人年	中国科技统计年鉴	2006～2019

为控制其他因素对就业的影响,研究选取以下控制变量(见表 10-5 和表 10-6)。资本深化程度(fixcp),用各行业规模以上企业固定资产投入表示,较高的资本深化程度通常意味着更高的劳动生产率,对就业岗位产生影响;盈利能力(prof),用各行业规模以上企业利润总额衡量,盈利能力越强,劳动回报越高,越能吸引劳动力流入;研发投入(rd),用各行业规模以上企业内部研发投入衡量,行业总体技术水平会影响工业机器人在本行业生产应用的深度和广度;人力资本(humcp),用各行业规模以上企业研发人员全时当量表示,反映行业劳动力技能结构。

表 10-6　　　　　　工业机器人与就业变量描述性统计

变量	样本量	平均值	标准差	最小值	最大值
L	168	2033	1370	478	7506
robot	168	3470	8739	0	48011
fixcp	168	7207	5030	505.6	22663
prof	168	2362	1670	203.4	8029
rd	168	3938096	5188180.79	96639	17129557
humcp	168	40818	42945	1525	207087

10.3.5　稳健性检验与中介效应分析

(1)工业机器人与制造业就业的基础回归。

表 10-7 报告了工业智能化对制造业各行业就业总量的基准回归结果,L(1)列是没有控制行业固定效应和时间固定效应的结果,系数为 -0.0487,并在 1% 的水平下显著。L(3)列是在控制了行业固定效应和时间固定效应后,核心解释变量 robot 系数也显著为负(-0.04),表明在研究期(2006~2019 年)我国工业机器人使用对制造业行业的就业规模总体呈现替代效应。具体来看,在控制行业固定效应和时间固定效应之后,工业机器人安装数量每增加 1%,制造业行业就业总量下降 4.0%。从控制变量来看,资本深化程度显著为负,即企业固定资产投资和劳动力需求负相关,符合企业生产过程中资本要素和劳动要素的替代关系,也即**企业资**

本有机构成提高，一定会挤出一些劳动力。控制变量中研发投入显著为正，研发投入作为行业技术水平的代表性指标，说明高技术行业更能吸纳就业，或者说高技术行业的就业对于工业机器人使用的冲击相对较小，可能是由于他们对于新技术的适应能力更强，调整更快，因而受到的负面冲击相对较小。

表 10-7　　　　　　　　　　　　基础回归结果

变量	L(1)	L(2)	L(3)
robot	-0.0487***	-0.0434***	-0.0400***
	(0.0090)	(0.0087)	(0.0088)
fixcp	-0.0533	-0.0785**	-0.1280***
	(0.0355)	(0.0388)	(0.0440)
prof	0.1139	-0.1015	-0.0938
	(0.0884)	(0.1095)	(0.1170)
rd	0.0001*	0.0002***	0.0002***
	(0.0000)	(0.0001)	(0.0001)
humcp	0.0193***	0.0170**	0.0128
	(0.0068)	(0.0071)	(0.0136)
Constant	1136.3129***	1245.1406***	1051.2925
	(240.7240)	(274.7055)	(702.9722)
时间效应		YES	YES
行业效应			YES
观测值	168	168	168
可决系数	12	12	12

注：*、**和***分别表示在10%、5%和1%的水平上显著，括号内数字表示标准差。

(2) 模型稳健性检验。

为了检验上述回归结果的稳健性，考虑从行业因素和时间因素两个方面进行检验，即工业机器人对就业产生的影响是否会受制于某些特定行业？以及工业机器人的就业效应是否会随时间因素而发生趋势性改变。

首先考察工业机器人的就业效应是否是因某些特定的行业造成的。工业机器人的主要应用领域之一是交通运输设备制造业。在制造业各行业中

第 10 章 智能融合：基于智能化产品需求的制造业就业研究

交通运输设备制造业的工业机器人使用量占比达到了 40% 左右，因此交通运输设备制造业在整个制造业中影响最为明显。因此稳健性检验考虑剔除该行业，以检验工业机器人应用对我国制造业就业市场的影响是否可保持一致性和稳健性。

我们剔除交通运输设备制造业数据后，使用其余 11 个行业数据进行回归，结果如表 10-8 所示。检验显示工业机器人对制造业就业仍然存在显著负向影响，进一步与基础回归结果对比可发现，工业机器人对就业的影响系数由 0.04 降为 0.01。综合分析可见，交通运输设备制造业近年来发展迅速，在制造业行业中属于较为成熟的门类之一，在剔除交通运输设备制造业的相关数据之后，制造业其他行业的工业机器人应用仍然对我国制造业就业产生显著负向影响，说明模型回归结果具有一定的稳健性。

表 10-8　　　　　剔除交通运输设备制造业后回归结果

变量	L（1）	L（2）	L（3）	L（4）	L（5）
robot	0.0191 ** (0.0097)	0.0078 (0.0088)	0.0074 (0.0082)	-0.0097 * (0.0055)	-0.0102 * (0.0055)
fixcp		0.1739 *** (0.0286)	0.0523 (0.0378)	-0.0769 *** (0.0270)	-0.0794 *** (0.0269)
prof			0.5295 *** (0.1169)	0.2363 *** (0.0805)	0.2379 *** (0.0801)
rd				0.0003 *** (0.0000)	0.0002 *** (0.0000)
humcp					0.0135 (0.0088)
Constant	841.1655 *** (232.9448)	686.7814 *** (207.6208)	557.1187 *** (195.4991)	487.0425 *** (129.3002)	205.7647 (223.6576)
观测值	154	154	154	154	154
可决系数	11	11	11	11	11

注：*、** 和 *** 分别表示在 10%、5% 和 1% 的水平上显著，括号内数字表示标准差。

为了考察机器人的就业效应是否会随着时间变化而发生实质性变化，

我们进一步对数据时间进行调整,再次检验。基础回归中选取了2006~2019年共14年的数据,我们分别将时间区间调整为2006~2018年和2007~2019年,即分别往前推一年和往后推一年,通过回归再次检验结果是否稳定,调整后样本量为156。调整时间区间后的检验结果如表10-9和表10-10所示。2006~2018年工业机器人对就业影响的系数为-0.0418,2007~2019年工业机器人对就业影响的系数为-0.0375,回归结果都十分显著,与基础回归所得出的结论一致。就工业机器人对就业影响的系数值而言略有波动,2006~2018年的回归结果显示,工业机器人每增加一个单位,我国制造业就业总量下降4.18%,且随着时间推移工业机器人应用程度的就业影响效应逐渐增强。随着我国工业机器人安装使用数量越来越多,势必对就业的影响也越来越大。2007~2019年机器人应用程度对就业负向影响系数在逐渐减小,期间机器人使用每增加一单位,我国制造业就业总量下降3.75%。

表10-9　　　　　　2006~2018年模型稳健性检验结果

变量	L(1)	L(2)	L(3)	L(4)	L(5)
robot	-0.0157 (0.0101)	-0.0243** (0.0114)	-0.0258** (0.0116)	-0.0419*** (0.0096)	-0.0418*** (0.0097)
fixcp		0.0577 (0.0370)	0.0280 (0.0542)	-0.0890* (0.0463)	-0.0926** (0.0471)
prof			0.1147 (0.1527)	-0.2471* (0.1318)	-0.2348* (0.1349)
rd				0.0003*** (0.0000)	0.0003*** (0.0001)
humcp					0.0065 (0.0140)
Constant	1815.8757*** (298.6138)	1374.7365*** (409.8553)	1283.0344*** (428.2928)	1654.5399*** (351.3288)	1365.4134* (715.4489)
观测值	156	156	156	156	156
可决系数	12	12	12	12	12

注:*、**和***分别表示在10%、5%和1%的水平上显著,括号内数字表示标准差。

表 10-10　　　　　　　　2007~2019 年稳健性检验回归结果

变量	L(1)	L(2)	L(3)	L(4)	L(5)
robot	-0.0150 (0.0093)	-0.0220** (0.0103)	-0.0229** (0.0103)	-0.0376*** (0.0090)	-0.0375*** (0.0090)
fixcp		0.0529 (0.0354)	0.0120 (0.0493)	-0.1353*** (0.0463)	-0.1336*** (0.0468)
prof			0.1665 (0.1401)	-0.0808 (0.1229)	-0.0856 (0.1245)
rd				0.0003*** (0.0000)	0.0003*** (0.0001)
humcp					-0.0042 (0.0146)
Constant	1734.3896*** (291.1178)	1265.4561*** (426.9583)	1069.5795** (457.0327)	1688.8733*** (394.8027)	1875.3705** (762.6611)
观测值	156	156	156	156	156
可决系数	12	12	12	12	12

注：** 和 *** 分别表示在 5% 和 1% 的水平上显著，括号内数字表示标准差。

综合以上两种稳健性检验结果，充分验证模型回归结果具有稳健性，即工业机器人使用对制造业就业的负向冲击为当前我国劳动力市场在制造业行业面临的主要冲击，智能化的就业替代效应显著。

（3）基于行业需求价格弹性的中介机制检验。

劳动力市场一般均衡分析框架表明，智能化变量引入生产制造过程，技术冲击会因不同行业需求价格弹性不同，带来对劳动力就业的不同影响。智能化如何通过行业需求价格弹性作用于就业？我们尝试利用中介效应模型对该影响机制做进一步检验。表 10-11 报告了工业智能化影响就业人数的中介机制检验结果，第 L(2) 列显示工业机器人的安装数量在 1% 的显著性水平下增加了需求价格弹性，在加入需求价格弹性之后，核心解释变量系数值仍然在 1% 的水平上显著，工业机器人对就业人数仍为负向影响，并且工业机器人安装数量的系数值由 0.04 降为 0.0347，即工业机器人安装数量每增加 1%，就业总量下降 3.47%。由此可见，需求价格弹性是工业智能化影响就业的部分中介因子，考虑行业需求价格弹性后，工业机器人的就业替代效应降低了，因此行业需求对就业的中介效应得以验证。

表 10-11　　基于需求价格弹性的中介机制检验结果

变量	e（1）	L（2）
e		-56.9472 ***
		(37.0269)
robot	0.0259 ***	-0.0347 ***
	(2.9897)	(0.0083)
fixcp	-0.0002 **	-0.1644 ***
	(0.0001)	(0.0419)
prof	0.0007 ***	0.0194
	(0.0003)	(0.1122)
rd	-0.0000	0.0002 ***
	(0.0000)	(0.0001)
humcp	-0.0000	0.0127
	(0.0000)	(0.0127)
Constant	2.7087 *	1508.4371 **
	(1.5115)	(665.0476)
时间效应	YES	YES
行业效应	YES	YES
观测值	168	168
可决系数	12	12

注：*、** 和 *** 分别表示在 10%、5% 和 1% 的水平上显著，括号内数字表示标准差。

（4）基于行业技术分类的异质性分析。

在基准回归的结果中，可以看到工业机器人对就业岗位存在明显的负向影响，但是我国制造业不同行业之间存在差异，工业机器人在制造业各行业间的使用分布也有差异。因此，我们通过考察行业技术特征与工业机器人使用之间的交互效应，从而探讨工业机器人对就业影响的行业异质性。如表 10-12 所示的交互项检验结果，可以看出对于资本深化程度大、行业利润多、研发投入多的行业，工业机器人使用对就业有着正向影响。结合工业机器人安装数量总体增长,而各行业实际使用差异较大的情况,工业机器人的就业效应呈现行业异质性。

表 10-12　　　　　　　　基于行业的交互项检验结果

变量	L(1)	L(2)	L(3)	L(4)
robot	0.0823***	0.0939***	0.1289***	0.1610***
	(0.0192)	(0.0191)	(0.0313)	(0.0274)
robot_fixcp	-0.0800***			
	(0.0116)			
robot_prof		-0.2608***		
		(0.0341)		
robot_rd			-0.0001***	
			(0.0000)	
robot_humcp				-0.0200***
				(0.0026)
Constant	657.9024	677.7118	-1134.1684***	1388.8621***
	(610.1749)	(565.8922)	(395.5017)	(289.8913)
样本量	168	168	168	168
行业效应	YES	YES	YES	YES
年份效应	YES	YES	YES	YES
可决系数	12	12	12	12

注:*** 表示在1%的水平上显著,括号内数字表示标准差。

为了进一步看清行业差异,我们将研发投入指标作为行业技术分类的衡量标准,通过聚类分析将12个行业划分为高、中、低技术三类。异质性检验结果如表10-13所示,工业机器人对于就业的影响在中等技术行业表现得更为明显,工业机器人使用对其就业的替代效应系数为0.1033,与低技术(0.0098)和高技术(0.0271)行业相比,中等技术行业就业岗位的减少程度更大。我们认为,低技术行业对智能化设备整体需求较小,就业替代发生概率较低;高技术行业中就业人员的技能需求比较高,伴随高技术投入的技能型人才需求较旺盛,总体上呈现出就业人数规模缩减的程度较小;而中等技术行业的劳动力,更多从事结构化、程序化的工作任务,其工作内容与智能机器人可执行的任务形成较为明显的替代关系，因而更容易受到新技术的负向冲击，影响程度和范围也就会更大。

表10-13　　　　　基于行业技术特征的异质性检验结果

变量	低	中	高
	L（1）	L（2）	L（3）
robot	-0.0098	-0.1033***	-0.0271
	(0.0610)	(0.0262)	(0.0172)
fixcp	-0.1235***	0.0264	-0.4283***
	(0.0410)	(0.0259)	(0.1319)
prof	0.2713*	0.1114	-0.5337*
	(0.1417)	(0.0787)	(0.3146)
rd	0.0004	0.0001	0.0006***
	(0.0003)	(0.0001)	(0.0002)
humcp	-0.0247	0.0373**	-0.0244
	(0.0366)	(0.0176)	(0.0265)
时间效应	YES	YES	YES
行业效应	YES	YES	YES
样本量	56	56	56
可决系数	8	12	7

注：*、**和***分别表示在10%、5%和1%的水平上显著，括号内数字表示标准差。

10.4　研究结论

综合理论分析和实证检验结果，关于智能化影响制造业就业的研究得出如下结论。

（1）智能化对制造业就业产生显著替代效应。

随着智能化的不断发展，我国制造业行业从业人员面临较大被机器取代的风险，智能化对制造业就业具有显著的负向影响。具体而言，工业机器人年新增安装数量每增加1%，制造业行业就业总量下降约4.0%。当前我国制造业正处于智能化转型阶段,智能机器人的引入规模在加大、应用程度在增强,在工业4.0发展新阶段促进制造业高质量发展。因此,伴随制造业转型升级,机器人应用对制造业就业的负向影响也在加深。

(2)行业需求增加会降低工业机器人对劳动力就业的负向作用。

伴随消费需求升级,消费者对智能化产品的需求量大幅增加,从而会显著降低智能化对行业就业的负向影响。研究基于产品需求,论证了工业机器人通过需求价格弹性对就业产生影响,研究了需求价格弹性的中介效应。理论模型和实证检验结果共同显示,在引入需求价格弹性作为中介变量之后,工业机器人对就业的影响系数减小,工业机器人安装数量每增加1%,制造业行业就业总量下降3.47%。所以产品需求增加从一定程度上抑制了行业就业量的下降,抵消了部分工业智能化对就业的替代效应。

(3)工业机器人对制造业就业影响的行业异质性显著。

基于制造业行业技术分类,面临智能化技术冲击,高技术行业和低技术行业的就业替代效应显著低于中等技术行业,制造业内部呈现出就业极化现象。研究通过机器人应用对制造业就业影响的异质性分析,发现资本深化程度较深、行业利润较多,研发投入力度较强的行业受到的影响更为明显。同时,中等技术行业较高技术、低技术行业的就业替代更大。从中国制造到中国智造的转变,制造业竞争力从劳动力数量优势转化为劳动力质量优势,因而缺乏技术含量、程序性岗位的劳动力更容易被机器人取代。

10.5 附录:制造业分行业需求价格弹性测算结果(12个行业)

附表10-1　　　　食品和饮料制造业需求价格弹性

年份	2000	2001	2002	2003	2004	2005	2006	2007	2008	2009
ε	-2.20	-1.90	-1.68	-1.41	-1.21	-1.01	-0.74	-0.48	-0.28	0.09
年份	2010	2011	2012	2013	2014	2015	2016	2017	2018	2019
ε	0.28	0.47	0.68	0.88	1.06	1.13	1.29	1.38	1.70	1.89

附表 10-2　　　　　　　　　纺织业需求价格弹性

年份	2000	2001	2002	2003	2004	2005	2006	2007	2008	2009
ε	-1.02	-0.91	-0.58	-0.40	-0.33	-0.03	0.19	0.40	0.59	0.90
年份	2010	2011	2012	2013	2014	2015	2016	2017	2018	2019
ε	1.04	1.17	1.54	1.85	2.04	2.23	2.36	2.39	2.54	2.60

附表 10-3　　　　　　　　木材和家具需求价格弹性

年份	2000	2001	2002	2003	2004	2005	2006	2007	2008	2009
ε	-6.93	-6.42	-4.72	-4.11	-3.66	-2.80	-2.09	-1.42	-0.75	0.48
年份	2010	2011	2012	2013	2014	2015	2016	2017	2018	2019
ε	1.40	2.55	3.71	4.43	5.13	5.60	6.06	6.22	6.70	7.04

附表 10-4　　　　　　　　　造纸业需求价格弹性

年份	2000	2001	2002	2003	2004	2005	2006	2007	2008	2009
ε	-4.92	-4.58	-3.99	-3.38	-3.14	-2.81	-2.29	-1.97	-1.84	-1.10
年份	2010	2011	2012	2013	2014	2015	2016	2017	2018	2019
ε	-0.75	-0.22	0.25	0.76	1.10	1.46	1.71	1.53	1.65	2.06

附表 10-5　　　　　　　　医药制造业需求价格弹性

年份	2000	2001	2002	2003	2004	2005	2006	2007	2008	2009
ε	-2.65	1.79	-0.84	-0.23	0.12	0.49	1.15	1.49	1.77	2.74
年份	2010	2011	2012	2013	2014	2015	2016	2017	2018	2019
ε	3.18	3.68	4.44	4.93	5.34	5.74	5.96	6.32	6.78	7.26

附表 10-6　　　　　　　橡胶和塑料制品业需求价格弹性

年份	2000	2001	2002	2003	2004	2005	2006	2007	2008	2009
ε	-2.01	-1.67	-1.24	-0.98	-0.81	-0.71	-0.51	-0.25	-0.05	0.11
年份	2010	2011	2012	2013	2014	2015	2016	2017	2018	2019
ε	0.39	0.52	0.93	1.27	1.62	1.89	2.12	2.19	2.38	2.53

附表 10-7　　　　　　　非金属矿物制品业需求价格弹性

年份	2000	2001	2002	2003	2004	2005	2006	2007	2008	2009
ε	-2.74	-2.54	-2.17	-1.84	-1.68	-1.44	-1.09	-0.80	-0.71	-0.36

续表

年份	2010	2011	2012	2013	2014	2015	2016	2017	2018	2019
ε	-0.05	0.23	0.61	0.88	1.12	1.37	1.56	1.51	1.56	1.69

附表 10-8　普通机械制造业需求价格弹性

年份	2000	2001	2002	2003	2004	2005	2006	2007	2008	2009
ε	-2.46	-2.33	-2.21	-2.19	-2.08	-1.92	-1.69	-1.51	-1.45	-1.28
年份	2010	2011	2012	2013	2014	2015	2016	2017	2018	2019
ε	-1.11	-0.96	-0.77	-0.61	-0.45	-0.35	-0.24	-0.13	-0.02	0.07

附表 10-9　金属制品业需求价格弹性

年份	2000	2001	2002	2003	2004	2005	2006	2007	2008	2009
ε	-2.24	-2.05	-1.81	-1.69	-1.68	-1.47	-1.39	-1.28	-1.25	-1.05
年份	2010	2011	2012	2013	2014	2015	2016	2017	2018	2019
ε	-0.88	-0.73	-0.54	-0.37	-0.23	-0.11	-0.03	-0.04	0.02	0.07

附表 10-10　电气机械及器材制造业需求价格弹性

年份	2000	2001	2002	2003	2004	2005	2006	2007	2008	2009
ε	-2.24	-2.03	-1.74	-1.60	-1.57	-1.48	-1.43	-1.35	-1.21	-0.99
年份	2010	2011	2012	2013	2014	2015	2016	2017	2018	2019
ε	-0.91	-0.75	-0.52	-0.35	-0.20	-0.06	0.06	0.11	0.24	0.32

附表 10-11　计算机、通信和其他电子设备制造业需求价格弹性

年份	2000	2001	2002	2003	2004	2005	2006	2007	2008	2009
ε	5.26	5.42	5.54	5.63	5.70	5.75	5.87	5.94	5.99	6.09
年份	2010	2011	2012	2013	2014	2015	2016	2017	2018	2019
ε	6.16	6.23	6.31	6.39	6.49	6.56	6.62	6.65	6.71	6.75

附表 10-12　交通运输设备制造业需求价格弹性

年份	2000	2001	2002	2003	2004	2005	2006	2007	2008	2009
ε	-7.02	-5.78	-4.00	-2.89	-2.01	-1.32	-0.32	0.60	1.35	2.19
年份	2010	2011	2012	2013	2014	2015	2016	2017	2018	2019
ε	3.18	3.71	4.53	5.19	5.82	6.59	6.91	7.46	8.23	8.71

第 11 章　空间集聚：人工智能对我国就业影响的地区差异研究

人工智能发展的浪潮席卷而来，正在改变人类既有的生产和生活方式，新产品、新业态、新模式不断涌现，中国在人工智能领域追赶迅速。国家高度重视人工智能发展，《新一代人工智能发展规划》明确指出，到2030年中国人工智能核心产业规模将超过1万亿元①。由于我国地区经济发展水平差异较大，不同区域内各城市面临的"机器换人"冲击不尽相同。《人工智能驱动的中国经济数字化转型》② 指出，无论是人工智能社会认知还是应用需求，均呈现"南强北弱"。基于区域经济基础和发展环境差异，导致智能技术应用在不同地区的异质性显现，从而对劳动力市场的就业冲击效应也显著不同。因此，地区在发展人工智能技术、推进智能化应用的同时，应深度关注劳动力市场变化，协调好人工智能技术与劳动力就业之间的关系，地区经济才能走向持续增长的高质量发展。

我国幅员辽阔，地区经济发展差异较大，智能化应用基础存在显著的区域异质性，人工智能技术对就业影响的区域不平衡现象突出，故选取地区差异视角，分别对发达与欠发达地区展开研究，有效对比人工智能对不同地区就业影响的差异性，可以深入了解智能技术对我国经济社会发展影响的地域性特征，在理清发展趋势的基础上针对性提出应对之策。本章研究试图从人工智能对就业总量和就业结构影响的角度切入，通过对比我国不同地区间差异，论证人工智能与就业的关系问题。研究结论预期为我国不同地区在智能化背景下实现高质量就业目标，特别是为欠发达地区发展

---

① 国务院印发《新一代人工智能发展规划》，国发〔2017〕号，2017年7月8日。
② 清华经济管理学院：《人工智能驱动的中国经济数字化转型——中国人工智能社会认知与应用需求研究报告》。

遭遇的技术和人才瓶颈建言献策，从而为我国新时代区域经济发展实现高质量协调、促进国内经济大循环提供理论依据和政策参考。

11.1 理论基础：基于区域异质性的人工智能就业效应

我国地区劳动力就业问题已有诸多研究，学者从不同视角出发，采用不同研究方法，研究结果不尽相同。我国劳动力就业的区域差异受地区经济发展水平、产业结构、外商直接投资以及技术进步等多因素影响，研究表明（杜传忠、韩元军，2011），我国经济增长要素对就业增长的拉动作用在西部地区较为明显，东、中部却并不显著，出口比率要素则在东部和西部地区能显著影响就业；基于我国四大经济区 31 个省级数据（魏燕、龚新蜀，2012）的研究，发现东部地区的产业结构升级与就业量之间呈同向变动，而东北地区和中西部地区却表现出反向变化关系；王晓刚、郭力（2013）论述了我国就业变动机制的区域差异，中西部地区通过教育投入、资本投资、财政支出以及发展第二产业等都会增加就业；杨胜利、高向东（2015）通过对我国 31 个省区市劳动力资源配置水平排序，发现中西部地区劳动力资源结构、再生产水平以及发展环境都明显滞后于东部地区，得出经济发展水平越高的地区劳动力规模越大、劳动力与地区经济发展越匹配的研究结论。李杨、蔡卓哲（2017）研究再次表明沿海地区服务业 FDI 抑制就业而内陆地区服务业 FDI 促进就业、南方地区服务业 FDI 对就业的促进效应弱于北方地区的区域异质性。现有成果重点关注区域间不同行业、不同产业背景下，影响劳动力资源配置的各种因素，但对于智能化技术影响区域经济发展和劳动力就业的内在机理及经验分析关注较少。

11.1.1 人工智能技术的就业替代和就业创造效应的一般分析

人工智能作为第四次工业革命的代表性技术，其对劳动力市场的就业效应分为替代效应和创造效应两个方面，与技术进步影响就业的一般规律相一致（见图11-1）。

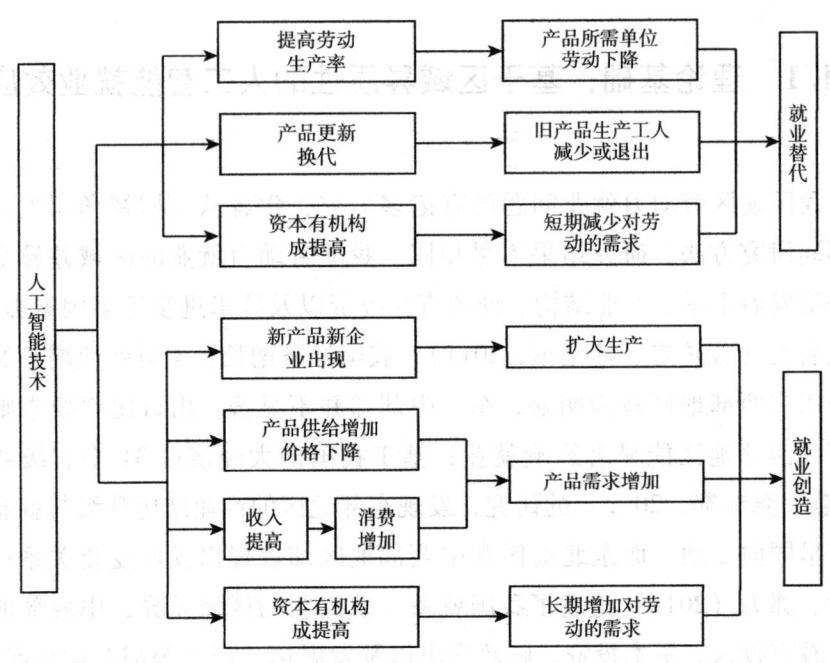

图11-1 人工智能的就业替代和就业创造

人工智能对就业的替代效应，主要表现为资本有机构成提高、生产效率提升以及行业衰退等因素，带来的劳动力市场的就业岗位减少、对劳动力需求下降。人工智能引发生产自动化和智能化，带来资本有机构成不断提升，生产过程中单位产品生产所需劳动投入下降、资本投入增加，即人工智能技术应用直接导致资本对劳动的替代，短期内会迅速减少对劳动的需求。人工智能技术提高了劳动生产率，产品所需单位劳动要素投入减少，在生产规模不变条件下便直接减少了就业岗位。人工智能技术的应用加速了行业及产品的升级换代，可能会导致某些行业渐渐消退，同时会有大量劳动力下岗失业，从而这类行业原有的劳动力被动退出市场。

人工智能对就业的创造效应，主要表现为新业态、消费需求升级以及长期企业资本积累带来的生产规模扩大等因素，带来的新就业岗位和新的劳动力需求。人工智能技术的应用会催生数字化智能型就业岗位，如数字化、机器学习、智能设备等专业领域的人才需求会随之增长，与此同时，新技术应用催生新业态和新产品层出不穷，大大增加劳动者就业机会。人工智能技术促进生产效率提升，使产品供给增加、价格下降，同时伴随着消费需求升级，人们对产品需求增加，企业扩大规模势必增加劳动力需求。人工智能提高企业资本有机构成，短期内降低劳动需求，但长期来讲，智能化应用会助力企业资本积累速度和效率，智能型企业会快速具备扩大生产规模的生产能力和竞争优势，全社会资本有机构成提高会增加对劳动力的需求，从而持续满足不断升级的消费需求。

11.1.2 人工智能影响就业的区域效应分析

历次工业革命不仅引发社会变革，同时会对劳动力市场产生深刻影响。从技术革命与劳动力流动的区域特征来看，第一次工业革命将劳动力从农村农业部门引向城市工业部门，第二次工业革命则进一步提升劳动力在城市及工业部门就业的比重，第三次工业革命加速了劳动力的跨国流动，劳动力资源在全球范围重新配置。伴随着第三次工业革命，我国劳动力区域性流动与人口资源优势共同发力，人口红利成为经济发展的重要因素。当前第四次工业革命来临，恰逢我国人口红利结束之际，以智能化为主要特征的人工智能技术大大削弱低劳动力成本的竞争优势，其如一股洪流对地区经济产生巨大冲击，我国区域间劳动力市场在暗流涌动间发生着极其深刻的资源重构和大变革。

（1）基于地区经济发达程度的人工智能就业总效应。

人工智能的就业总效应取决于替代效应和创造效应的共同作用：若创造效应小于替代效应，则人工智能对就业的总效应表现为就业人数的减少；若创造效应大于替代效应，则人工智能对就业的总效应表现为就业人数的增加。不同地区经济社会发展水平、产业结构、人工智能应用程度等存在差异，因此基于地区的人工智能就业效应呈现一定的异质性特征。

如图11-2所示，通常在经济水平较高的发达地区，其生产技术水平和市场化程度较高，人工智能技术更易对新兴产业发展产生促进作用，由此新技术应用创造出新的就业岗位。与此同时，发达地区的资本积聚能力较强，资本密集型产业与人工智能技术的迭代效应，对高知高技能劳动力需求会快速上升，这从某种程度上削弱了机器对人的替代。因此发达地区人工智能技术的就业效应趋向于更大的就业创造力，创造效应大于替代效应，从而人工智能对就业的总效应为增加就业岗位和劳动力需求。与此相比较，在经济水平较低的欠发达地区，人工智能对就业的创造效应明显削弱。由于生产技术水平和市场化程度低，在一定程度上限制了人工智能产业发展和技术应用，制约了对新兴产业的促进；同时经济欠发达地区集聚的高技能劳动力较少，区域劳动力整体素质较低，劳动者技能水平尚未升级，无法与新增智能型就业岗位完成匹配，从而进一步削弱人工智能的就业创造效应。此外，欠发达地区的产业结构以劳动密集型为主，人工智能技术应用在促进生产效率的同时，较易引发机器换人现象，即人工智能就业替代效应明显。综合人工智能技术在欠发达地区的就业影响，就业创造效应较小而就业替代效应较大，欠发达地区就业总效应显现为就业岗位减少、劳动需求下降。

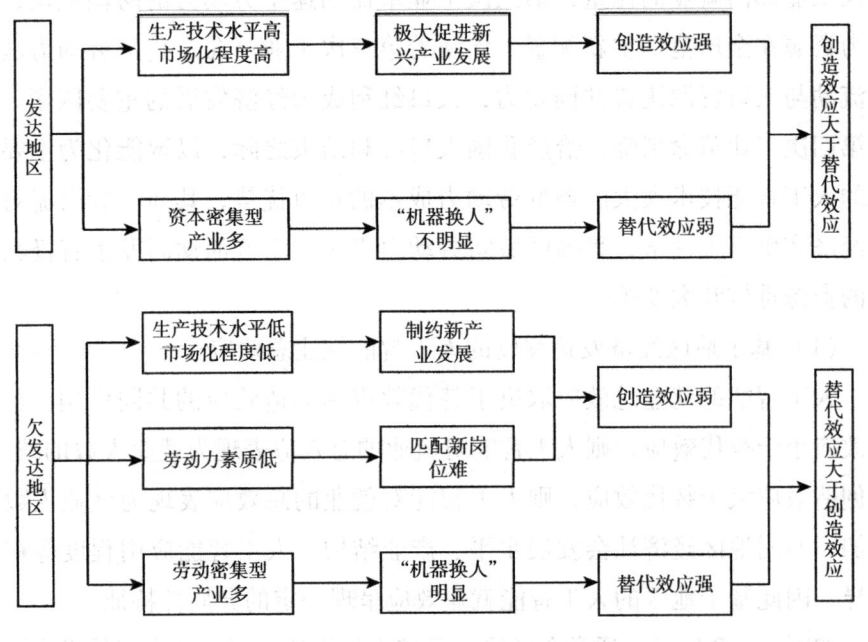

图 11-2　人工智能就业总效应的地区差异

(2) 基于地区经济发达程度的人工智能就业结构效应。

不同地区的产业结构有着明显不同,这里主要针对地区产业结构进行分析。我们首先对人工智能影响就业结构的一般路径进行探讨,然后再分析发达与欠发达地区的异质性特征(见图11-3)。

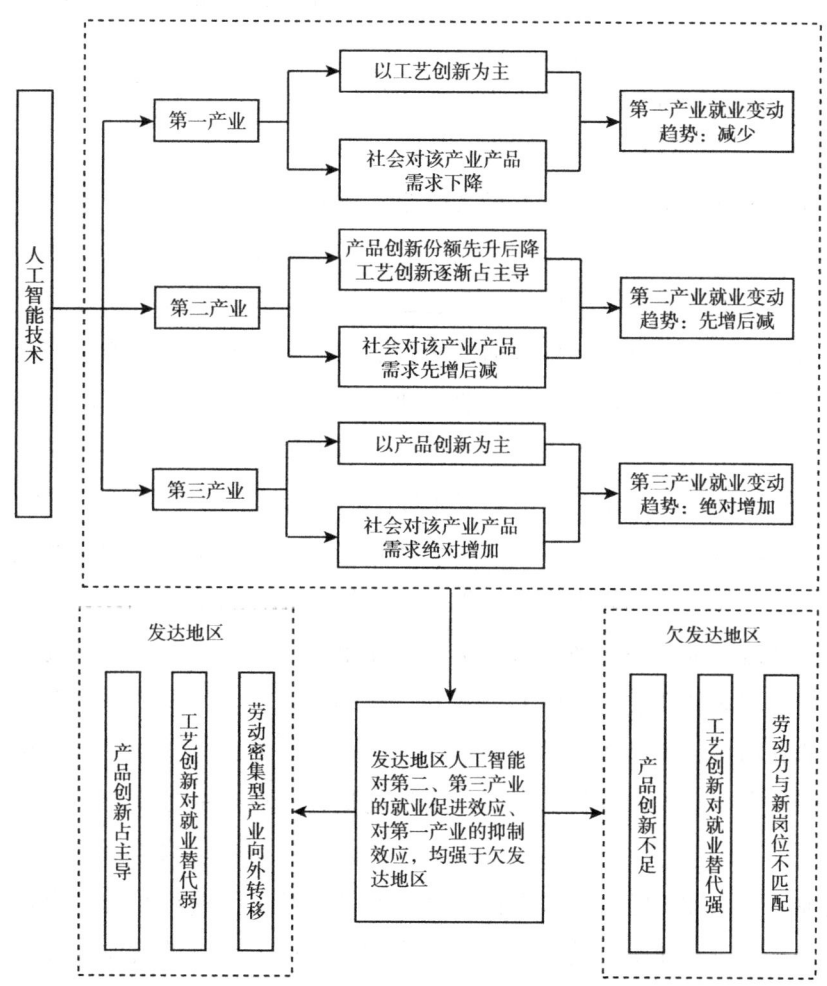

图 11-3 人工智能对就业产业结构影响的地区差异机制

人工智能对就业结构的影响取决于社会总需求和创新形式的共同作用(李正友、毕先萍,2004)。社会总需求是基于消费结构升级引发的消费扩张,带来就业创造效应。创新分为产品创新和工艺创新两种形式。产品创新是以新产品的开发来创造新的消费需求，从而为劳动力市场提供大量新增就业岗位，因此在产品创新与社会总需求共同作用下带来就业创造。工艺创新则是基于产品原有生产流程的创新，会带来劳动生产率提高和资本有机构成提高，从而产生就业替代。对于工艺创新来说，资本有机构成提高和社会总需求增加会共同作用于就业：当资本有机构成提高对就业产生的替代效应大于社会总需求增加对就业产生的创造效应时，就业人数会减少；当资本有机构成提高对就业产生的替代效应小于社会总需求增加对就业产生的创造效应时，就业人数则增加。

智能化技术发展与应用对三次产业结构演进及就业结构的作用路径也各有特征。第一产业以农、林、渔、畜牧和采集业为主要产业，伴随技术进步在农业生产中的推广应用，工艺创新为主要创新形式，促进农业生产效率大幅提升，农业科技将劳动力从农业生产中解放出来，剩余劳动力纷纷向工业、服务业转移，第一产业就业人数趋于减少。与此同时，经济发展和社会进步，人民收入水平不断提高，新增的消费需求中农产品占比不断下降。因此，工艺创新带来的就业替代和社会总需求中农产品份额下降，均使第一产业的就业人数下降。第二产业以采矿、制造、电力、燃气及水的生产和供应、建筑业为主要产业，是支撑地区经济社会发展的重要产业。伴随各地区经济发展水平，新技术应用在第二产业的就业效应呈现先升后降。第二产业创新表现为产品创新和工艺创新并存，其中产品创新贯穿轻重工业和高技术加工业，不断创造新部门和新产品；工艺创新则表现为工业生产的资本有机构成提高。经济发展初期，工业产品创新占主导，工业生产对劳动力产生巨大需求，从农业生产转移出的劳动力被吸收，第二产业就业人数增加；随着地区人民生活水平的提高，工业产品的需求得到极大满足，同时工业生产的工艺创新成为主导，第二产业的就业人数开始下降。第三产业集中表现为各类服务业和商业部门，其对劳动力需求会随着消费需求升级而不断增加。为了不断适应人民对美好生活的追求，第三产业的创新表现得更加集中，新业态层出不穷，消费者的精神需求不断被激发，新技术应用的服务创新成为主流，就业创造效应占据主导，第三产业成为吸纳劳动力的主要产业，就业增长成为主要趋势。

第11章 空间集聚：人工智能对我国就业影响的地区差异研究

诚然，发达与欠发达地区三次产业结构变动特征和发展趋势明显不同，人工智能对就业产业结构的影响存在显著地区差异。首先，对于经济发展水平较高的地区，通常拥有较高的生产技术，同时市场化程度和地区开放程度较高，劳动力素质结构优质，人工智能技术应用快速激发新业态新产品出现，有效促进产品创新。同时发达地区产业结构以技术密集型和资本密集型为主，工艺创新对就业的替代冲击不明显，因此发达地区的第二、第三产业会在人工智能等新技术应用下，与欠发达地区相比显现较为正向的就业促进。其次，劳动密集型产业受人工智能技术冲击，就业替代效应较大。第一产业作为劳动密集型行业，发达地区智能化技术应用程度较欠发达地区强，从而对就业的替代效应也较强。对于欠发达地区，拥有的生产技术水平相对落后，市场化程度和开放程度较低，导致新业态发展、新产品研发都受制约，地区产品创新能力不足，而工艺创新对就业替代效应强，加之高素质劳动力不足，与新岗位匹配性差，从而智能化应用在欠发达地区第二、第三产业的就业促进小于发达地区；同时发达地区由于集中发展以新技术应用为代表的资本密集型产业，劳动密集型产业也逐步向欠发达地区转移，在一定程度上抵消了人工智能对欠发达地区第一产业的就业替代。综上所述，人工智能技术对发达地区的就业结构影响更为明显，即第一产业的就业替代效应和第二、第三产业的就业促进效应都强于欠发达地区。

（3）人工智能应用与地区就业政策选择。

人工智能技术对不同地区的就业影响存在差异，在整体促进发达地区就业的同时，抑制了欠发达地区的就业水平。智能经济时代，各地方政府都加大投入、推进人工智能产业发展和技术应用，但必须意识到新经济时代技术应用的地区差异，不同地区面对人工智能技术该采取怎样的政策引导和技术支持，对地区经济发展和就业质量有着非常重要的现实意义。关注政府促进人工智能发展的政策及其与地区就业的关系，有助于全面协调人工智能产业发展与区域经济协调，并促进我国劳动力市场有效均衡的实现。

政府促进人工智能产业发展的政策选择分为教育导向型、科学导向型、技术导向型三种（王光栋，2008）。教育导向型和科学导向型的政策主体是政府，通过财政拨款直接促进人工智能产业发展。教育导向型政策是政府增加教育培训支出，通过提高国民素质促进人工智能产业发展；科学导向型政策是政府增加科研经费支出，支持新技术新产品研发，促进人工智能技术发展与应用。教育导向型和科学导向型政策直接促进人工智能发展，带动劳动力就业。技术导向型政策的主体是企业，政府采用资金、政策来支持企业开展人工智能技术研究，以此创造新产品、激发新行业，提供更多就业岗位。此外，企业收入增加带来政府财政税收增加，政府收入增加会进一步加大对教育和科研活动的投入，循环式促进就业增加。三种不同导向型政策对就业的影响亦存在地区差异性。

结合教育导向型政策的实施过程来看，发达地区由于集聚优质要素包括教育资源的能力本身就比较强，地区劳动力受教育程度和技能水平都比较高，政府教育支出增加的政策效应可能不会很大。相比较而言，欠发达地区的劳动力受教育程度整体较低，优质教育培训资源较为匮乏，劳动力素质提升空间较大，政府教育培训投入的政策效应较为显著。因此，教育导向型政策对欠发达地区的就业促进更为明显。科学导向型政策的重要基础是地区科研积累，包括科研院所、科研人员以及整体科技水平。发达地区在科学研究方面的积累高于欠发达地区，发展基础好，政府投入科研经费资助创新的效果更快更显著，科研成果转化为生产力速度更快，对地区高质量就业贡献度较高。欠发达地区科学研究事业起步晚、发展慢，科研经费增加对就业的促进效应小于发达地区。技术导向型政策以企业为实施主体，对就业的影响与企业生产周期密切相关。短期来看，引入智能化技术对企业的就业替代效应较为剧烈，但长期来讲企业新技术研发会有着更多就业创造效应显现，因为人工智能技术应用、产业链延伸、智能型产业发展等都需要较长周期。因此，技术导向型政策短期以就业替代为主、长期以就业创造为主。结合不同地区经济发展水平，欠发达地区人工智能产业起步晚、发展慢，企业应用人工智能技术的就业创造效应远低于发达地区。发达地区企业技术基础较好，发展人工智能的就业创造效应大于破坏效应，就业促进显著。

政策实施基础和环境对政策效果有着重要影响，经济发展程度不同，政策实施效果自然会有较大差异，不同类型地区应该紧密结合本地区经济发展水平、产业结构优势和劳动力供给的人口基础特征，制订应对智能化冲击的地区政策，从而有效化解冲击、迎接挑战。

11.2 我国人工智能与地区就业现状

11.2.1 地区划分：发达地区与欠发达地区

（1）聚类法划分地区分类。

在对地区发达程度的划分上，目前主要有以下三种方法：第一，地理划分法。第六届全国人大四次会议批准并公布的"七五"计划，首次对我国区域提出东部、中部、西部的说法，把我国划分为三大经济带，在一定程度上有效区分了不同经济带的发达程度。但随着中西部部分省区市，如四川、湖北的快速发展，导致同一经济带内各省区市发达程度不一致，按地理区位划分的经济带无法准确反映我国地区间经济差异。第二，经济划分法。根据城镇居民可支配收入、农村居民纯收入或人均生产总值对地区的发达程度进行划分。利用经济指标划分的方法易量化易操作，但单一经济指标作为区域经济发达程度的度量显得片面，与研究者选取指标相关，并不能客观综合反映地区发达程度。第三，聚类分析法。厉以宁（2000）在《区域发展新思路》中采用聚类分析的方法来划分地区发达程度，通过选取反映地区经济发展的系列指标，对我国各省区市进行聚类分析。聚类法将数据分类到不同的类或者簇程，是将研究对象分为相对同质群组的统计分析技术。该分析方法分为 Q 型聚类和 R 型聚类，Q 型聚类是针对样本个体进行聚类，R 型聚类则是针对指标变量进行聚类。

对比地区划分的三种方法，聚类分析法更具科学性，选取能够体现出地区间发达程度差异的若干指标进行聚类分析，将相对同质的对象分为一组，解决了相邻地区发达程度未必一致、单一指标无法涵盖地区发达程度的问题。因此，本部分研究将采用聚类分析法对我国 31 个省区市的发达程度作出分类。

(2) 地区划分结果。

研究选取 2017 年地区统计数据，使用针对样本个体进行聚类的 Q 型聚类分析法，对我国 31 个省区市进行划分。依据发展经济学理论对欠发达地区特征界定，包括经济发展落后，人均生产总值较低，人均可支配收入和居民消费水平较低，交通、能源等基础设施落后，人口受教育程度低，收入分配不均，城乡收入差距大，开放程度低，人口健康水平差，可持续发展能力弱等，我们据此将我国地区划分为发达地区和欠发达地区两大类，具体经济指标选取如表 11-1 所示。

表 11-1　　　　　衡量我国地区发达程度的相关指标

序号	地区经济特征	经济指标（单位）	变量表示
1	经济发展	人均 GDP（元/人）	X1
2	收入状况	居民消费水平（元/人）	X2
		城镇居民可支配收入（元/人）	X3
		农村居民纯收入（元/人）	X4
3	工业化	非农产业增加值占 GDP 比重（%）	X5
4	城市化	城镇化率（%）	X6
5	市场化	固定资产投资中非国有投资比重（%）	X7
6	开放程度	进出口额（万美元）	X8
		外商直接投资（万美元）	X9
7	教育状况	人均受教育年限（年）	X10
8	健康状况	床位率（张/千人）	X11
9	投资状况	人均固定资产投资（元/人）	X12
10	财政状况	财政收入占 GDP 比重（%）	X13
11	通讯状况	人均邮电量（元/人）	X14
12	基础设施	铁路密度（公里/万平方公里）	X15
		公路密度（公里/万平方公里）	X16
		人均用电量（千瓦小时/人）	X17
13	可持续发展水平	工业污染治理（元）	X18

其中，人均受教育年限需要经过计算得到，计算公式如下：

第11章 空间集聚：人工智能对我国就业影响的地区差异研究

$$\bar{Y} = \frac{\sum P_i E_i}{P} \tag{11.1}$$

其中，$\bar{Y}$ 为人均受教育年限，P 为人口群体，i 为受教育程度分类，E_i 根据学制来确定系数，即将受教育年数用学制来表示。具体来讲，0 表示文盲，6 表示小学文化程度，9 表示初中文化程度，12 表示高中文化程度，16 表示大专以上文化程度。数据来源于《中国统计年鉴》《中国城市统计年鉴》以及各省区市统计年鉴，通过整理计算得到。

研究利用 SPSS 19.0 统计分析软件对选取的指标进行聚类分析，由于选取的指标之间有可能反映同一类信息，故应首先对指标进行因子分析，将得到一组新的公共因子，使用公共因子再进行聚类分析，可使聚类结果更具可信力。

表 11-2 是 2017 年因子提取后的累计方差贡献率，KMO 值为 0.73，Bartlett 的球形度检验对应 P 值均为 0.00，表明 2017 年数据通过 KMO 和 Bartlett 的球形度检验，符合因子分析的要求。同时 2017 年提取的四个公共因子的累计方差贡献率为 80.6%，表明这四个公因子可以反映原来 18 个指标的绝大部分信息。

表 11-2　　　　2017 年因子分析的累计方差贡献率

年份	因子个数	累计方差贡献率
2017	4	80.6%

表 11-3 是 2017 年数据因子分析的旋转成分矩阵。公共因子 1 反映经济发展、收入状况、基础设施和教育状况信息，公共因子 2 反映工业化程度、城市化程度、开放程度、财政状况与通讯状况信息，公共因子 3 反映可持续发展和健康状况信息，公共因子 4 反映市场化、投资信息。原有 18 个指标信息可通过上述四个公共因子得到反映。

表 11-3　　　　2017 年数据因子分析的旋转成分矩阵

指标	公共因子			
	1	2	3	4
Zscore(X15)	0.922	0.134	-0.035	0.009
Zscore(X10)	0.835	0.300	-0.047	-0.039

续表

指标	公共因子			
	1	2	3	4
Zscore(X3)	0.827	0.476	0.018	0.155
Zscore(X17)	0.715	-0.031	0.508	-0.141
Zscore(X2)	0.712	0.654	-0.004	0.166
Zscore(X1)	0.704	0.587	0.041	0.329
Zscore(X16)	0.632	0.222	0.512	-0.019
Zscore(X4)	0.557	0.140	0.067	-0.186
Zscore(X8)	0.170	0.844	0.425	-0.013
Zscore(X14)	0.351	0.837	-0.065	0.113
Zscore(X9)	0.174	0.820	0.394	-0.071
Zscore(X6)	0.580	0.730	-0.053	0.108
Zscore(X13)	0.231	0.635	-0.583	-0.164
Zscore(X5)	0.463	0.505	0.163	0.397
Zscore(X11)	0.043	0.029	0.915	-0.199
Zscore(X18)	0.146	0.274	0.677	0.128
Zscore(X12)	-0.010	-0.145	0.073	0.861
Zscore(X7)	-0.097	0.323	-0.214	0.627

注：提取方法——主成分；使用具有 Kaiser 标准化的正交旋转法，旋转在 6 次迭代后收敛。

根据 2017 年聚类分析①结果树状图（见图 11-4），可以将我国 31 个省区市分为三类：发达、较发达、欠发达。其中北京、天津、上海为发达地区，江苏、浙江、广东、山东为较发达地区，剩余省区市为欠发达地区。

由于发达与欠发达是一组相对概念，聚类分析只是将相对同质的对象分为一组，结合经济发展现状，我们将发达地区与较发达地区统称为发达地区。至此，我国 31 个省区市划分为发达地区和欠发达地区两类（见表 11-4）。

① 按照因子分析后的因子得分对我国 31 个省区市的样本进行 Q 型聚类分。

第 11 章 空间集聚：人工智能对我国就业影响的地区差异研究

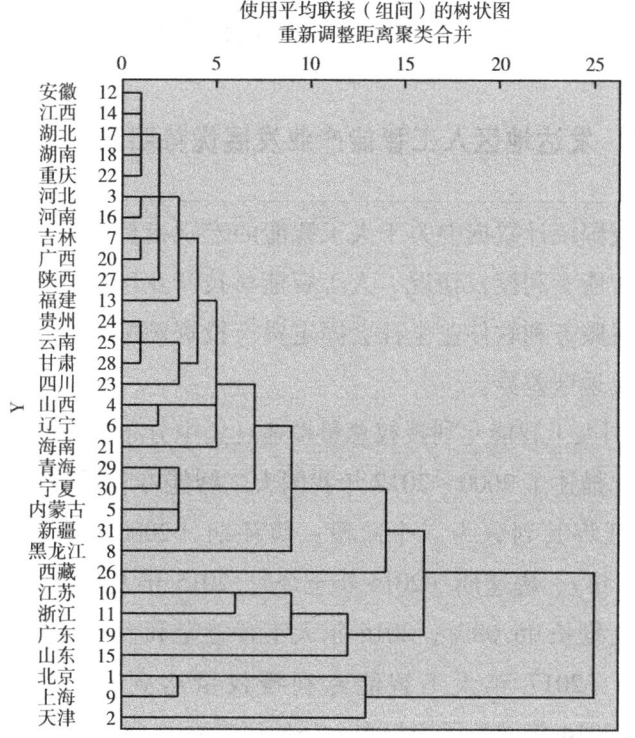

图 11-4　2017 年聚类分析结果树状图

表 11-4　　　　　　　2017 年我国地区发达程度聚类结果

发达地区	欠发达地区
北京、天津、上海、江苏、浙江、广东、山东	河北、山西、内蒙古、辽宁、吉林、黑龙江、安徽、福建、江西、河南、湖北、湖南、广西、海南、重庆、四川、贵州、云南、西藏、陕西、甘肃、青海、宁夏、新疆

(3) 地区分类结果对比评价。

观察聚类分析结果，发达地区都属于东部地区，而欠发达地区由中部、西部地区和部分东部地区组成，故划分结果是基本符合我国区域经济发展实际的。此外，《中国大数据发展指数报告（2018 年）》[①] 指出，广东、北京、上海、江苏、浙江、山东大数据发展指数较高，处于排名前五，天津

---

① 中国电子信息产业发展研究院：《中国大数据发展指数报告（2018 年）》。

位于第 13 名，这与我们的地区划分基本吻合，再次验证作为研究人工智能对就业影响的地区差异，该划分方式是合理有效的。

11.2.2 发达地区人工智能产业发展优势明显

目前，我国统计数据中关于人工智能的宏观指标较为缺乏，本部分通过选取人工智能专利授权情况、人工智能科技产业区域竞争力指数、信息传输、计算机服务和软件业全社会固定资产投资额来综合反映我国人工智能发展现状及地区差异。

（1）我国人工智能专利授权总量提速且集中分布于发达地区。

图 11 -5 描述了 2000~2017 年我国人工智能专利授权量的变化，根据数据趋势特征将其划分为三个阶段：萌芽期（2000~2007 年）、发展期（2008~2013 年）、提速期（2015 年至今）。2015 年人工智能专利授权量增速较快，同比增长 96.08%，2016 年人工智能专利授权量突破万件，同比增长 76.00%，2017 年人工智能专利授权量达到 17477 件，同比增长 34.94%，较 2014 年增长了四倍多。分地区来看①（见图 11 -6），2017 年我

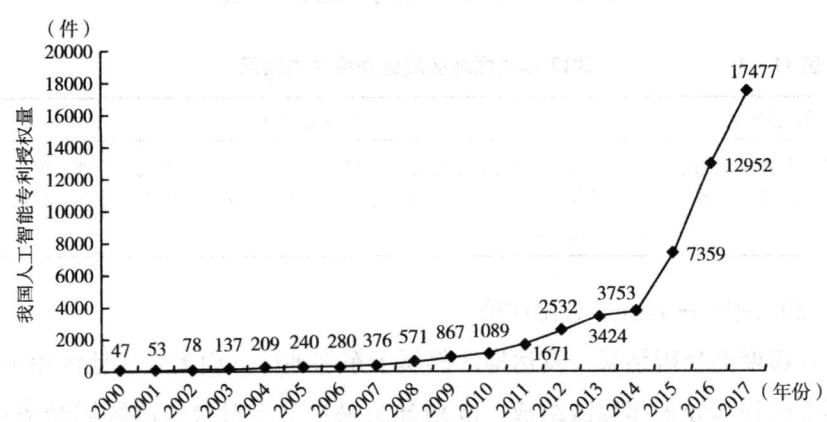

图 11 -5　我国人工智能领域专利授权量

注：数据来源于《2017 年我国人工智能领域专利主要统计数据报告》。

---

① 数据来源于《2017 年我国人工智能领域专利主要统计数据报告》。

国人工智能专利授权量排名前 10 位的地区依次是:广东、北京、江苏、浙江、上海、山东、四川、陕西、湖北、安徽。其中广东、北京、江苏三地的专利授权量占我国专利授权总量超过 60%。可见人工智能领域专利主要集中在发达地区,地区分布差异明显。从人工智能专利授权情况来看,2017 年我国人工智能专利授权量排名前 5 位均为发达地区,且专利授权量总和占国内专利授权总量 80%。可以发现,2017 年我国人工智能领域专利呈现出较高的集中度和明显的地区差异。

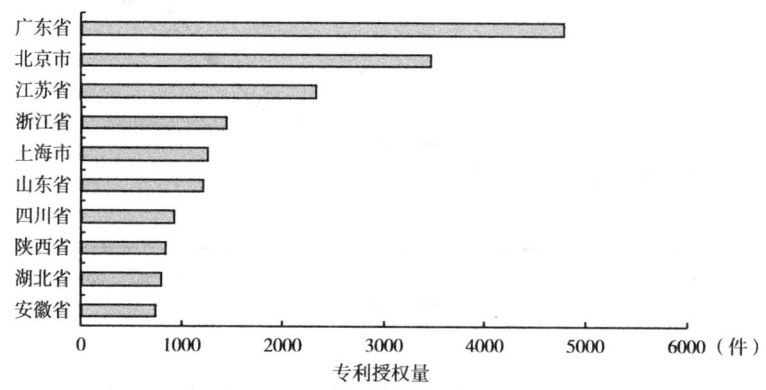

图 11-6　我国分省区市人工智能领域专利授权量排名前 10 位

(2) 人工智能科技产业区域竞争力梯次明显。

根据《中国新一代人工智能科技产业区域竞争力评价指数 2019》,地区人工智能科技产业的发展划分为三个梯队:第一梯队及竞争力评价指数依次为北京 90.1、广东 42.8、上海 28.5、浙江 25.9、江苏 18.1。第二梯队及竞争力评价指数依次为四川 9.6、湖北 8.9、辽宁 8.3、山东 8.3、天津 8.1、陕西 7.9、安徽 7.8、湖南 6.8、吉林 6.7、重庆 6.6。其余省区市则属于第三梯队。梯队划分表现出明显的地区差异,发达地区科技产业区域竞争力明显高于欠发达地区。

(3) 信息传输、计算机服务和软件业全社会固定资产投资额的地区增速差异明显。

借鉴 Borland 和 Coelli(2017)的研究方法,各省区市"信息传输、计算机服务和软件业全社会固定资产投资额"可用于代表人工智能技术使用规模,通过对发达地区和欠发达地区取平均值进行研究。由图11-7可以得到,发达地区的信息传输、计算机服务和软件业全社会固定资产投资额绝对量高于欠发达地区。2013年前两个地区均呈现缓慢波动上升,2013年后无论发达地区还是欠发达地区,信息传输、计算机服务和软件业全社会固定资产投资额快速提升,而发达地区的增速明显快于欠发达地区。

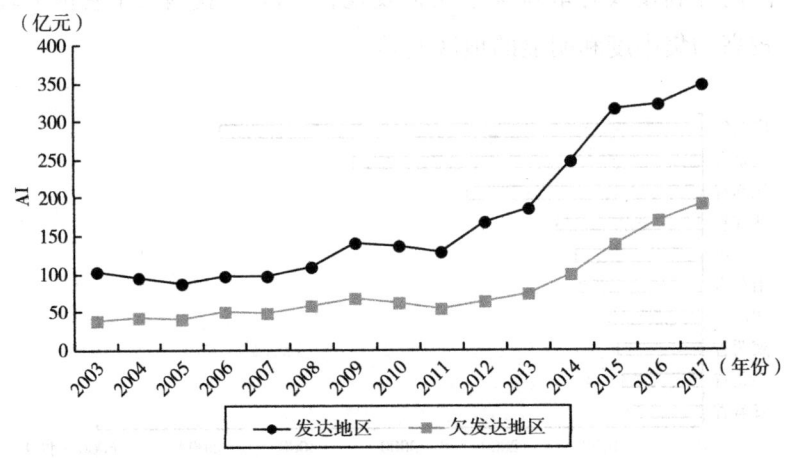

图11-7 信息传输、计算机服务和软件业全社会固定资产投资额

11.2.3 我国劳动力就业的地区比较

(1) 发达地区就业人数总量多且就业增速快。

衡量地区劳动力市场的就业总量,选取各省区市历年统计年鉴中就业人数作为指标,用 L 表示各省区市就业总量,LP1、LP2、LP3 分别代表各省区市第一、第二、第三产业的就业量。按照本研究地区分类结果,绘制发达地区和欠发达地区就业总量变化趋势曲线(见图11-8),发达地区就业总量大于欠发达地区且就业增长速度快于欠发达地区。

(2) 我国就业结构的地区比较分析。

本部分主要针对我国地区就业的产业结构进行分析,选取三次产业的就业人口总数和就业占比、产业结构的区位熵作为测度指标。

第 11 章　空间集聚：人工智能对我国就业影响的地区差异研究

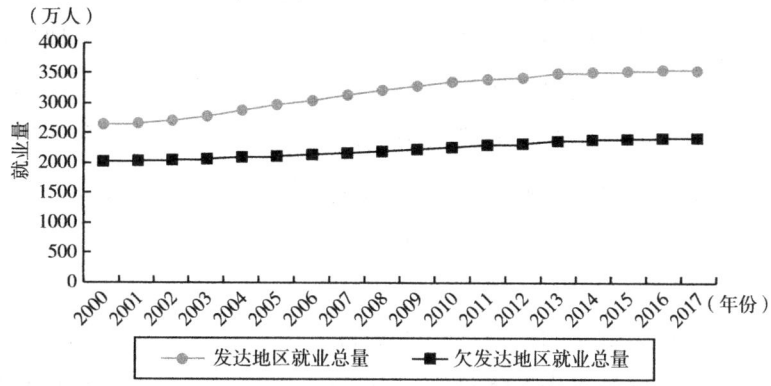

图 11-8　发达地区与欠发达地区的就业总量

①发达地区率先机器换人引发就业结构变迁。

地区分产业的就业人数和就业占比指标分别取自发达地区和欠发达地区对应指标的平均值，利用所得结果绘制图 11-9。总体来看，发达地区与欠发达地区第一产业就业人数整体呈下降趋势，第二产业和第三产业就业人数呈上升趋势。具体来说，发达地区第一产业就业人数下降速度快于欠发达地区且发达地区第一产业平均就业人数少于欠发达地区；发达地区

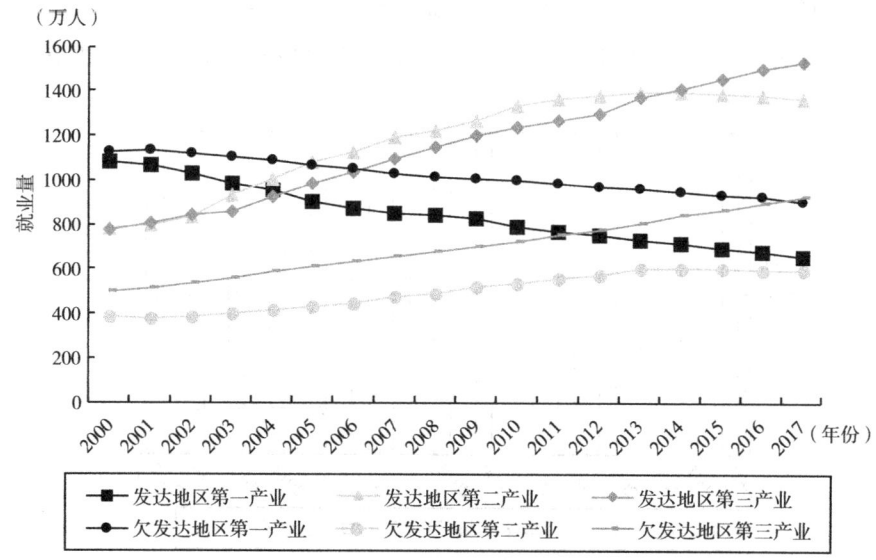

图 11-9　发达地区与欠发达地区各产业就业人数

第二产业平均就业人数高于欠发达地区,值得注意的是,2012年前发达地区第二产业就业人数增加速度大于欠发达地区,而此之后发达地区和欠发达地区第二产业就业人数增速放缓,发达地区在2017年甚至出现第二产业就业人数的负增长,结合机器换人浪潮同期在我国东南沿海和江浙一带最早掀起,发达地区第二产业就业人数减少自是必然结果。此外,发达地区第三产业就业人数总量高于欠发达地区,两者均呈较快的增长速度,且发达地区的增速略高于欠发达地区。

分地区劳动力就业的产业结构如图11-10、图11-11所示。发达地区第一产业就业占比呈逐步下降趋势,由2003年的26.02%下降到2017年的13.14%;第二产业就业占比随时间先上升后下降,2003年的35.89%上升到2011年的38.69%后开始下降,2017年为34.88%,变化相对平缓;第三产业就业占比呈逐步上升趋势,由2003年的38.07%上升到2017年的51.98%。欠发达地区第一产业就业占比呈逐步下降趋势,由2003年的53.68%下降到2017年的38.11%;第二产业就业占比随时间逐渐上升,由2003年的18.26%上升到2017年的22.17%,增长较为缓慢;第三产业就业占比呈逐步上升趋势,由2003年的28.07%上升到2017年的39.72%。对比发达地区和欠发达地区就业的产业结构,可以得到发达地区第一产业就业占比低于欠发达地区,两者都呈下降趋势且发达地区下降速度快;发

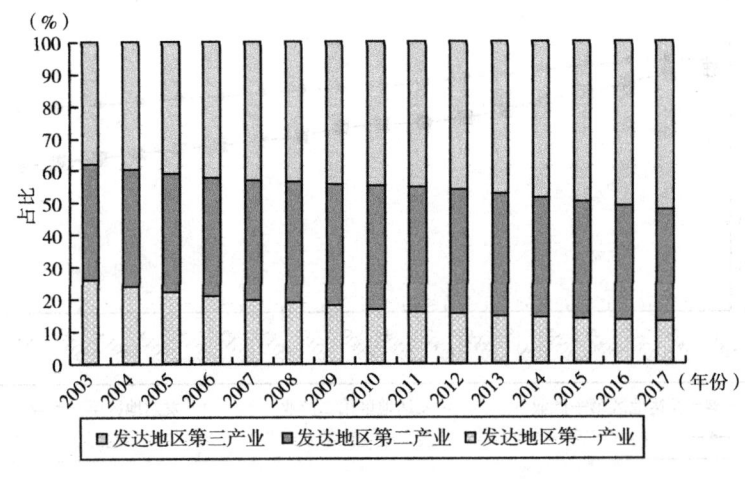

图11-10 发达地区各产业就业占比

达地区第二产业就业占比高于欠发达地区,两者都呈上升趋势且变化均较缓;发达地区第三产业就业占比高于欠发达地区,两者均呈上升趋势且发达地区增速更快。

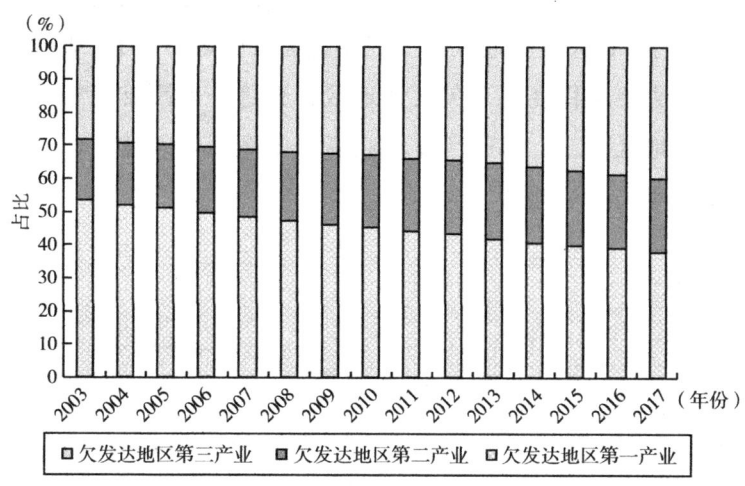

图 11-11　欠发达地区各产业就业占比

②欠发达地区集聚第一产业就业优势、发达地区集聚第二产业和第三产业就业优势。

区位熵 $\left(LQ_{ij} = \dfrac{\dfrac{e_{ij}}{e_i}}{\dfrac{E_j}{E}}\right)$ 表示某地区某产业就业人数占该地区全部就业人数的比值除以全国该产业或该行业就业人数与全国就业人数的比值,反映了三次产业就业在各地区的集中程度,可以衡量三次产业的地区竞争优势和地区就业创造力。其中,LQ_{ij} 表示 i 区域中 j 产业部门的区位熵,e_{ij} 表示 i 区域中 j 产业部门的就业人数,e_i 表示 i 区域的总就业人数,E_j 表示 j 产业的全国就业人数,E 表示全国就业总人数。当 LQ_{ij} 小于 1 时,表明 i 地区 j 产业的劳动力集中程度低于全国,意味着在该地区创造就业机会的能力不足;反之,该地区创造就业能力充足,且有吸纳区域外就业的能力;当 LQ_{ij} 等于 1 时,表明 i 地区 j 产业劳动力集中程度与全国持平。

以图 11-12 可知,发达地区第一产业就业区位熵小于 1,欠发达地区第一产业就业区位熵大于1，故欠发达地区第一产业劳动力集中程度高于发达地区，且这一差距呈现扩大趋势；发达地区第二产业就业区位熵大于1，欠发达地区第二产业就业区位熵小于1，表明发达地区第二产业劳动力集中程度高于欠发达地区，但这一差距呈现下降趋势；发达地区第三产业就业区位熵大于1，欠发达地区第三产业就业区位熵小于1，表明发达地区第三产业劳动力集中程度高于欠发达地区，且这一差距维持相对稳定。综上所述，发达地区第二、第三产业就业集中度高于欠发达地区，第一产业就业集中度低于欠发达地区。

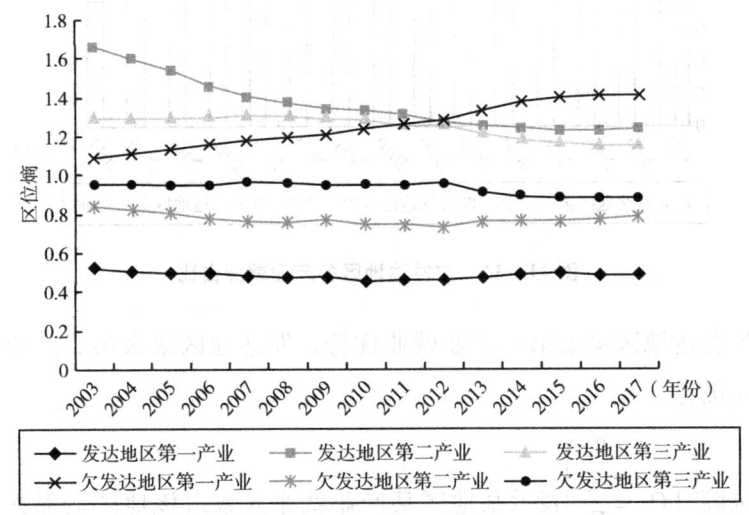

图11-12　发达地区与欠发达地区各产业区位熵

11.3　人工智能对就业影响的地区差异实证检验

11.3.1　人工智能的就业总效应：促进发达地区而抑制不发达地区

（1）模型构建与指标选取。

研究选取2003~2018年我国31个省区市的面板数据。由于模型（11.2）中引入不随时间改变的虚拟变量，导致个体固定效应模型无法使用,故选择使用随机效应模型。

$$\ln L_{it} = \alpha_0 + \alpha_1 D_i + \alpha_2 \ln AI_{it} + \alpha_3 (D_i \times \ln AI_{it}) + \alpha_4 W_{it} + \alpha_5 \ln GOV_{it}$$
$$+ \alpha_6 \ln TRA_{it} + \varepsilon_{it} \quad (11.2)$$

其中,i 代表地区,t 代表 t 年,L 表示就业人数,AI 表示人工智能水平。鉴于人工智能分地区测度指标缺乏,我们借鉴 Borland 和 Coelli(2017)的选取方法,用各省区市"信息传输、计算机服务和软件业全社会固定资产投资额"作为地区人工智能技术使用规模的代理变量,测度和反映地区 AI 发展水平。D 是区分地区发达程度的虚拟变量,发达地区作为基准组,D=0 表示该省份属于发达地区;D=1 表示该省份属于欠发达地区。因此,当 D=0 时系数 α_2 反映发达地区人工智能技术对就业总量的影响,而当 D=1 时,$\alpha_2 + \alpha_3$ 反映了欠发达地区人工智能对就业总量的影响。系数 α_3 反映了人工智能对就业影响的地区差异效应,即发达与欠发达地区人工智能对就业影响的差别。若 α_3 的 z 检验值在统计上显著,则说明发达地区与欠发达地区人工智能对就业影响效应的确存在差别。控制变量包括 W、GOV、TRA。其中,W 代表实际工资水平,用人均工资总额以 2003 年为基期的工资指数进行平减来表示。政府财政支出占比(GOV)和对外贸易(TRA)影响产业结构和劳动力结构,进而对就业产生影响,GOV 用一般性财政支出占实际 GDP 的比重表示,TRA 用经营单位所在地进出口总额占地方 GDP 的比重表示。实证研究数据来源于 2004~2019 年《中国统计年鉴》与对应年份各省区市统计年鉴。

(2)描述性统计。

表 11-5　　　　　　　　模型(11.2)变量描述性统计

变量名	样本量	均值	标准差	极小值	极大值
lnL	496	7.50	0.90	4.89	8.82
lnAI	496	4.17	1.05	-0.53	6.50
lnW	496	2.21	1.07	-0.95	4.70
lnGOV	496	-1.61	0.51	-2.54	0.32
lnTRA	496	-1.71	0.98	-4.08	0.54

从表 11-5 可以看出，lnAI 的最小值为 -0.53，最大值为 6.50，平均值为 4.17，标准差为 1.05，说明我国各地区人工智能技术水平差异大。lnL 的最小值为 4.89，最大值为 8.82，平均值为 7.50，标准差为 0.90，说明我国就业总量地区差异大，就业呈现空间极化现象。此外，lnW 的最小值为 -0.95，最大值为 4.70，平均值为 2.21，标准差为 1.07，实际人均工资水平的地区差异也较明显。lnGOV 的标准差为 0.51，政府财政支出占比的地区差异较小，lnTRA 的标准差为 0.98，各地区贸易水平差异也较大。综上所述，人工智能、就业总量、实际人均工资水平、贸易水平的差异均比较大，政府财政支出占比的差异较小。

（3）检验结果。

表 11-6 为模型（11.2）的回归结果，人工智能水平提高可增加发达地区的就业总量，却降低了欠发达地区就业总量，且人工智能水平每提高 1%，发达就业总量相应提高 0.01%，欠发达地区的就业总量下降 0.01%（0.01%~0.02%），这在统计上是显著的。实证结果表明，人工智能技术发展在促进发达地区就业的同时，抑制了欠发达地区就业。对于控制变量，实际人均工资水平的上涨可增加就业总量，实际工资水平每上涨 1%，可促进就业增长 0.38%；政府财政支出占比每提高 1%，促进就业增长 0.13%；贸易水平提高 1%，将促进就业增长 0.05%。综上所述，人工智能对就业总量的影响效应在我国发达地区和欠发达地区是不同的，人工智能对发达地区就业影响的效应为正，促进发达地区就业，但在欠发达地区，人工智能对就业总量影响的效应为负，整体抑制欠发达地区就业。

表 11-6　　　　　　　　模型（11.2）回归结果

被解释变量	就业总量（lnL）		
解释变量	回归系数	解释变量	回归系数
lnAI	0.01*** (3.31)	lnW	0.38*** (4.22)
D	-0.26* (-1.87)	lnGOV	0.13*** (2.84)

续表

被解释变量	就业总量（lnL）		
解释变量	回归系数	解释变量	回归系数
D*lnAI	-0.02*** (-3.18)	lnTRA	0.05*** (3.24)
常数项	4.02*** (4.03)	Wald chi2	539.9 (0.00)
R^2	0.78	样本数量	496

注：解释变量回归系数下面括号内的数字为 z 值，*、*** 分别表示在 10%、1% 的水平上显著。

11.3.2 人工智能的就业结构效应：发达地区第一产业就业抑制效应和第二、第三产业的就业促进效应均显著大于欠发达地区

（1）模型构建与指标选取。

研究为了比较人工智能对我国发达地区和欠发达地区就业结构的影响，引入虚拟变量，以及虚拟变量和内生变量的交叉项，并加入控制变量。我们选取 2003～2018 年我国 31 个省区市的面板数据，构建了以下三个模型，同样由于引入不随时间改变的虚拟变量，采取随机效应模型进行回归。

$$\ln L1_{it} = \beta_0 + \beta_1 D_i + \beta_2 \ln AI_{it} + \beta_3 (D_i \times \ln AI_{it}) + \beta_4 \ln IS1_{it} + \beta_5 \ln GOV_{it} \\ + \beta_6 \ln TRA_{it} + \varepsilon_{it} \tag{11.3}$$

$$\ln L2_{it} = \gamma_0 + \gamma_1 D_i + \gamma_2 \ln AI_{it} + \gamma_3 (D_i \times \ln AI_{it}) + \gamma_4 \ln IS2_{it} + \gamma_5 \ln GOV_{it} \\ + \gamma_6 \ln TRA_{it} + \varepsilon_{it} \tag{11.4}$$

$$\ln L3_{it} = \lambda_0 + \lambda_1 D_i + \lambda_2 \ln AI_{it} + \lambda_3 (D_i \times \ln AI_{it}) + \lambda_4 \ln IS3_{it} + \lambda_5 \ln GOV_{it} \\ + \lambda_6 \ln TRA_{it} + \varepsilon_{it} \tag{11.5}$$

其中，i 代表 i 省级行政区，t 代表 t 年，L1、L2 和 L3 分别表示各地三次产业就业人数占总就业人数的比值，AI 为人工智能发展水平，模型中的基准组为发达地区，β_2、γ_2 和 λ_2 分别表示发达地区人工智能对三产就业的影响，系数（$\beta_2 + \beta_3$）、（$\gamma_2 + \gamma_3$）和（$\lambda_2 + \lambda_3$）则分别表示欠发达地区人工智能对三次产业就业的影响，其中 β_3、γ_3 和 λ_3 分别表示两类地区人工智

能对第一、第二、第三产业就业影响的差别。如果 β_3、γ_3 和 λ_3 的 z 统计量在统计上显著，则说明发达地区与欠发达地区在人工智能对就业结构的影响存在显著差异。控制变量为政府财政支出占比（GOV）、对外贸易（TRA），以及各产业的增加值占 GDP 的比重，IS1、IS2、IS3 分别表示第一产业、第二产业、第三产业增加值占 GDP 的比重。

（2）描述性统计。

根据表 11-7，第二产业和第三产业就业占比的标准差分别为 0.0979 和 0.1025，均小于第一产业就业占比的标准差（0.1565），表明各省区市第一产业就业占比的情况相差较大。第二产业和第三产业增加值占比的标准差分别为 0.0839 和 0.0888，大于第一产业增加值占比的标准差（0.0605），表明第二产业和第三产业产值增加值占比的差异较大，同时，第二产业和第三产业产值占比的均值高于第一产业。

表 11-7   模型（11.3）、模型（11.4）、模型（11.5）变量描述性统计

变量名	样本量	均值	标准差	极小值	极大值
L1	496	0.3924	0.1565	0.0309	0.7791
L2	496	0.2472	0.0979	0.0562	0.5096
L3	496	0.3612	0.1025	0.1456	0.8062
IS1	496	0.1157	0.0605	0.0036	0.3582
IS2	496	0.4580	0.0839	0.1901	0.6642
IS3	496	0.4173	0.0888	0.2741	0.8056

注：数据来源于 2004~2019 年《中国统计年鉴》与各省区市统计年鉴。

（3）实证结果。

对模型（11.3）模型（11.4）和模型（11.5），使用随机效应模型进行回归，估计结果见表 11-8。发达地区人工智能水平对第一、第二产业就业人员影响表现为负效应，而第三产业就业人员影响表现为正效应。人工智能水平每提高 1%，将使该地区第一产业就业人员比值下降 0.107%，第二产业就业人员比值增加 0.015%，第三产业就业人员比值增加 0.067%。模型中的交互项的系数均在统计上显著，结果表明，我国发达与欠发达地区人工智能对就业产业结构影响上确实存在差异。具体来说，第一产业交

互项系数为0.043，无论是哪类地区，人工智能均负向影响第一产业就业占比，且对发达地区更为明显。人工智能水平每提高1%，发达地区第一产业就业人员比重下降0.107%，欠发达地区第一产业就业人员比重下降0.064%。第二产业交互项系数为-0.007，这表明人工智能对欠发达地区第二产业就业人员的影响比发达地区低0.007个百分点，人工智能水平每提高1%，发达地区第二产业就业比重增加0.015%，欠发达地区第二产业就业比重仅增加0.008%。第三产业交互项系数为-0.018，人工智能对欠发达地区第三产业就业人员的影响比发达地区低0.018个百分点，人工智能水平每提高1%，发达地区第三产业就业比重增加0.067%，欠发达地区第三产业就业比重增加0.049%。

表11-8　模型（11.3）、模型（11.4）、模型（11.5）回归结果

被解释变量	L1	L2	L3
解释变量	回归结果	回归结果	回归结果
lnAI	-0.107*** (-6.64)	0.015*** (2.71)	0.067*** (6.53)
D	0.104** (2.24)	-0.660*** (-4.53)	-0.448** (-2.17)
D*lnAI	0.043*** (8.72)	-0.007** (-2.27)	-0.018* (-1.89)
lnIS1	0.454*** (18.15)		
lnIS2		0.528*** (9.89)	
lnIS3			0.214*** (6.52)
lnFIN	-0.172*** (-6.83)	0.227*** (7.99)	0.321*** (17.75)
lnEI	0.016 (1.13)	0.059*** (3.00)	-0.0003 (-0.85)

续表

被解释变量	L1	L2	L3
解释变量	回归结果	回归结果	回归结果
常数项	-0.47*** (-3.59)	-0.95*** (-6.13)	-1.46*** (-13.12)
R^2	0.88	0.78	0.89
Wald chi2	376.82 (0.00)	48.1 (0.00)	267.32 (0.00)
样本数量	496	496	496

注：解释变量回归系数下面括号内的数字为z值，*、**、***分别表示在10%、5%、1%的水平上显著。

对于控制变量，第一产业增加值占比每提高1%，使第一产业就业占比提高0.454%；第二产业增加值占比每提高1%，使第二产业就业占比提高0.528%；第三产业增加值占比每提高1%，使第三产业就业占比提高0.214%。政府财政支出占比每提高1%，第一产业就业占比降低0.172%，第二产业就业占比提高0.227%，第三产业就业占比提高0.321%。贸易水平提高1%，第二产业就业占比提高0.059%，对第一产业和第三产业就业的影响不显著，故贸易水平提高将明显促进第二产业就业的提高。

估计结果表明，对于发达地区，人工智能抑制第一产业就业，促进第二、第三产业就业，尤其对第三产业就业的促进作用更大；对欠发达地区，人工智能发展同样会抑制第一产业就业，促进第二、第三产业就业。比较发达与欠发达地区，发达地区人工智能对第一产业就业的抑制效应与对第二、第三产业就业的促进效应均大于欠发达地区。

11.4 我国人工智能与地区高质量就业的政策效应分析

在智能经济背景下，各地加大投资力度推进人工智能产业发展及行业应用，但由于经济发展水平较低的欠发达地区，面临智能经济时代的新一轮地区竞争，显然不占优势，而这又会继续加剧地区间经济不平衡和劳动

第11章 空间集聚：人工智能对我国就业影响的地区差异研究

力就业空间结构的失衡，对我国区域经济协调发展目标提出巨大挑战。在推动人工智能技术发展的同时，各地如何协调好其与地方经济结构、产业结构和就业结构的关系，政策选择是重要变量。通过分析我国发达与欠发达地区促进人工智能的政策效果，梳理不同地区在适应智能化应用过程中有效的就业支持政策，实现人工智能产业发展与地区高质量就业协调共促的目标。

（1）模型构建与指标选取。

结合本研究观点，政府促进人工智能发展的政策可分为教育导向型、科学导向型和技术导向型三类，为研究促进人工智能与就业协调发展的政策选择在发达地区与欠发达地区的差异，研究将引入虚拟变量及虚拟变量和内生变量的交叉项，并加入控制变量，使用随机效应模型进行回归。模型（11.6）即用于分析不同地区人工智能与就业协调发展的政策选择。

$$\ln L_{it} = \eta_0 + \eta_1 D_i + \eta_2 \ln EDU_{it} + \eta_3 (D_i \times \ln EDU_{it}) + \eta_4 \ln SCI_{it} \\ + \eta_5 (D_i \times \ln SCI_{it}) + \eta_6 \ln TEC_{it} + \eta_7 (D_i \times \ln TEC_{it}) + \eta_8 \ln GDP_{it} \\ + \eta_9 \ln W_{it} + \varepsilon_{it} \tag{11.6}$$

其中，i 代表 i 省级行政区，t 代表 t 年，L 表示就业人数，AI 代表人工智能水平，选取各省区市"信息传输、计算机服务和软件业全社会固定资产投资额"作为代理变量。EDU（教育导向型政策）用地方财政预算支出中教育费用占比表示；SCI（科学导向型政策）用地方财政预算支出中科学技术费用占比表示；TEC（技术导向型政策）用规模以上工业企业技术开发经费内部支出额占工业增加值比重表示，由于规模以上工业企业增加值数据缺失较多，故用规模以上工业企业主营业务收入来代替。控制变量选取实际 GDP 与实际工资水平 W 分别控制经济水平和工资水平对就业的影响。自 2011 年起调整了规模以上工业统计范围的工业企业标准，从年主营业务收入 500 万元提高到 2000 万元，我们选取 2011~2018 年数据进行实证，提高数据可比性。数据来源于 2012~2019 年《中国统计年鉴》与各省区市统计年鉴。

（2）描述性统计：教育受普遍重视而技术投入的地区差异较大。

对 2011~2018 年数据进行描述性统计，样本量为 248，如表 11-9 所示，科学导向型和技术导向型政策的标准差相对较大，分别为0.63和0.45，证明两者在不同省区市之间的差别较大，而教育导向型政策标准差较小，其值为0.17，表明各省区市之间教育导向型政策差别相对较小。数据统计分析初步显示，各地在总财政支出中用于教育经费的比例差别不大，这与国家长期重视教育的政策导向相一致，但作为创新重要源泉和动力的科技投入，地方政府重视程度存在明显差异，导致地方相关经费预算差异带来各地区产业发展、就业落实等差距在扩大。

表11-9　　　　　　　　模型(11.6)变量描述性统计

变量名	样本量	均值	标准差	最小值	最大值
lnEDU	248	-1.82	0.17	-2.31	-1.50
lnSCI	248	-4.16	0.63	-5.80	-2.78
lnTEC	248	-5.03	0.45	-6.65	-4.16
lnGDP	248	8.40	0.97	5.47	10.01
lnL	248	7.57	0.87	5.22	8.82
lnW	248	2.27	1.01	-0.88	4.70

(3) 实证结果：发达地区应选择科技导向型而欠发达地区应选择教育导向型政策。

表11-10是模型(11.6)的估计结果，可以看出我国发达地区与欠发达地区，人工智能政策对就业的效应表现出显著差异。首先，教育投入的增加能起到促进就业增长的效果，这对发达地区与欠发达地区都是成立的，并且对欠发达地区产生更加积极的影响。发达地区教育支出每提高1%，该地区就业增加0.09%，而欠发达地区教育支出每提高1%，可以使该地区就业增加0.11%，较发达地区高0.02个百分点。其次，财政支出中对科学技术拨款的增加，均有利于发达地区和欠发达地区的就业增长。发达地区科学技术支出每提高1%，该地区就业增加0.09%，而欠发达地区教育支出每提高1%，可以使该地区就业增加0.02%，较发达地区低0.07个百分点。再次，规模以上工业企业用于技术开发的经费支出增加有利于发达地区就业增加，而不利于欠发达地区就业增加。发达地区规模以上工业企业技术开发经费每增加1%，可使该地区就业增加0.12%，而欠发达地区

规模以上工业企业技术开发经费每增加1%,导致此地区就业下降0.09%。最后,实际GDP和实际工资水平W作为控制变量,均与就业呈正向相关。具体来说,实际GDP每提高1%,可使就业增加0.61%,实际工资水平每提高1%,就业增加0.14%,两者均在1%的水平上显著。

表 11-10　　　　　　　　　模型(11.6)回归结果

被解释变量	lnL		
解释变量	回归系数	解释变量	回归系数
D	0.88*** (3.11)	lntec	0.12*** (2.83)
lnedu	0.09** (2.12)	D*lntec	-0.21* (-1.78)
D*lnedu	0.02*** (2.63)	lngdp	0.61*** (11.53)
lnsci	0.09** (2.03)	lnW	0.14*** (8.78)
D*lnsci	-0.07*** (-4.72)	常数项	2.84*** (7.07)
R^2	0.934		
Wald值	305.52 (0.00)		
样本数量	248		

注:*、**和***分别表示在10%、5%和1%的水平上显著,括号内数字表示标准差。

综上所述,发达地区的政策应以科技型为主要导向,欠发达地区的政策应以教育型为主要导向。发达地区政府增加教育投入和科技投入可促进地区就业增加,教育投入对就业促进的效应小于欠发达地区,科学技术投入对就业的促进效应大于欠发达地区。此外,企业进行技术创新亦可增加就业。可见,发达地区无论是作为政府还是企业主体,在科技方面的支出可快速提升产业竞争力、优化产业结构,并带来较为显著的就业创造结果。欠发达地区政府在教育领域和科学技术领域的支出对就业均呈现显著促进效应，且教育支出的政策效应显著大于发达地区。而欠发达地区企业进行技术创新却呈现对就业的抑制，考虑欠发达地区产业结构和要素类型，该类地区集聚较多劳动密集型产业，导致企业技术创新对劳动力市场的就业替代效应显著。可见，欠发达地区政府应首要落实教育导向型政策，通过提升地区劳动力整体技能和素质，不断适应智能化技术带来的冲击，在推进技术应用的过程中，要充分结合本地区产业结构和劳动力技能结构特征，适度发展、渐进推广，从而达到人工智能产业与劳动力就业协调发展的目标。

11.5 研究结论

本章研究重点围绕人工智能对我国就业总量和就业结构影响的地区差异展开论证，得出以下结论。

研究结论1：人工智能产业提速发展且地区差异加大，发达地区第二产业和第三产业就业集中度高，欠发达地区第一产业的就业集中度高。研究通过梳理我国人工智能发展现状，从人工智能专利授权、人工智能科技产业区域竞争力指数以及信息传输、计算机服务和软件业全社会固定资产投资额三个方面进行分析，得出当前我国人工智能产业发展呈上升趋势且地区差异较明显。我国分地区劳动力就业方面，从就业总量和就业产业结构进行对比，研究发现，发达地区就业总量的绝对量大于欠发达地区且就业的增长速度快于欠发达地区，发达地区第二、第三产业就业的集中度高于欠发达地区，第一产业就业的集中度低于欠发达地区。

研究结论2：人工智能对我国发达地区总体呈现就业促进而对欠发达地区为就业抑制，且人工智能发展对发达地区第二、第三产业的就业创造效应远大于欠发达地区。研究通过对我国2003～2018年31个省区市面板数据进行随机效应回归，从人工智能对就业总量和就业产业结构影响的地区差异进行研究，研究发现人工智能提高发达地区就业量，而减少欠发达地区就业量，人工智能降低发达地区和欠发达地区第一产业就业，且这一效应对发达地区更明显。此外，发达地区和欠发达地区人工智能均促进了第二、第三产业就业，并且对发达地区第二、第三产业就业的促进作用远大于欠发达地区。

研究结论3：发达地区选择科技导向型政策、欠发达地区选择教育导向型政策，是我国人工智能产业与就业协调发展的有效政策。促进人工智能发展的三种政策为教育导向型、科学导向型和技术导向型，研究通过对2011~2018年面板数据进行随机效应回归，分析促进人工智能与就业协调发展的政策选择。研究发现，发达与欠发达地区的政府增加教育支出和科学支出均可促进就业，且发达地区教育支出对就业促进的效应小于欠发达地区，科学支出对就业的促进效应大于欠发达地区；科学技术导向型政策将增加发达地区的就业总量，而减少欠发达地区的就业总量。

11.6 太原都市圈案例：基于技术进步的产业集聚与就业演化

11.6.1 都市圈成为新时代地区竞争的主要形态

伴随城市化发展与演进，城市群成为参与地区竞争的新地域单元。2019年2月，国家发改委发布《关于培育发展现代化都市圈的指导意见》（以下简称《意见》），该《意见》指出"城市群是新型城镇化的主体形态，是推进新型城镇化的重要手段，有利于优化人口经济空间结构"。根据联合国预测，到2030年中国城市化率将达约70%，对应城镇人口为10.2亿，到2047年城镇人口达峰值时将增加约2.76亿。到2030年2亿新增城镇人口中约80%分布在19个城市群，60%将分布在长三角、珠三角、京津冀、长江中游、成渝、中原、山东半岛等七大城市群。中国未来有望形成长三角、京津冀、长江中游、山东半岛、成渝等5个人口亿级城市群，10个以上1000万级城市，12个左右2000万级大都市圈。

太原都市圈是以太原都市区为中心，以太原盆地密集区为主体的圈层结构，该都市圈包括太原、晋中、阳泉、忻州与吕梁5个地级市的28个市县区。山西"十四五"规划中"加快推动一主三副六市域中心城镇化建设，构筑高水平崛起强大引擎"。"一主"即太原都市区，打造成为山西省参与国际国内竞争、带动全省社会经济和城镇化发展的核心地区。规划强调"构建太原都市区高质量发展增长极"，加快推进太原都市区一体化发展，拓展城市发展空间，努力形成创新高地、产业高地、人才高地、开放高地，打造引领高质量发展的活跃增长极和强劲动力源，对标国内外先进城市重塑竞争优势，提升参与全球全国资源配置能力，增强太原在世界城市网络体系中的节点地位，打造具有国际影响力的国家区域中心城市。然而，与国内成熟型都市圈相比，太原都市圈显现出人口与经济集聚规模不大和质量不高的问题，都市圈内产业层次和产业竞争力较弱，人口引力不足（见表11-11）。

目前关于我国中部地区人口与产业空间集聚的研究，较少关注中部城市群经济结构与产业分布，且对人口与产业空间不匹配的影响因素研究不足。我们认为，区域经济发展中的产业集聚有助于提高社会生产力、增加就业岗位、促进人口集聚；人口集聚又带来创新集聚、技术进步、产业繁荣以及社会发展，人口与产业的不匹配会降低区域经济效率。因此，从人口与产业匹配性的角度研究太原都市圈，构建不一致指数来测度人口与产业非协同集聚与演化，刻画人口与产业不匹配现状和变化趋势，为智能经济时代欠发达地区都市圈人口与产业协调发展提供政策依据，以高质量就业促进地区高质量发展。

11.6.2　太原都市圈人口与产业空间不一致性测度

11.6.2.1　太原都市圈人口空间分布及演变①

太原都市圈的空间范围在《山西城镇体系规划》的基础上，2017年11月《太原都市区规划（2016～2035年）》中做出调整：将太谷县由太原盆地城镇密集区划入太原都市区，即进入都市圈核心区域。

---

① 数据来源：《山西统计年鉴》《中国县域统计年鉴》《中国城市统计年鉴》。

表11-11 "太原都市圈"空间范围与城镇布局情况

名称		范围	核心城市	城镇数量		其中						
						城市数量		县城数量		建制镇数量		
				小计	占全省比重(%)	小计	占全省比重(%)	小计	占全省比重(%)	小计	占全省比重(%)	
太原都市圈		太原市区、清徐县、阳曲县、祁县、平遥县、太谷县、文水县、交城县、介休市、孝义市、汾阳市、忻州市区、定襄县、原平市、平定县、阳泉市区、寿阳县、吕梁市区、柳林县、中阳县、古交区、盂县	太原市区、晋中市区、忻州市区、阳泉市区、吕梁市区	139	24.2	10	45.5	13	15.5	116	24.7	
其中	太原都市区	太原市区、晋中市区、清徐县、阳曲县、太谷县	太原市区	22	3.8	2	9.1	3	3.6	17	3.6	
	太原盆地城镇密集区	太原市区、晋中市区、清徐县、阳曲县、祁县、平遥县、太谷县、文水县、交城县、介休市、孝义市、汾阳市	太原市区	58	10.0	5	22.7	6	7.1	47	10.1	
合计				139	24.2	10	45.5	13	15.5	116	24.7	

（1）太原都市圈人口空间分布由分散走向集聚。

日本学者川岛辰彦（Kawashima，1994）提出 ROXY 指数①，基于人口增长率的加权平均值与算术平均值之比，其定义式为 $ROXY = \left(\dfrac{WAGR_{t,t+1}}{SAGR_{t,t+1}} - 1\right) \times 10^4$，该指数可反映区域或都市圈内人口空间聚集与扩散特征与路径。其中，$WAGR_{t,t+1}$ 表示 m 个区域在（t，t+1）年间的人口年增长率加权平均值，以各区域 t 年人口数为权重；$SAGR_{t,t+1}$ 表示 m 个区域在（t，t+1）年的人口年增长率算术平均值，太原都市圈 m 取值为 28。通过 ROXY 指数增加或减少可以判断区域人口及城市化的动态分布，ROXY 指数为正表示加权增长率大于平均增长率，说明权重大的地区增长率偏大，资源向权重高的地区集中，整体呈现空间极化；ROXY 指数取负值，表示加权增长率小于平均增长率，说明权重大的地区增长率偏小，资源向权重低的地区分散，区域整体趋于空间均衡。ΔROXY 为相邻两个阶段 ROXY 指数的差值，ΔROXY 值的正负变化反映人口空间集聚或分散的速度变化（见表 11-12）。

表 11-12　　　　　　　ROXY 指数评价意义

ROXY	发展态势	ΔROXY	发展阶段	代号
+	聚集	+	加速聚集	AE
		0	恒定	CE
		-	减速聚集	DE
0	中和（均匀分布）	+	开始加速聚集	AE
		0	中和	N
		-	开始加速分散	AD
-	分散	+	减速分散	DD
		0	恒定	CD
		-	急速分散	AD

---

① KAWASHIMA T. Aged population in spatial cycles: ROXY index analysis for Chuo-line region in Tokyo metropolitan area [J]. Gakushuin Economic Paper, 1994, 31 (1): 13-35.

第11章 空间集聚：人工智能对我国就业影响的地区差异研究

案例选取 2000~2002 年、2003~2005 年、2006~2008 年、2009~2011 年、2012~2014 年、2015~2017 年、2018~2020 年 7 个时间阶段，对太原都市圈人口空间分布演化进行分析。由于考察时期隔 2 年，因而需要对公式进行调整来计算 ROXY 指数，以 2000~2002 年为例，首先计算 2 年期的人口年平均增长率，再计算其中的人口作为权重，各年数据均依次做调整，ΔROXY 的值是前后 ROXY 指数之差除以 2，同时假设 2000~2002 年的 ΔROXY 值为 0，计算公式为 $r = \sqrt{\frac{P_{t+2}}{P_t}} - 1$，$P_a = P_t(1+r)$，其中 r 为人口年平均增长率，$P_t$ 为 t 年区域人口，2 年后该区域人口为 P_{t+2}。P_a 表示该阶段内的期中人口（见表 11-13）。

表 11-13 2000~2020 年太原都市圈 ROXY、ΔROXY 指数

年份	WAGR	SAGR	ROXY	ΔROXY	发展态势及代码
2000~2002	0.00590	0.00615	-397.31440	0.00000	分散
2003~2005	0.00544	0.00556	-226.29339	85.51051	减速分散（DD）
2006~2008	0.00481	0.00492	-217.15739	4.56800	减速分散（DD）
2009~2011	0.05518	0.03785	4578.66962	2397.91351	加速集聚（AE）
2012~2014	0.01009	0.00563	7918.91345	1670.12191	加速集聚（DE）
2015~2017	0.01260	0.00679	8554.36991	317.72823	加速集聚（AE）
2018~2020	0.01004	0.00441	12746.66758	2096.14883	加速集聚（AE）

太原都市圈人口空间分布总体上集聚趋势明显，经历了"分散—减速分散—加速集聚"的三个阶段（见图 11-13）。2000~2020 年太原都市圈 ROXY 指数正负交替，说明太原都市圈人口处于聚集和分散的动态变化阶段。2000~2002 年 ROXY 指数为负（假定起初 2 年 ΔROXY 值为 0），反映这 2 年间人口呈现空间分散状态。2003~2005 年和 2006~2008 年太原都市圈人口 ROXY 指数均为负而 ΔROXY 为正，表明该区域人口处于减速分散阶段。2009~2011 年、2012~2014 年、2015~2017 年、2018~2020 年四个时间段，ROXY 指数和 ΔROXY 均为正、且变化均较明显，说明该阶段人口呈现加速集聚态势，人口开始向都市圈核心区集聚。总体而言，2000~

2008年太原都市圈人口呈现空间分散分布，2009~2020年太原都市圈人口空间集聚态势明显。

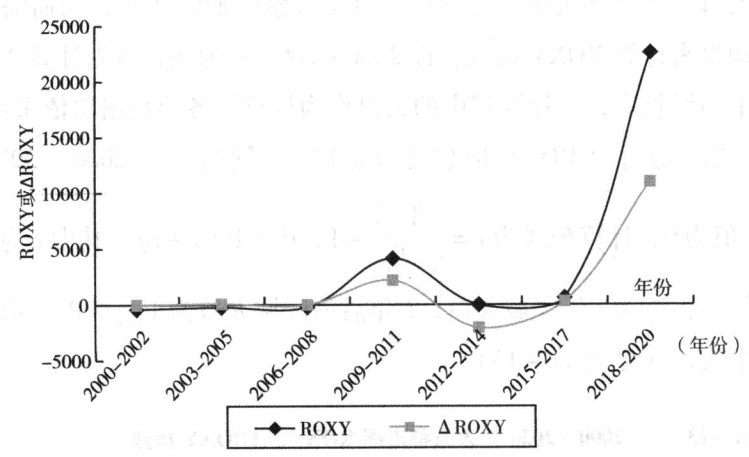

图 11-13　2000~2020 年太原都市圈 ROXY、ΔROXY 指数趋势

（2）太原都市区为太原都市圈人口集聚的核心区域。

根据人口分布密度公式 $D = \dfrac{P}{A}$（其中，A 表示地域面积，P 表示地域人口，D 为人口密度），可以测算出 2000~2020 年太原都市圈内各区域人口密度。从 2020 年太原都市圈的人口密度来看，太原都市区即太原市区，其中小店区、迎泽区、杏花岭区、万柏林区的人口密度均超过 2000 人/km²。人口密度在 1000~2000 人/km² 的有太原市的尖草坪区、晋源区，阳泉市区的人口集聚程度也较高。另外，人口密度在 500~1000 人/km² 的有 4 个地区，分别为晋中市区（榆次区）、清徐县、介休市和孝义市。人口密度分布在 250~500 人/km² 的地区有 7 个，包括忻府区、祁县、太谷区、平遥县、文水县、汾阳市、离石区 7 个地区。此外，有 10 个地区人口密度较低，处在 0~250 人/km²，分别为阳曲县、古交市、平定县、盂县、寿阳县、原平市、定襄县、交城县、柳林县和中阳县。太原都市圈内各区域人口空间分布呈现显著差异。

图 11-14 分别选取第五次、第六次和第七次全国人口普查，分析太原都市圈人口密度变化情况。太原市的小店区和万柏林区人口密度分别由

2000年的1665.68人/km²、1826.64人/km²增加到2020年的4626.644人/km²和3127.546人/km²,由人口较密集区成为人口高度密集区,体现了人口向核心区域的集聚。晋源区人口分布密度虽由2000年的628.20人/km²增长到1110.268人/km²,但与太原其他区相比,人口密度较低。吕梁市区(离石区)、柳林县和孝义市人口密度均有明显增长,表现出吕梁市区聚集人口的能力在提升。整体看来,太原市区的人口密度最大,吕梁市区和阳泉市区的人口密度也在显著增大,表现出较强的人口集聚能力,这符合"一核一圈三群"城镇化战略规划发展方向。

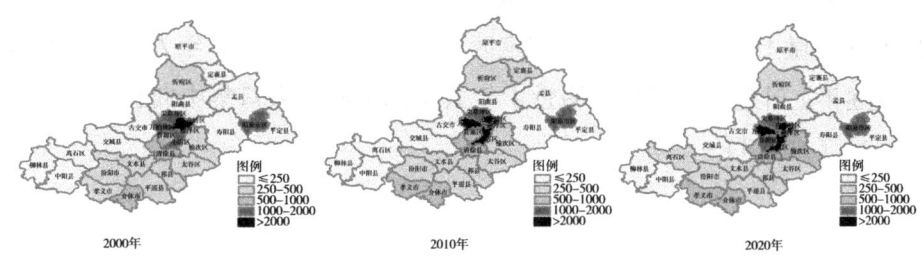

图 11-14　太原都市圈人口分布密度对比示意图（2000年、2010年、2020年）

表 11-14 显示人口分布密度数据的统计信息,可见太原都市圈人口密度的最低值随时间变化不等,主要是因为阳曲县作为人口密度最低的地区,人口密度先升再降,但变化幅度均不大。但人口密度的最高值随时间变化而持续增长,这是由太原市迎泽区的人口密度不断提升带来的。人口密度的均值呈现平稳上升,但标准差随着时间持续扩大,表明太原都市圈内人口密度在增长的同时,人口密度的区域分化差异在加剧。

表 11-14　　　　　2000~2020年太原都市圈人口分布密度统计

年份	人口密度（人/km²）			
	最小值	最大值	平均值	标准差
2000	69.01	4500.33	692.52	1000.29
2010	58.43	5665.15	854.24	1299.75
2020	62.49	5683.12	1007.93	1545.30

人口集中指数也可以清晰刻画区域内人口是集中分布在特定区域,还是均等分布在各区域内。人口集中指数越大,即越接近于1,则表明地区人口越集中分布在特定区域中;人口集中指数越小,即越接近0,则表明区域人口越均等分布在各区域内。人口集中指数定义为: $C = \dfrac{\sum |X_i - Y_i|}{2}$,其中, C 表示人口集中指数, X_i 、 Y_i 分别表示 i 区域人口占比和面积占比。经计算,可得到都市圈2000~2020年的人口集中指数。整体来看,人口集中指数呈现上升态势,体现出太原都市圈人口集中发展的态势。分段考察发现,2000~2009年整体呈下降趋势,表明此时间段内人口分布呈分散型均衡,2009年轻微上升,人口开始向特定区域集中。2010~2020年人口集中指数呈现逐年上升趋势,同样表明近十年太原都市圈内人口集中向核心区集聚的趋势(见图11-15)。

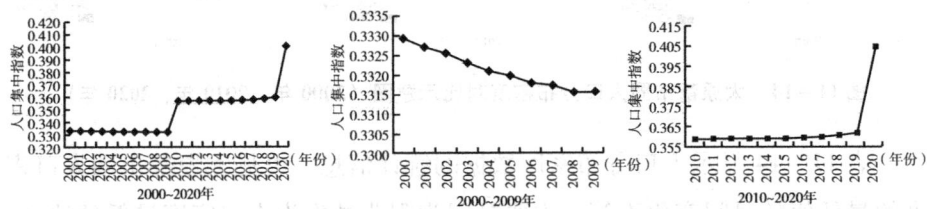

图11-15 太原都市圈人口集中指数

为了更加客观反映太原都市圈和都市区人口密度情况,我们将其和全国平均水平及京津冀都市圈进行了对比,如图11-16所示。太原都市圈人口密度高于全国人口密度,低于京津冀都市圈人口密度。太原都市区作为太原都市圈核心区域,其人口密度高于京津冀都市圈。2020年,太原都市圈的人口密度为395人/km²,全国的人口密度为147人/km²,反映出太原都市圈人口密度较高,人口集聚能力较强。同期京津冀都市圈人口密度506人/km²,太原都市区的人口密度为962人/km²,可见与京津冀都市圈相比,太原都市圈整体集聚人口的能力仍不足,但核心区域的集聚能力已相对显现。

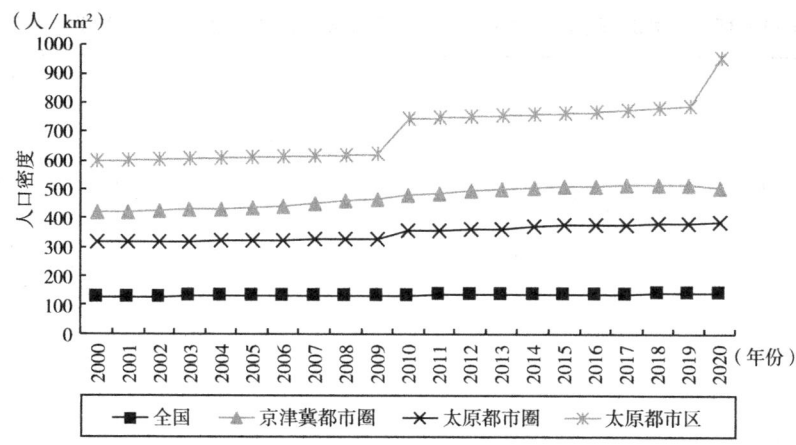

图 11-16　太原都市圈、太原都市区、京津冀都市圈及全国人口分布密度对比

(3) 太原都市区作为都市圈核心区于近十年逐步形成。

为全面反映太原都市圈人口变动趋势，研究采用"平均变化率"对都市圈人口变动进行测度，综合运用算术平均变化率、几何平均变化率、连续平均变化率，并将太原都市圈人口变动分为两个阶段，即 2000~2009 年和 2010~2020 年。① 假定在统计年间变化呈线性关系，设算术平均变化率为 a，在 t 年区域人口为 P_t，n 年后区域人口为 P_{t+n}，令 $\bar{P} = \dfrac{P_t + P_{t+n}}{2}$，则人口算术平均变化率为 $a = \dfrac{P_{t+n} - P_t}{n\bar{P}}$。假定变化每年以几何级数或复利形式变化，设几何平均变化率为 g，则 $g = \sqrt[n]{P_{t+n} - P_t} - 1$。假定人口变化以连续函数的形式，设连续变化率为 m，则 $m = \dfrac{\ln P_{t+n} - \ln P_t}{n}$。利用以上三个公式，分别计算出 2000~2009 年、2010~2020 年两个阶段全国、京津冀、太原都市圈及太原都市区（都市圈核心区域）的人口平均变化率（见表 11-15）。

---

① 由于太原都市圈人口统计数据显示其 2009~2010 年增长较快，为了避免其余年份的人口变动趋势因此削弱，故将人口平均变化情况分段分析。

表 11 – 15　太原都市圈、太原都市区、京津冀都市圈及全国人口平均变化率对比

年份	地区	算术平均 a（%）	几何平均 g（%）	连续平均 m（%）
2000~2009	全国	0.57	0.57	0.57
	京津冀都市圈	1.26	1.27	1.26
	太原都市圈	0.56	0.56	0.56
	太原都市区	0.49	0.49	0.49
2010~2020	全国	0.51	0.52	0.52
	京津冀都市圈	0.54	0.54	0.54
	太原都市圈	1.12	1.13	1.13
	太原都市区	2.56	2.61	2.57

数据表明，三种方法的计算结果基本一致。2000~2009 年太原都市圈的人口平均变化率与全国基本持平，低于京津冀都市圈的人口增长水平。太原都市区人口平均变化率为 0.49%，低于太原都市圈整体 0.07 个百分点，说明在 2000~2009 年太原都市区集聚人口的能力较弱，都市圈核心区域尚未形成。2010~2020 年太原都市圈人口平均变化率高于全国平均水平，且太原都市区的人口变化也有大幅提升并远高于京津冀都市圈人口平均变化率。由此可见，近十年太原都市圈人口向核心区域加速集聚，太原都市区集聚人口的能力在稳步提升。

（4）太原都市圈核心区集聚能力增强但外围区集聚能力减弱。

人口变化贡献度主要测算各区域人口变化对全域变化的贡献程度，若 $C_D = P_{t+n} - P_t$，其中 C_{Di}、C_{Dt} 分别表示 i 区域和全域的人口变化量，则人口变化贡献度指数为 $H_i = \dfrac{C_{Di}}{C_{Dt}} \times 100$。利用公式可以测算出 2000~2009 年、2010~2020 两个阶段太原都市圈内各区域人口变化贡献度（见图 11 – 17）。太原都市区对整个太原都市圈的人口变化贡献度由第一阶段的 34.64 增长至第二阶段的 109.34，表明人口逐步向太原都市区集聚的趋势。具体分析各区域，贡献度较高的地区有太原市的小店区、杏花岭区、万柏林区、晋中市区和吕梁市区。两阶段对比，贡献度提升的地区是太原市的小店区、杏花岭区、尖草坪区、万柏林区、晋源区、晋中市区、吕梁市区，说明太原都市圈核心区人口增长势头较猛，吕梁市区吸纳人口能力也较强。贡献

度减少但仍有贡献的地区除了迎泽区、阳曲县和太谷区之外，多集中在太原都市区外围区域，包括清徐县、古交市、阳泉市区、介休市、忻州市区和孝义市，这些地区吸纳人口的能力在降低。而平定县、盂县、寿阳县、祁县、平遥县、定襄县、原平市、文水县、柳林县、交城县、中阳县和汾阳市，这些都市圈外围地区对太原都市圈人口变化的贡献度为负，太原都市圈内部人口集聚能力差异较大。

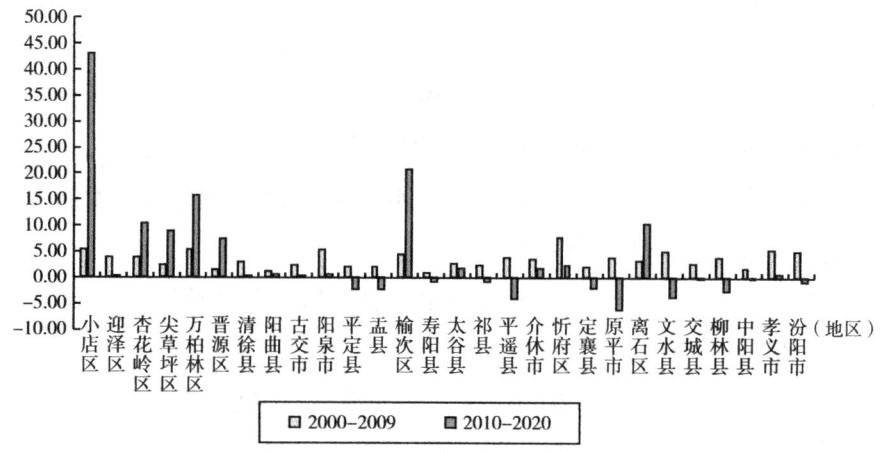

图 11-17 太原都市圈各区域人口变化贡献度

11.6.2.2 太原都市圈产业空间分布与城市功能分工

（1）指标选取和数据来源。

从产业空间布局来看，都市圈城市功能分工表现为生产性服务业集中于核心区，制造业则在外围区形成聚集，核心区发挥生产性服务功能，外围区发挥生产制造功能。研究选取区位熵指标对太原都市圈产业空间布局进行分析，并据此判断其是否呈现城市间功能分工特征。区位熵又称为专门化率，通过衡量某地区要素在空间的集聚程度，进而反映该地区某产业的优劣势。区位熵公式为：$LQ_{ij} = \dfrac{\dfrac{E_{ij}}{\sum_j E_{ij}}}{\dfrac{\sum_i E_{ij}}{\sum_{ij} E_{ij}}}$。其中，$E_{ij}$ 为 i 城市 j 产业的从业人数，$\sum_i E_{ij}$ 为研究区域各城市 j 产业的总的从业人数，$\sum_j E_{ij}$ 为 i 城市所有产业的从业人数，$\sum_{ij} E_{ij}$ 为整个研究区域的总从业人数。当 $LQ_{ij} > 1$ 时，表明 j 产业属于 i 城市的专业化部门，与其他城市相比该产业竞争力较强，值越大竞争力越强；当 $LQ_{ij} < 1$ 时，表明 j 产业不属于 i 城市的专业化部门，与其他城市相比该产业竞争力较弱，且值越小竞争力越弱。

本研究对太原都市圈5个核心城市进行测度和分析，数据来源于2004～2020年《中国城市统计年鉴》。在制造业和生产性服务业的选取上，借鉴陈国亮（2009），陈建军、陈菁菁（2011）的方法，将生产性服务业确定为以下6个行业：信息传输、软件和信息技术服务业，金融业，房地产业，交通运输、仓储和邮政业，租赁和商务服务业，科学研究和技术服务业。生产制造业包括制造业一个行业。

（2）城市功能分工格局：核心区生产服务功能凸显且外围区生产制造功能初步显现。

整体来看，太原都市圈初步形成生产性服务业在中心城市集聚，制造业向外围城市转移的产业格局，中心城市和外围城市间的功能分工出现。表11-16、表11-17与表11-18分别为太原都市圈5个核心城市制造业、生产性服务业与生产性服务业细分行业的区位熵值。太原都市圈中心城市（太原、晋中）的生产性服务业与制造业集聚程度均较高，外围城市的产业集聚度不高。具体来讲，太原市的制造业集聚程度最高，生产性服务业中科学研究和房地产行业的集聚程度较高，晋中市的制造业集聚程度次之，生产性服务业在金融、信息传输和租赁行业的集聚程度较高，其他城市的产业优势不突出。

从制造业的空间分布来看（见表11-16），2003年太原都市圈区位熵值大于1的城市有太原和晋中，分别为1.1012和1.3129，吕梁市的区位熵值不足0.5，说明2003年太原都市圈的制造业主要集聚于太原和晋中，吕梁市的制造业集聚程度最低。2010年晋中市的区位熵值开始小于1，太原市仍保持在原有水平，忻州、阳泉和吕梁市的区位熵值仍小于1，说明2010年太原市制造业集聚程度仍较高，晋中市的制造业集聚程度有所下降。2019年太原市区位熵值较2010年提高了2%，晋中市进一步下降，忻州、阳泉与吕梁市的区位熵值仍低于1，吕梁市仍为最低，说明太原市制造业集聚程度最高，晋中市的制造业集聚程度有所下降，忻州、阳泉与吕梁市的制造业集聚程度较低。

表11-16　　　　　　　太原都市圈制造业区位熵值

年份	太原市区	阳泉市区	忻州市区	晋中市区	吕梁市区
2003	1.1012	0.6131	0.7747	1.3129	0.4394
2004	1.1448	0.5154	0.7970	1.2782	0.3426
2005	1.1564	0.4912	0.5880	1.2694	0.6914
2006	1.1669	0.4456	0.5506	1.1894	0.8688
2007	1.1598	0.4489	0.5113	1.1684	0.9503
2008	1.1492	0.4400	0.5601	1.1772	1.0229
2009	1.1890	0.4899	0.5516	1.0737	0.0687
2010	1.2057	0.4430	0.5376	0.8919	0.5791
2011	1.2539	0.4984	1.0153	0.9038	0.2504
2012	1.1763	0.4882	0.5336	0.9858	0.6752
2013	1.2134	0.5812	0.5791	0.8548	0.1328
2014	1.1702	0.5942	0.6391	0.7992	0.0886
2015	1.1726	0.6948	0.6631	0.7221	0.0665
2016	1.1893	0.6086	0.5075	0.7860	0.0611
2017	1.2158	0.5823	0.5031	0.6643	0.0701
2018	1.2067	0.5112	0.5325	0.7681	0.0775
2019	1.2273	0.4418	0.3837	0.8166	0.0442

注：表中数据根据2004~2020年的《中国城市统计年鉴》计算得出。

从生产性服务业空间分布来看（见表11-17），太原市近17年的区位熵（除2013年、2019年以外）均大于1，阳泉市始终小于1，吕梁市多数情况小于1，晋中市2007年后区位熵始终大于1，忻州市2005年后区位熵始终大于1。2003年生产性服务业区位熵值大于1的城市只有太原1.1035，说明2003年只有太原市的生产性服务业集聚程度较高，2004年晋中市、吕梁市的区位熵大于1，说明2004年晋中市、吕梁市的生产性服务业集聚程度有所提高，2007年以后太原、晋中和忻州的区位熵均大于1，说明2007

年太原、晋中和忻州的生产性服务业集聚程度开始提升，2016年晋中市区位熵为1.2920，居5个城市最高，同时较2003年提高了近39%，忻州市1.1902高于太原市，阳泉市只有0.4971，吕梁市0.7936较2003年下降了约0.17。这说明太原市的生产性服务业集聚程度始终较高，阳泉市和吕梁市始终较低，晋中市和忻州市近些年生产性服务业的集聚程度有所提高。

表11-17　　　　　　太原都市圈生产性服务业区位熵

年份	太原市区	阳泉市区	忻州市区	晋中市区	吕梁市区
2003	1.1035	0.6712	0.8228	0.9294	0.9719
2004	1.0814	0.6720	0.9231	1.0091	1.1076
2005	1.0955	0.5706	1.2182	0.9580	1.0121
2006	1.1141	0.5137	1.2818	0.9460	0.8500
2007	1.0727	0.5410	1.3916	1.1062	0.8260
2008	1.0592	0.5289	1.3749	1.2497	0.8677
2009	1.0576	0.5251	1.3864	1.1860	0.9893
2010	1.0567	0.5246	1.2779	1.2982	0.9370
2011	1.0843	0.5418	1.3421	1.6499	0.4608
2012	1.0075	0.5533	1.4158	1.6504	0.9145
2013	0.9572	0.5925	1.6024	1.5509	1.2121
2014	1.0680	0.4129	1.1652	1.3035	0.8281
2015	1.0644	0.4682	1.1257	1.4628	0.7191
2016	1.0652	0.4971	1.1902	1.2920	0.7936
2017	1.0315	0.4934	1.1921	1.5290	0.7899
2018	1.0600	0.5269	1.1068	1.2906	0.7835
2019	0.9434	0.8737	1.3015	1.3906	1.0446

资料来源：根据2004~2020年的《中国城市统计年鉴》计算得出。

从生产性服务业细分行业的空间分布来看（见表11-18），2003年太原市交通运输、科学研究行业的区位熵最高，房地产、信息传输和租赁行业的区位熵大于1。晋中市房地产、金融、信息传输行业的区位熵最高，阳泉市租赁行业的区位熵最高，吕梁市金融和信息传输行业的区位熵大于

1。2003 年数据说明太原市在交通运输和科学研究领域处于领先地位，房地产、信息传输和租赁行业的集聚程度较高，晋中市在房地产、金融和信息传输领域的集聚程度较高；阳泉市在租赁行业集聚程度最高，吕梁市和忻州市在这六大行业的集聚程度较低。2008 年太原市仍保持交通运输和科学研究行业最高值，租赁行业的区位熵大于 1。晋中市房地产、信息传输行业的区位熵保持最高，科学研究、金融和租赁行业的区位熵大于 1。忻州市在金融业和信息传输业的区位熵超过晋中市成为最高。阳泉市租赁业的区位熵仍最高。2008 年数据说明太原市保持原有产业优势，但信息传输行业的集聚程度有所下降，晋中市在科学研究行业的集聚程度提高，忻州市在金融和信息传输行业集聚程度较高。2013 年太原市继续维持原有产业优势，科学研究行业的区位熵最高，除交通运输和金融行业外其他行业的区位熵均高于 1。晋中市交通运输、金融业、信息传输、租赁行业的区位熵最高，除科学研究和房地产行业外其他行业的区位熵均高于 1。阳泉市租赁行业的区位熵与前些年相比有所下降，说明太原市和晋中市在这些行业的集聚程度较高。2019 年太原市在科学研究和房地产业的区位熵最高，其余行业的区位熵值均小于 1，晋中市在交通运输、金融、信息传输、租赁行业的区位熵较高，忻州市在交通运输、金融、信息传输、租赁行业的区位熵高于 1，阳泉市和吕梁市除个别行业的区位熵高于 1 外，其他行业集聚程度均较低。2019 年数据说明太原市和晋中市分别在不同的生产性服务行业优势突出，太原市在科学研究和房地产行业优势突出，晋中市在交通运输、金融、信息传输和租赁行业优势突出，其他城市功能分工的优势产业尚不明显。

表 11-18　　太原都市圈生产性服务业细分行业区位熵值

年份	核心城市	交通运输	科学研究	房地产	金融业	信息传输	租赁
2003	太原市区	1.1081	1.2677	1.0803	0.9535	1.0704	1.0754
	阳泉市区	0.8468	0.2038	0.6143	0.6300	0.5217	1.1563
	忻州市区	0.8217	0.6446	0.7045	1.3792	0.4653	0.3315
	晋中市区	0.4359	0.8679	1.5414	1.6764	1.5838	0.8865
	吕梁市区	1.2505	0.3557	0.4212	1.3743	1.3911	0.1982

续表

年份	核心城市	交通运输	科学研究	房地产	金融业	信息传输	租赁
2008	太原市区	1.1460	1.2729	0.9546	0.8222	0.7945	1.0041
	阳泉市区	0.4903	0.1373	0.7115	0.6425	0.2082	1.4033
	忻州市区	1.1207	0.6168	0.2459	2.4263	3.6457	0.2531
	晋中市区	0.8101	1.0459	2.7105	1.8783	2.1853	1.1156
	吕梁市区	0.8040	0.3837	0.6629	1.5767	1.4224	0.2274
2013	太原市区	0.7955	1.2799	1.1355	0.7370	1.0219	1.0427
	阳泉市区	0.9097	0.2473	1.0153	0.5360	0.3285	0.6787
	忻州市区	2.1353	0.7338	0.7423	1.7425	2.0578	1.5310
	晋中市区	1.6815	0.8450	0.3885	2.7739	1.1564	1.0491
	吕梁市区	1.5452	0.1603	0.4864	2.0471	1.4191	0.7295
2019	太原市区	0.8218	1.2014	1.1598	0.8800	0.8454	0.8962
	阳泉市区	1.0153	0.5037	0.8850	0.5558	0.6786	1.8140
	忻州市区	2.2290	0.6089	0.4832	1.5075	1.4955	1.0522
	晋中市区	1.6223	0.5601	0.5333	1.9701	1.6198	1.0202
	吕梁市区	1.0018	0.5131	0.4072	1.3890	2.2853	0.4868

资料来源：根据2004~2020年的《中国城市统计年鉴》计算得出。

图11-18、图11-19分别表示太原都市圈制造业与生产性服务业的区位熵随时间变动趋势。近年来太原都市圈的产业布局呈现制造业向阳泉和忻州转移，生产性服务业向太原和晋中集聚的特征。具体从制造业区位熵变化可以看出（见图11-18），太原市制造业区位熵变动较小，基本维持在1.2左右，晋中和吕梁近年来呈现下降趋势，忻州和阳泉呈现波动上升趋势，说明太原市仍保持原有的制造业产业优势，晋中市出现制造业向外转移趋势，忻州和阳泉制造业集聚程度提高，太原都市圈制造业呈现出由晋中向阳泉和忻州转移的趋势。生产性服务业区位熵的变化可以看出（见图11-19），太原市生产性服务业区位熵变动不大，晋中市近年来呈现明显上升趋势，产业集聚程度不断提升，忻州市2013年以来波动下降，吕梁市和阳泉市始终保持在较低水平，说明太原都市圈生产性服务业向核心区（太原市和晋中市）集聚趋势显著。

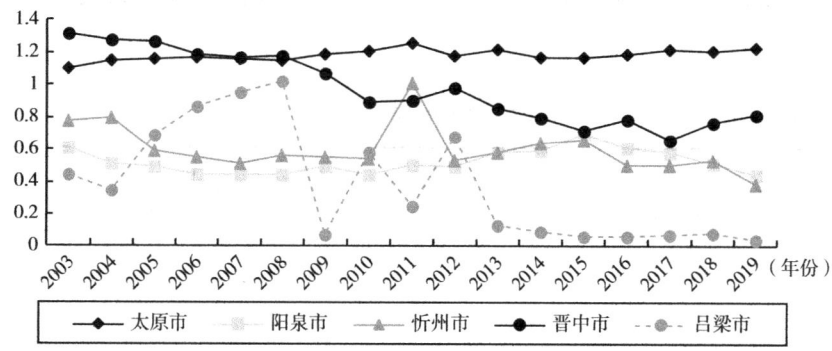

图 11-18 太原都市圈制造业区位熵变动

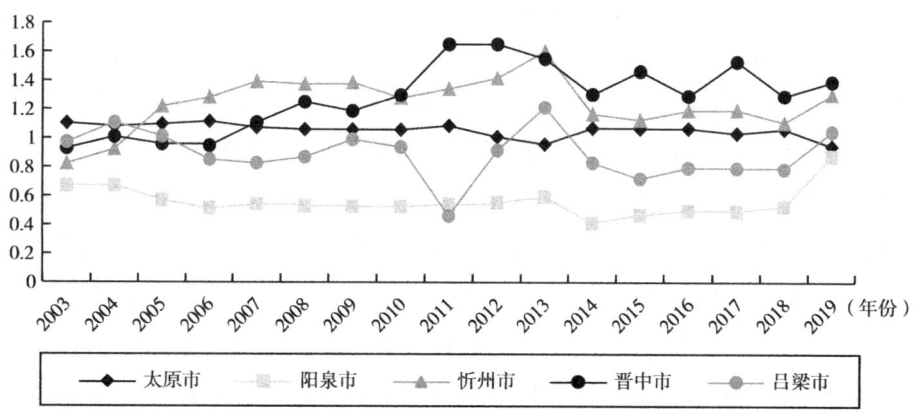

图 11-19 太原都市圈生产性服务业区位熵变动

11.6.2.3 人口与产业不一致性测度

(1) 测度指标：构建不一致性指数。

不一致指数 IC 反映人口与产业的不匹配程度，用经济地理集中度与人口地理集中度的比值表示。人口地理集中度用地区人口占全国人口百分比与该地区面积占全国国土面积百分比的比值来表示。经济地理集中度用地区 GDP 占全国 GDP 百分比与该地区面积占全国国土面积百分比的比值表示。不一致指数大于 1 属于产业集聚超前人口集聚，不一致指数等于 1 表明人口与产业集聚基本协调，不一致指数小于 1 则为产业集聚滞后于人口集聚。参照封志明和刘晓娜（2012）研究方法，我们将该指数具体分类如表 11 - 19 所示。

表 11 - 19　　　　　　　　　不一致指数分类标准

类别	IC
产业集聚远低于人口集聚	IC≤0.50
产业集聚略低于人口集聚	0.50 < IC < 0.80
人口经济基本一致	0.80≤IC≤1.20
产业集聚略高于人口集聚	1.20 < IC < 2.0
产业集聚远高于人口集聚	IC≥2.0

（2）太原都市圈产业集聚优势不明显。

图 11 - 20 是太原都市圈与京津冀都市圈不一致指数对比图。2006 ~ 2020 年两大都市圈不一致指数整体呈下降趋势，且太原都市圈的不一致指数低于京津冀都市圈。京津冀都市圈不一致指数由 2006 年的 1.49 下降到 2020 年的 1.08，人口与产业空间分布趋于一致。太原都市圈的不一致指数呈现波动下降，由 2006 年的 1.11 下降到 2020 年的 0.79，说明太原都市圈经历了产业集聚高于人口集聚向人口集聚高于产业集聚的转变，都市圈人口集聚力超过产业集聚力，综合太原都市圈发展阶段与发展水平，在智能经济引发新一轮区域竞争格局中，太原都市圈产业基础和产业竞争力仍相对较弱，未能有效发挥其产业集聚优势，故目前都市圈发展的重点应是着

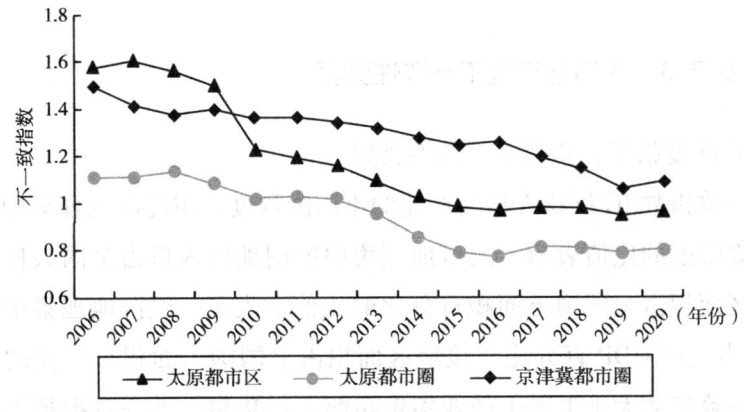

图 11 - 20　太原都市圈与京津冀都市圈不一致指数变化趋势对比

力提升产业集聚能力并带动人口集聚,缺乏产业战略规划的地区人才政策,是不具有长远性和可持续性的。

对于太原都市圈的核心区域太原都市区而言,不一致指数在 2010 年之前,大于京津冀都市圈,之后随着太原都市圈人口增加(2010 年太原都市圈的核心区人口增加 20%),尤其是小店区、迎泽区、杏花岭区和万柏林区,使不一致指数于 2010 年低于京津冀。2010 年之后,太原都市区的不一致指数低于京津冀,且两者持续下降。2017 年,太原都市圈区不一致指数出现轻微上升。可见,太原都市圈目前的人口主要仍集中在核心区域,若能在此基础上培育都市圈的多中心结构,对其内部协调发展有积极的促进作用。

(3)太原都市圈内部城市功能分工优势不突出、产业协同水平不高。

我们进一步对太原都市圈内部各地区人口与产业不一致指数展开研究,发现不一致指数存在明显的空间差异(见图 11-21)。2020 年太原都市圈内各地区不一致指数显示,核心地区经济集聚显著高于人口集聚,而边缘地区经济集聚弱于人口集聚。具体来说,人口经济基本一致的地区有太原市尖草坪区、小店区、阳泉市区、柳林县、中阳县和孝义市。而人口集聚弱于经济集聚、不一致指数大于 1.2 的地区有杏花岭区和迎泽区,这些地区在将来或可吸纳更多人口。而人口集聚强于经济集聚的有太原市万柏林区、晋源区、清徐县、阳曲县、古交市、平定县、盂县、晋中市区、寿阳县、太谷区、祁县、平遥县、介休市、忻州市区、定襄县、原平市、吕梁市区、文水县、交城县,表明此类地区未来人口集聚的潜力不足,应加快经济发展和产业升级,解决现有人口就业问题。特别是太原市晋源区、古交市、晋中市区、祁县、平遥县、忻州市区、定襄县、原平市、吕梁市区、文水县,不一致指数小于 0.5,经济集聚远低于人口集聚。

2006 年,太原市小店区、迎泽区、尖草坪区的不一致指数均超过 2,经济集聚远高于人口集聚,随着时间推移有下降态势,小店区和尖草坪区的不一致指数分别下降 1.08 和 0.95,说明 2006~2020 年,此类地区的人口集聚速度较快,缓解了人口与产业较高的不一致性,人口与产业达到了基本匹配。而迎泽区在 2006~2020 年,不一致指数先下降后上升,仍处于

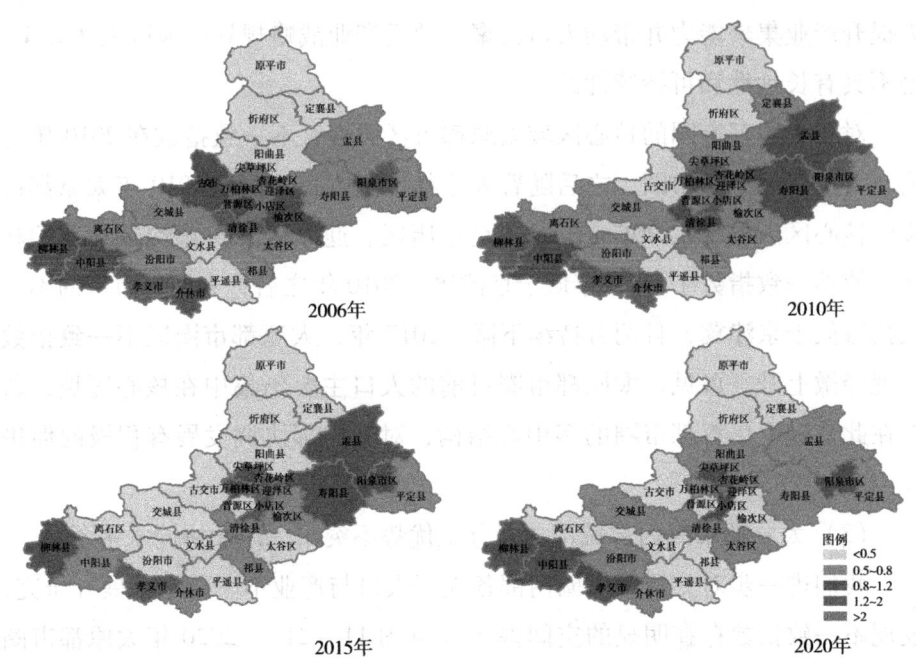

图 11-21 太原都市圈不一致指数变化示意图

产业集聚远高于人口集聚的阶段，产业的快速发展可以带动人口集聚，目前来看，迎泽区仍需吸纳大量的人口。太原杏花岭区不一致指数始终维持在 1.2~2，经济集聚略高于人口集聚。万柏林区由 2006 年的 1.76 持续下降到 2020 年的 0.71，目前处于产业集聚略低于人口集聚状态，应加快产业发展。晋源区和清徐县下降较为明显，分别由 2006 年的 1.14、1.29 下降到 2017 年的 0.34 和 0.70，进入经济集聚远低于人口集聚的阶段，应特别注意该地区产业升级和产业结构调整。阳曲县、古交市、太谷区、平定县、榆次区、祁县、平遥县、定襄县、原平市、忻州市区、文水县、交城县、汾阳市的不一致指数均长期处于 0.8 之下，特别是古交市不一致指数下降较为明显，由 2006 年的 0.87 下降到 2020 年的 0.24。由于紧邻都市圈核心区而虹吸效应显著，此类区域应注重新兴产业的培育，融入都市圈城市产业功能分工的大格局中，通过产业协同实现区域内协调。阳泉市区、孝义市的不一致指数在 2006~2013 年、2006~2018 年处于 1.2~2，产业聚集略高于人口集聚，经济发展较好，对人口的吸引力较强。但近几年两个地区不一致指数均呈现出下降趋势,处于 0.8~1.2,人口集聚与产业集聚基本持平。

整体看来,太原都市圈呈现出核心区域人口集聚能力相对不足,城市包容性还不高;边缘区域产业集聚能力不足,未能充分协同核心区域功能分工、发挥产业优势,都市圈区域协同发展程度较低。

11.6.3 太原都市圈人口与产业匹配度实证检验

(1) 模型构建。

研究借鉴蔡翼飞(2012)、闫东升(2017)的研究方法,通过设定都市圈人口与产业不一致指数计量模型,论证太原都市圈人口与产业不匹配的影响因素及其影响程度。我们将初始模型设定为 Ic = f(Lb, ROI, Fin),其中,Ic(index of inconsistency)表示人口与产业的不一致指数,代表人口与产业不匹配程度;Lb 为人口流动壁垒;ROI 为区域投入产出率;Fin 为区域政策指数。模型(11.7)设定为:

$$\ln Ic_{it} = \beta_0 + \beta_1 \ln Lb_{it} + \beta_2 \ln ROI_{it} + \beta_3 \ln Fin_{it} + \gamma \ln X + \mu_{it} \tag{11.7}$$

其中,Ic_{it} 表示都市圈内 i 地区 t 年的人口与产业不一致指数,i 表示太原都市圈 28 个地区中的第 i 个地区,t 表示第 t 年,β_0 为常数项,β_1 为人口流动壁垒弹性(即人口流动壁垒变动对人口与产业不一致指数的影响程度),β_2 为区域投入产出率的弹性系数(即投入产出率变动对人口与产业不一致指数的影响程度),β_3 为区域政策指数的弹性系数(即区域政策变动对人口与产业不一致指数的影响程度),X 为控制变量,γ 为控制变量的影响系数,μ_{it} 则是随机误差项。

我们认为,区域经济发展过程中产业结构对人口与产业的协同发展非常重要,人才作为首要的生产要素已然成为各个地区重要的经济变量,但忽视地区产业布局和产业结构,盲目引入不可取。如何在认清本地区产业特色与优势的前提下,制订适合于本地经济发展的人才政策,是区域经济高质量发展的关键。基于上述观点,重点研究区域经济发展水平及产业结构对人口与产业不匹配度的影响,并引入以下控制变量:代表经济发展水

平的人均生产总值 P_{GDP}、第二产业比重 $Sector_2$ 和第三产业比重 $Sector_3$，加入控制变量后的模型如下：

$$\ln Ic_{it} = \beta_0 + \beta_1 \ln Lb_{it} + \beta_2 \ln ROI_{it} + \beta_3 \ln Fin_{it} + \beta_4 \ln P_{GDP_{it}} + \beta_5 \ln Sector_{2_{it}}$$
$$+ \beta_6 \ln Sector_{3_{it}} + \mu_{it} \qquad (11.8)$$

考虑到政策滞后性，模型解释变量中加入区域政策变量的一阶滞后项 $Fin_{i,t-1}$、二阶滞后项 $Fin_{i,t-2}$，由于 t 期被解释变量 Ic 也可能会受 t－1 期人口与产业不一致性影响，故在解释变量中加入 $Ic_{i,t-1}$，同时动态面板在一定程度上可解决内生性问题。至此，人口与产业不一致指数的动态面板模型构建完成：

$$\ln Ic_{it} = \beta_0 + \beta_1 \ln Lb_{it} + \beta_2 \ln ROI_{it} + \beta_3 \ln Fin_{it} + \beta_4 \ln Ic_{i,t-1} + \beta_5 \ln Fin_{i,t-1}$$
$$+ \beta_6 \ln Fin_{i,t-2} + \beta_7 \ln P_{GDP_{it}} + \beta_8 \ln Sector_{2_{it}} + \beta_9 \ln Sector_{3_{it}} + \mu_{it} \qquad (11.9)$$

（2）数据选取及指标处理。

由于山西省各县域城乡收入差距数据是从 2008 年《山西统计年鉴》开始统计，故研究选取 2008～2017 年共 10 年数据进行分析。本部分关注的太原都市圈共包括 28 个市县单元，模型样本截面数据为 28 个，形成动态面板数据。

人口与产业的不匹配程度用不一致系数 Ic 来表示，计算方法如前所述。人口流动壁垒 Lb 用各地区城乡收入差距与第二、第三产业增加值之比来表示，因为人口流动壁垒的存在，会进一步扩大城乡收入差距。同时为了剔除城市产业特征不同而带来的影响，我们用第二、第三产业增加值之比来描述城市产业结构特征。由于居民收入统计口径的调整，2014 年以后的农村居民人均纯收入均由农村居民人均可支配收入替代。投入产出率 ROI 采用当年的生产总值与全社会固定资产投资的比值来表示，其中各地区的 GDP 以 2008 年为基期，且剔除物价因素。由于县域层面的 GDP 指数无法获得，故利用各年度各县域所在省域的 GDP 平减指数对人均 GDP 进行折算。区域政策变动指标 Fin 用各地区财政支出与财政收入占全省份额之比来衡量。中央财政转移支付构成区域政策发挥所需的资金支持，故可用财政支出与财政收入之比来衡量不同区域财政转移支付的偏向程度，以此作为区域政策指数的代理变量。人均生产总值 P_{GDP} 参考闫东升和杨槿

(2017) 的方法进行了标准化处理，以各地区人均 GDP 与人均 GDP 最小城市的比值表示。第二产业比重 $Sector_2$、第三产业比重 $Sector_3$ 分别用地区第二、第三产业的生产总值占该地区生产总值的比例表示。

（3）实证结果分析。

根据设定模型，运用 Stata 14.0 软件依次进行回归，表 11-20 中给出了 3 个模型的估计结果。模型（11.8）和模型（11.9）为静态面板数据，Hausman 检验的结果均显示采用固定效应回归。模型（11.10）为动态面板数据，采用系统 GMM 方法进行回归，模型回归结果对比得出以下结论。

表 11-20 模型估计结果

被解释变量	不一致指数 lnIc		
解释变量	模型 1	模型 2	模型 3
lnLb	-0.4639 *** (-16.34)	0.6024 *** (5.81)	0.3039 * (1.81)
lnROI	0.1456 *** (6.26)	0.0626 *** (3.54)	0.1692 *** (25.65)
lnFin	0.4429 (0.77)	-0.0307 (-0.74)	0.0694 *** (2.99)
$lnIc_{t-1}$			0.5823 *** (23.02)
$lnFin_{t-1}$			-0.1130 ** (-2.25)
$lnFin_{t-2}$			-0.1026 ** (-2.08)
lnP_{GDP}		0.5635 *** (12.37)	0.2845 *** (6.90)
$lnsector_2$		0.7381 *** (6.60)	0.3208 ** (2.50)
$lnsector_3$		-0.9610 *** (8.70)	-0.3426 * (-1.84)

续表

被解释变量	不一致指数 lnIc		
解释变量	模型1	模型2	模型3
β_0	-0.0779*** (-2.93)	-1.6113*** (-11.90)	-0.7298*** (-3.23)
F	45.14 (0.00)	32.97 (0.00)	
Hausman Test	64.88 (0.00)	58.34 (0.00)	
Waldchi 2			12201.74 (0.00)
n	280	280	280

注：*、**和***分别表示在10%、5%和1%的水平上显著，括号内数字表示标准差。

第一，人口流动壁垒扩大人口与产业不匹配程度。虽然在未加入控制变量的模型（11.7）中，人口流动壁垒与不一致性呈反向变动（-0.4639），但加入控制变量后，模型更符合客观现实。模型（11.8）和模型（11.9）中，解释变量人口流动壁垒的系数均显示为正，表明流动壁垒会扩大人口与产业的不一致程度。

第二，投入产出效率加大人口与产业不匹配程度。模型（11.7）、模型（11.8）、模型（11.9）的投入产出率的系数均为正值，即投入产出率上升，区域人口与产业不一致性会扩大。模型（11.9）的系数值在3个模型中最大为0.1692，表明投入产出效率每上升1个百分点，人口与产业的不一致系数会上升0.1692个百分点。该结论证实了太原都市圈仍处于产业不断集聚的时期，投入产出率的增加引起产业集聚速度的加快，进而使不一致指数增大。

第三，区域经济政策缓解人口与产业不匹配程度。区域政策指标在前两个模型中不显著，当考虑政策实施的滞后效应后，政策变量指标显著。因此从模型（11.9）来看，考虑被解释变量的一阶滞后项和解释变量区域政策指标的一阶、二阶滞后项，可以看出 $\ln Fin_{i,t-1} \ln Fin_{i,t-2}$ 均在5%的水平上显著，其系数分别为-0.1130和-0.1026，表明区域经济政策在调整不一致性方面会有滞后影响，而且区域经济政策会在不同程度上降低人口与产业的不一致性。

第四，经济增长会使人口与产业的不一致指数增大。模型（11.9）结果表明，人均 GDP 每上升 1 个百分点，不一致系数会增加 0.2845 个百分点。可见，对于经济发展水平较低的地区（产业集聚弱于人口集聚），人均 GDP 可以有效提升人口与产业的一致性，产业结构优化升级的作用显著。而对于人口集聚弱于产业集聚的地区，人均 GDP 作为经济增长变量会加剧地区人口与产业的不一致性，地区经济发展应该更加关注经济发展质量，从城市制度建设和环境优化方面提升人口集聚能力。

第五，第二产业有助于地区产业集聚，第三产业则会促进地区人口集聚。无论是否考虑政策变量的滞后影响，第二产业对人口与产业不一致系数的影响均为正向，第二产业的发展以资本和机器设备投入为主，而且制造业效率提升会带来对劳动力的替代效应，因此第二产业的发展会扩大地区人口与产业的不一致性。第三产业对人口与产业不一致系数的影响均为反向，因为第三产业主要以生产、生活服务业为主，劳动力需求较大，发展第三产业可吸引大量人口集聚，缩小地区人口与产业的不一致性。

11.6.4 结论与启示

太原都市圈作为发展型都市圈，在走向现代化都市圈的过程中，需要遵循城市群发展规律，有效引导人口与产业发展。

（1）制订太原都市圈产业发展规划，落实配套产业发展的人才引进方案。太原都市圈内各级城市管理者，须贯彻落实国家发改委《关于培育发展现代化都市圈的指导意见》和山西省关于太原都市圈发展的战略规划，深刻认识城市群、都市圈比小城镇更节约土地与能源，更有活力和效率，更符合产业和人口集聚的经济社会发展规律。山西省应尽快制订太原都市圈城市规划和产业规划战略，配套实施包括人口、土地、技术等要素自由流动的市场化改革。积极推动农民工市民化、社保跨区域连接流动、户籍制度改革等配套政策，引导圈内各城市产业发展和人才引进相一致，结合都市圈内各城市产业特色与优势，落实和细化各地区的产业领军人才计划，摸清人才储备情况，制订产业创新发展的人才引进培育计划和行动方案。坚持有步骤、分阶段地逐步落实人才引进与产业发展规划，有效推动现代化太原都市圈的建设与发展。

（2）明确太原都市圈城市功能分工，依托产业融合优化人口空间布局。山西省在推进太原都市圈协调发展的过程中，各市、县（区）要根据自身经济现状，突出产业优势，打造特色产业，实现城市产业错位发展与功能互补，尽快建立都市圈内部各城市的协同发展机制，缩小晋中、阳泉、忻州、吕梁与太原市之间在医疗、教育、养老等规模和质量方面的差距。都市圈区域间依托交通、通讯、供电、供排水等硬件基础设施建设，形成合理分工关系和多元化功能组合的城市网络体系，增强外围城市的吸引力，培育融集聚效应和辐射效应于一体的大都市圈。太原市优先发展高端服务业和高新技术产业，大量培育和引进高端产业领军人才。晋中市主动承接先进制造业，重点发展房地产、金融和信息传输行业，保持现有的生产性服务业优势，积极吸引各级各类劳动力流入。阳泉、吕梁和忻州集中发展生产制造业和文化旅游产业，为技能型人才和劳动力流入创造环境和条件。

（3）提升太原都市圈第三产业竞争力，驱动人口与产业协同集聚。太原都市圈的各级各类政府及城市管理部门应高度重视第三产业的就业效应，依托互联网技术和大数据平台，积极培育新产业、新业态，创新人才流动模式。强化太原市科技创新、金融服务、商贸物流、教育文化等产业的核心竞争力，促进高端要素集聚，发挥在城镇集群和资源型经济转型中的核心引领功能。晋中、阳泉、忻州、吕梁作为外围城市，在第三产业发展中应重视服务业的产业层次，打造高端制造业产业服务链。充分利用互联网与大数据等新技术，结合区域内自然资源、文化资源、旅游资源以及红色资源，打造高端文化产业链。都市圈应加快引进和培养互联网技术人才和新兴行业技能型劳动力，在不同地区形成与产业特色相协调的人才集聚高地，促进都市圈产业与人口协同发展。

（4）消除人口流动障碍和壁垒，提高太原都市圈人口持续吸引力。城市的发展与繁荣依赖于城市人口的快速集聚，消除人口流动障碍和壁垒，营造有利于人才发展的环境，形成尊重人才、爱惜人才的良好社会氛围，是太原都市圈留住城市建设者的长远之举。政府部门应坚持以留人为本的引人战略，将人才引进方案纳入太原都市圈发展战略规划，创新人才孵化机制与人才发展平台，着力在住房、医疗、子女教育等方面创造有利于人才流入和留下的政策与优惠措施，切实帮助各级各类人才解除工作与生活方面的后顾之忧，提升都市圈内城市居民的幸福感和获得感。太原都市圈内各市、县（区）政府均应制订人才引进政策和方案，落实各级各类人才的引进措施，公开发布人才引进公告和实施细则，将人才作为首要稀缺资源持续给予关注，让人才在都市圈内持久集聚。

11.7 本章附录

附表 11-1　　2017 年 31 个省区市三次产业的就业占比　　单位：%

产业划分	北京	天津	上海	江苏	浙江	山东	广东
第一产业	0.04	0.07	0.03	0.17	0.12	0.28	0.21
第二产业	0.15	0.33	0.31	0.43	0.46	0.36	0.40
第三产业	0.81	0.60	0.66	0.40	0.42	0.36	0.39
产业划分	河北	山西	内蒙古	辽宁	吉林	黑龙江	
第一产业	0.33	0.35	0.41	0.29	0.33	0.37	
第二产业	0.33	0.25	0.16	0.24	0.21	0.17	
第三产业	0.34	0.40	0.43	0.46	0.46	0.45	
产业划分	安徽	福建	江西	河南	湖北	湖南	
第一产业	0.31	0.22	0.28	0.37	0.35	0.40	
第二产业	0.29	0.36	0.33	0.31	0.23	0.23	
第三产业	0.40	0.43	0.39	0.32	0.41	0.37	
产业划分	广西	海南	重庆	四川	贵州	云南	
第一产业	0.50	0.40	0.28	0.37	0.56	0.51	
第二产业	0.18	0.12	0.27	0.26	0.18	0.13	
第三产业	0.33	0.48	0.45	0.37	0.26	0.36	
产业划分	西藏	陕西	甘肃	青海	宁夏	新疆	
第一产业	0.37	0.43	0.55	0.35	0.41	0.41	
第二产业	0.18	0.19	0.16	0.22	0.18	0.14	
第三产业	0.45	0.38	0.29	0.42	0.41	0.45	

数据来源：31 个省区市 2017 年统计年鉴。

附表 11-2   2017 年各省区市三次产业区位熵

产业划分	北京	天津	上海	江苏	浙江	山东	广东
第一产业	0.15	0.26	0.11	0.62	0.44	1.05	0.78
第二产业	0.55	1.16	1.12	1.53	1.64	1.27	1.43
第三产业	1.79	1.35	1.46	0.90	0.93	0.80	0.86
产业划分	河北	山西	内蒙古	辽宁	吉林	黑龙江	
第一产业	1.21	1.30	1.53	1.09	1.22	1.38	
第二产业	1.18	0.90	0.56	0.86	0.75	0.62	
第三产业	0.76	0.88	0.95	1.04	1.02	1.01	
产业划分	安徽	福建	江西	河南	湖北	湖南	
第一产业	1.15	0.80	1.06	1.37	1.31	1.47	
第二产业	1.02	1.26	1.16	1.11	0.83	0.81	
第三产业	0.89	0.95	0.87	0.71	0.92	0.83	
产业划分	广西	海南	重庆	四川	贵州	云南	
第一产业	1.85	1.49	1.03	1.36	2.06	1.88	
第二产业	0.62	0.42	0.96	0.94	0.64	0.48	
第三产业	0.73	1.07	1.01	0.82	0.59	0.80	
产业划分	西藏	陕西	甘肃	青海	宁夏	新疆	
第一产业	1.38	1.60	2.03	1.30	1.51	1.51	
第二产业	0.63	0.67	0.56	0.80	0.64	0.49	
第三产业	1.00	0.85	0.65	0.95	0.92	1.01	

数据来源:《中国统计年鉴》和各省区市《统计年鉴》。

第12章 技能极化：智能化与劳动力就业技能结构研究

12.1 人工智能对就业技能结构的作用机理

伴随人工智能发展，一系列创新型技术会相继出现，并逐渐发展成为技术创新集群，形成相应技术创新体系，新兴技术的突破及大规模应用将使生产方式发生深刻变革，技术集群、产业结构与生产方式等方面的变革使就业技能结构发生重大变化。

12.1.1 供需视角下人工智能对就业技能结构的影响

人工智能技术发展使社会分工细化，生产专业化程度提高，分离出许多中间生产环节，劳动生产率上升，引起产业结构调整，微观层面包括企业经营也会发生变化。人工智能对技能需求的影响通过三个方面：产业结构、社会分工、企业岗位变化进行传导。人工智能技术从两个方面促使产业结构调整：一方面，人工智能创造新产品，刺激消费者购买力，引起消费者需求结构变化，进而使产业结构调整；另一方面，新技术应用必然使新产品、新产业兴起，直接引起产业结构发生变化。目前来看，人工智能对农业生产部门影响主要集中在农业生产方式转变、生产率提升、农民收益增加；对制造业领域影响较大，并且开始转移至服务业。伴随产业结构变化、就业结构发生相应变化，原处于第一产业的大部分劳动力技能水平相对较低，大多从事第二产业技术含量低的工作或第三产业普通服务性质的工作。而新兴产业对劳动者技能提出更高标准，从而影响就业技能结构。

社会分工细化会使企业越来越专业化，趋向于提供更加具体细致的服务，进而对技能需求越来越细化，对高技能从业人员需求也越来越旺盛。技术创新升级也推动企业经营模式转变，实现由低端经营向中高端转变，企业对知识技能要求日益严格，从而影响技能结构。供给方面大规模生产过程与新技术相互融合，不断产生新的人力资本，进而影响劳动力技能供给。需要提及的是，劳动力所需技能的改变，尤其对高技能就业者的需求不断扩大，促使劳动力主动进行再学习，引起人力资本提升。基于上述分析，具体作用机理如图 12－1 所示。

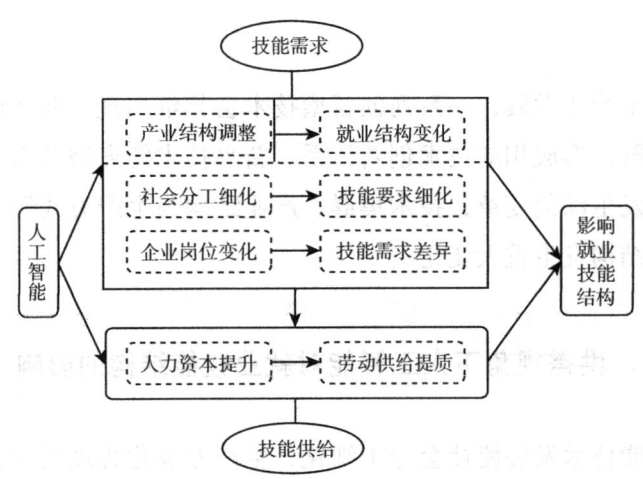

图 12－1　人工智能影响就业的机理：劳动力供需视角

12.1.2　人工智能阶段式发展对就业技能结构的影响

人工智能发展阶段不同引起就业技能结构呈现不同特点，将人工智能影响就业技能结构置于过程分析，并划分为两个阶段（见图 12－2）。

（1）探索阶段：人工智能影响就业技能结构升级。

在人工智能技术应用初期，引发劳动力市场就业技能结构升级。企业开始应用智能机器人，减少了对传统的机器工、维修工等低技能岗位需求，造成大部分劳动密集型企业的低技能工人失业，对低技能就业人员产生巨大压力，引起一定规模的技术性失业，倒逼劳动力学习新技能。而人工智

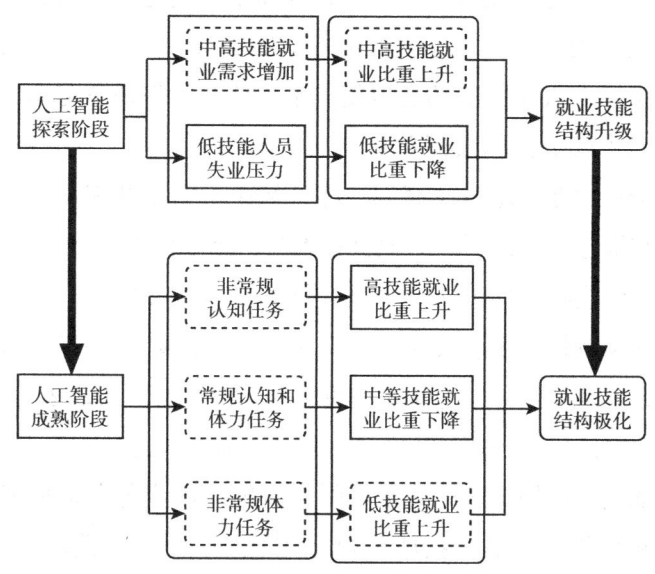

图 12-2　人工智能影响就业的机理：劳动力供需视角

能技术应用对中、高技能劳动者需求会进一步提升，引起中、高技能劳动力就业比重上升。因此，探索阶段的人工智能技术将减少低技能从业人员就业比重，增加中、高技能就业者的就业比重，从而呈现就业技能结构的升级特征。

（2）成熟阶段：人工智能影响就业技能结构极化。

借鉴奥托等（2003）提出的"工作任务"模型，将技能按工作任务进行分类，以此分析人工智能与就业技能结构之间的关系及内在机理。奥托将具体工作按"机器视觉"标准拆分为不同任务类型，进而判断哪一任务可由计算机程序执行，最后给出了替代、互补、有条件替代或互补的任务类型。按任务类型将工作分为非常规体力工作、常规认知和体力工作、非常规认知工作三类。其中，非常规认知工作任务需要具备良好解决问题与人际沟通能力，如管理者、专业技术人员等工作内容；常规认知和体力工作任务即指需要按照一系列固定标准和可操作化程序的内容，如销售、文书等工作任务；非常规体力任务指需要劳动者体力来完成，如普通服务等工作任务。人工智能技术使完成常规认知与体力任务的成本大幅降低，而这类任务基本由中等技能劳动者完成，因而中等技能劳动力就业比重下降。新技术的广泛应用对非常规体力任务内容影响较小，因而并没有引起低技能就业比重下降。人工智能的发展使非常规认知工作任务劳动力需求增加，使高技能劳动力就业比例大幅上升。

人工智能技术变革增加了高端技能领域中与人工智能相关的就业岗位，如数据分析与推理工作，同时其他科技人员、企业研发人员、工程师等技能复杂度较高的岗位将大量出现，然而诸如生产装备工人、电话销售、柜员等程序化的工作岗位将会逐渐减少。人工智能的快速发展引发高技能劳动力就业比例上升，中等技能劳动力就业比例下降。"微笑"曲线表示在产业价值链中，研发、营销领域的两端环节附加值高，而中间生产制造环节附加值最低。人工智能技术应用加速产业从低附加值生产环节向高附加值环节移动，使处于价值链两端环节的高技能就业比例增加，生产制造环节的劳动者就业比例减少，最终就业技能结构极化态势形成，如图12-3所示。

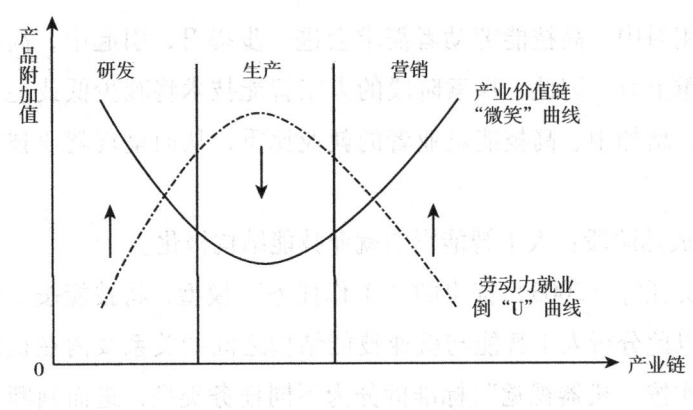

图12-3 "微笑"曲线示意图

12.2 我国劳动力就业技能结构

国内外学者对技能水平按照不同分类标准进行排序，奥托等（2006）基于工资水平、教育程度和任务内容的不同对就业技能进行研究，提出高技能、低技能与中等技能水平的就业增长率存在差异。戈斯等（2010）基于工资水平标准深入研究欧洲 16 个国家的劳动力市场，指出大部分国家的高工资、低工资岗位就业份额相比中等工资岗位而言增长显著。林文凤（2013）按受教育程度将我国劳动力分为高、中、低三种技能层次，将大专以及以上学历归属为高技能层次，将高中及职中学历归属为中等技能层次，将初中及以下学历归属为低技能层次，并把中等技能劳动力与低技能劳动力两者进行比较，认为中等技能劳动者更能适应产业转型升级对就业产生的影响，进而更容易转向高技能劳动力。宁光杰等（2014）利用企业微观调查数据，按受教育水平将劳动力分为高、中和低技能三个层次，并提出信息技术广泛应用可以使高技能劳动力就业比重得以提升，但阻碍了技能劳动力就业。吕世斌、张世伟（2015）也是按受教育程度对技能划分。借鉴已有研究，我们按受教育程度、工资水平、工作任务对技能进行分类，多角度刻画我国劳动力市场就业技能结构。

12.2.1 基于受教育程度的就业技能结构分析

（1）就业技能结构总体描述。

劳动力受教育程度常被作为劳动力技能的代理变量。我国统计年鉴将受教育程度分为未上过学、小学、初中、高中、大专、大学本科、研究生这几个层次，并将此层次再进行划分，一般将初中及以下学历的劳动力作为低技能劳动者，高中教育水平作为中等技能劳动力，大专及以上受教育程度作为高等技能劳动力。图 12-4[①] 显示了这三类层次就业人数比重。可以看出，以我国初中及以下学历为代表的劳动力就业人员比重在 2006～2009 年基本稳定在 80% 左右，从 2009 年开始下降并连续呈现下降趋势，2016 年下降至 63.4%。以高中学历水平为代表的中等技能劳动力就业人数比重在 2006～2009 年维持在 12% 上下，从 2007 年开始，高中学历劳动力就业比例呈上升趋势，2019 年上升达到新高 18.7%，随后至 2021 年呈现略微下降趋势，下降至 17.8%。以大专及以上学历为代表的高技能劳动力

---

① 部分数据来源：2007～2022 年《中国劳动统计年鉴》。

就业人员比重在2006~2009年呈现略微上升趋势，从2009年开始出现上升趋势，2021年达到23%。可以发现，我国就业技能结构并没有呈现明显极化特点而是升级特点，一方面由于受过高等教育的劳动力并不一定具备高技能，相反学历低的劳动者也不一定不具备一定水平的技能；另一方面对总体技能结构的描述并不能反映产业内、职业内的结构，并不能说明内部结构也未呈现极化现象。

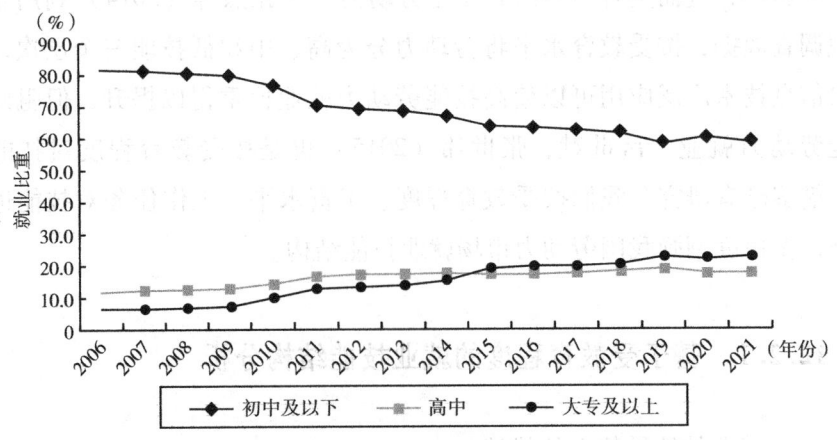

图12-4 2006~2021年我国不同学历就业比重变化

（2）产业内就业技能结构描述。

从图12-5可以看出，2006~2021年我国农林牧渔业就业技能结构基本处于稳定状态，以低学历代表的低技能劳动力就业比重略微下降，从94.9%下降到91.9%；高中学历技能就业比重略微上升，从4.8%变化到6.8%；大专及以上劳动人口就业比重至2021年也仅有1.3%。这说明我国第一产业内部劳动力教育水平仍有待优化，这也从侧面反映出我国对农林牧渔业人才培养欠缺，使我国农林牧渔业长期并未出现显著就业升级。

图12-6显示，2006~2021年我国制造业低学历就业比重经历了先下降后略微提升再小幅度下降再小幅度上升，中等学历就业比重变化则与之相反，高学历就业占比有较为明显增长趋势，但极化现象并不明显。总体来说，制造业的就业技能结构是呈现升级形式，加之我国制造业正处于转型升级重要阶段，对高技能需求将越来越高。

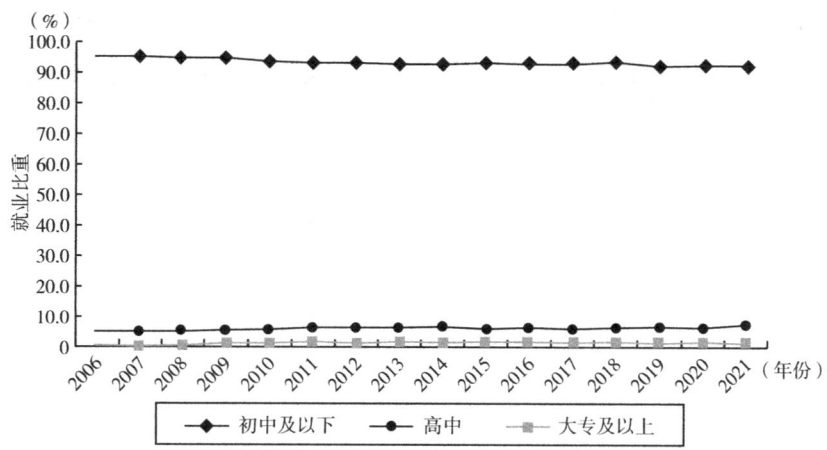

图 12-5　2006~2021 年农林牧渔业不同学历就业比重变化

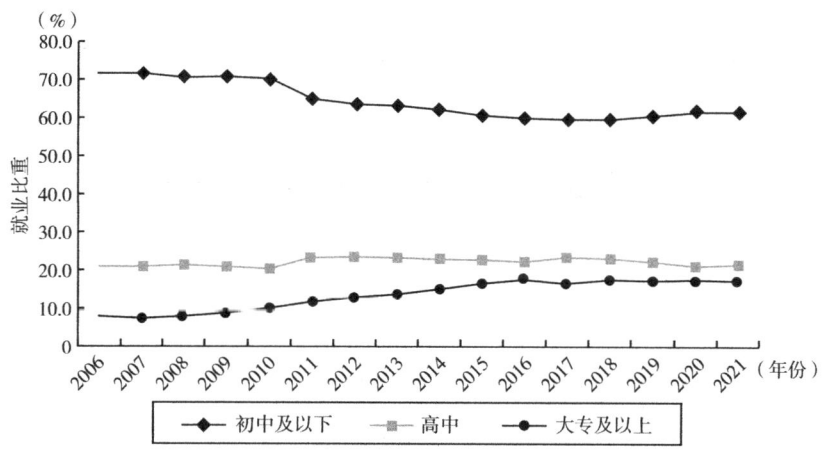

图 12-6　2006~2021 年制造业不同学历就业比重变化

服务业包含行业众多，是吸纳就业的重要阵地，并且与传统服务业相比，现代服务业就业技能结构受人工智能的影响更大。因此，本部分选择金融业、信息技术代表行业来分析技能结构的变化趋势。图 12-7 显示，2006~2021 年我国金融业高学历就业比重虽有波动，但大体呈上升趋势；中等学历劳动力就业比重总体看来呈下降趋势；低学历就业比重在 2011~2014 年有上升变化，但其余年份基本保持较低且较稳定状态。从图 12-8 可以看出，我国信息传输、计算机服务和软件业 2006~2021 年中等学历就业比重呈持续下降趋势，高学历就业在 2011~2014 年比重较低，其余年份比重呈现上升趋势；低学历就业比重2006~2010年与2015~2021年基本稳定，2011~2014年比重较高。总体看来，我国金融业、信息软件业呈现出较明显的极化特征。

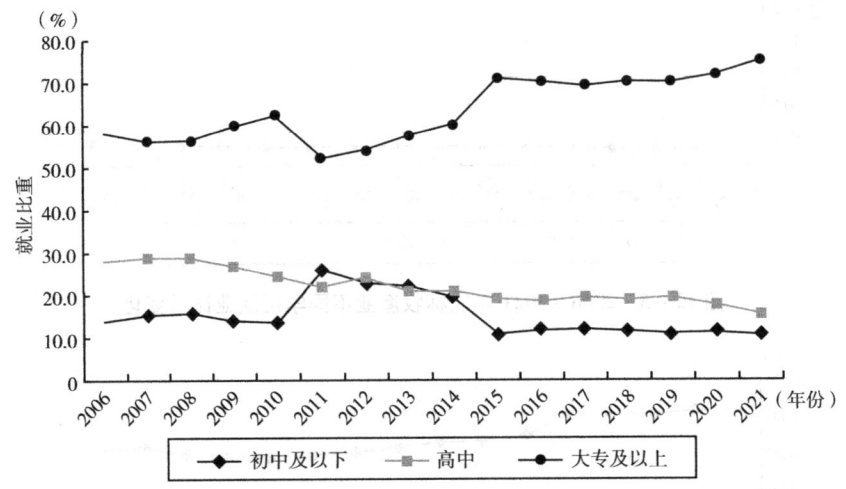

图12-7 2006~2021年金融业不同学历就业比重变化

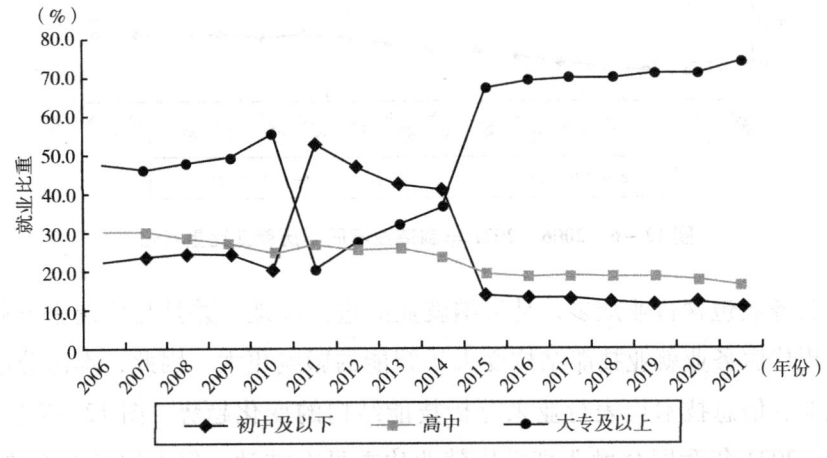

图12-8 2006~2021年信息传输、计算机服务和软件业不同学历就业比重变化

（3）职业内就业技能结构描述。

从职业内就业技能结构来看，2002年以大专及以上学历劳动人口为代表的高技能就业比重由小到大依次是农林牧渔水利业生产人员、生产运输

设备操作人员及有关人员、商业与服务业人员、办事和有关人员、专业技术人员、单位负责人；以高中学历为代表的中等技能就业人数比重最低的是农林牧渔水利业生产人员职业，但其余职业占比都较高，集中在30%左右；初中及以下学历就业人员比重较高分布于农林牧渔水利业生产、生产运输设备操作、商业与服务业人员这三类中。2006年低学历就业比重较高职业仍集中在后三类中；中等学历就业人数比重最高的是办事和有关人员，为29.7%左右；高学历劳动力在前三类职业中所占比重较高。2011年生产运输设备操作、农林牧渔水利业生产、商业、服务业人员中低学历就业比重较高，分别达到72.8%、93%、60.6%；办事和有关人员、专业技术人员、单位负责人所在职业中高学历就业比重较高，分别为49.6%、52.6%、34.7%；而除农林牧渔水利业生产人员职业之外，其余5类职业中等劳动力占比相对较高，且较为平均。2016年、2021年，表12-1中前三类职业中高学历就业比例持续较高，后三类职业低学历劳动力占比相对较高，其中专业技术人员所在职业高学历劳动力比重最高，分别达到57.1%、75.3%，农林牧渔水利业生产人员低学历占比最高，中等学历最高分布于商业、服务业两类职业中。将2002年、2006年、2011年、2016年、2021年这五年数据进行比较，发现单位负责人中高学历比例先下降后上升，低学历比例先上升后下降，而其余职业高学历比重均呈现上升趋势，相应的低学历呈现下降趋势；而在中等学历就业比重中，农林牧渔水利业生产、商业与服务业人员职业就业比重呈增加态势，生产运输设备操作职业所占比重基本稳定，其余职业比例均下降。

表12-1　　　　　　　　　不同职业内学历构成表　　　　　　　　单位：%

年份	受教育水平	单位负责人	专业技术人员	办事和有关人员	商业、服务业人员	农林牧渔水利生产人员	生产运输设备操作人员及有关人员	其他
2002	初中及以下	29.0	30.8	31.3	73.4	95.5	75.8	78.2
	高中	29.9	31.8	37.8	23.4	4.4	22.1	17.7
	大专及以上	41.1	37.4	30.8	3.2	0.1	2.1	4.2

续表

年份	受教育水平	单位负责人	专业技术人员	办事和有关人员	商业、服务业人员	农林牧渔水利生产人员	生产运输设备操作人员及有关人员	其他
2006	初中及以下	34.2	19.0	26.1	66.9	95.0	77.5	65.1
	高中	29.4	27.8	29.7	25.5	4.8	18.7	22.6
	大专及以上	36.4	53.1	44.2	7.6	0.2	3.7	12.4
2011	初中及以下	38.9	25.1	24.3	60.6	93.0	72.8	58.8
	高中	26.5	22.3	26.1	26.6	6.4	20.4	23.7
	大专及以上	34.7	52.6	49.6	12.9	0.6	6.8	17.5
2016	初中及以下	34.0	22.1	25.0	58.2	93.2	72.0	64.4
	高中	27.6	20.8	25.0	26.9	6.1	20.3	23.0
	大专及以上	38.4	57.1	49.9	14.8	0.7	7.6	12.5
2021	初中及以下	28.6	10.1	21.4	54.8	92.5	75.2	73.2
	高中	25.8	14.5	22.0	25.0	6.7	17.5	15.6
	大专及以上	45.7	75.3	56.6	20.1	1.0	7.4	11.2

进入21世纪，我国在农林牧渔业中取得了很大进步，逐渐实现小范围内机械化作业方式，但仍归属于劳动密集型传统行业，大多数作业仍为手工或半机械化方式，对劳动力技能水平要求低，所以农林牧渔业生产所在职业高技能就业比重低。生产运输设备操作与商业、服务业人员职业大多属于体力劳动，对技能水平要求不高，吸纳了大量从农业转移的低技能劳动力，因此低技能劳动力出现较高比重，但金融业等新型服务业对技能要求较高，所以说服务业人员职业兼顾了低技能与高技能这两类劳动力。单位负责人这一职业中高、中、低技能就业比重基本均匀分布，2021年高技能就业比重增大，说明这类职业对三种不同技能水平都有需求且2021年来对高技能水平的劳动者需求增加。办事和有关人员职业中高技能就业比重约占一半，其余两类技能水平劳动力就业比重较为平均分布，说明这类职业需要相对较高技能水平。专业技术人员普遍对技能水平要求较高，高技能技术人才可以着力推动技术创新与加快科技成果转化，有助于产业结构优化升级，因此这一职业高技能就业比重较高，但我国高技能人才仍比较缺乏，应加强高技能人才培养。

12.2.2 基于工资水平的就业技能结构分析

大多数学者往往观察就业的行业分布来对就业结构进行研究,而忽略了行业的内部差异。Eurofound(2008,2013)提出了就业岗位分析法,根据工资水平对各个岗位进行排序,并按照这一标准将岗位分为5组,收入最高的20%代表高技能岗位,收入最低的20%代表低技能岗位,中间3组以20%为划分标准依次代表中高、中等、中低技能。屈小博等(2015)按工资收入对农民工技能进行划分,进而研究农民工就业结构。本部分借鉴岗位分析方法,但考虑到我国未对具体职业就业数量进行统计,因此采用细分行业内部就业数据,按平均工资水平将细分行业从小到大进行排序,前20%细分行业对应的就业人数即为低技能就业者数量,最后20%对应的是高技能就业人数,中间60%对应中等技能就业数量。统计年鉴2011年前后统计细分行业就业量时,对细分行业划分差异较大,因此本部分选取2012~2021年数据对细分行业内部就业进行研究。

从表12-2可以发现,2012~2021年以平均工资排序占前20%的细分行业对应的低技能就业比重呈现整体下降趋势,从2012年的5.97%下降到2021年的4.06%,增长率约-31.99%。划分为低工资水平就业行业在近十年内未发生变化,主要为:农林牧渔业,住宿和餐饮业,水利、环境和公共设施管理业,居民服务和其他服务业。中等水平就业比例呈波动性下降趋势,2013年达到近十年最高占比为85.71%,到2021年占比降低至79%,增长率约-7.83%。高水平就业比重出现上升趋势,从2012年的9.37%上升到2021年的16.94%,增长率约44.69%。

表12-2　　　　　基于工资水平的就业技能结构　　　　　单位:%

年份	低工资水平就业比重	中等工资水平就业比重	高工资水平就业比重
2012	5.97	84.66	9.37
2013	5.14	85.71	9.15
2014	5.02	85.60	9.38

续表

年份	低工资水平就业比重	中等工资水平就业比重	高工资水平就业比重
2015	4.95	85.28	9.77
2016	4.91	84.82	10.27
2017	4.91	84.42	10.67
2018	4.64	84.33	11.03
2019	4.25	79.89	15.86
2020	3.94	83.40	12.66
2021	4.06	79.00	16.94

总体看来，我国就业技能结构呈现升级模式。低技能细分行业大多是低端制造业、低端服务业以及农业相关行业，这类行业对技能要求不高，在人工智能的不断发展过程中极易被替代，从数据中也可看到其增长率高达 -31.99%；中等工资水平对应的中等技能水平的细分行业就业在劳动力成本不断上升情况下，易被机器替代，呈现下降趋势，但其增长率与低技能水平相比要小很多，仅为 -7.83%；而金融业，科学研究、技术服务和地质勘查业，信息传输、计算机服务和软件业等现代服务业平均工资一直处于较高水平，对技能要求也较高，其作为高技能水平的代表在近十年来呈现出 44.69% 的增长率。将平均工资水平作为划分标准，进而衡量我国细分行业技能水平，但由于行业内具体变动趋势较为复杂，与按受教育程度得出的结论出现差异。例如，按受教育程度划分电力、热力生产和供应业应属于中等技能行业，但其平均工资水平较高，划分到高技能细分行业；初等、中等教育对学历水平要求高，按受教育水平应划分到高技能细分行业，但其工资水平并不高，按此标准应属于中等技能细分行业。按不同标准对技能划分有不同结果，但总体来说，我国就业技能结构升级存在升级趋势。

12.2.3 基于工作任务的就业技能结构分析

以工作任务作为技能结构的分析工具，是理解与考察劳动力市场具体结构的全新手段。奥托（2013）提出了工作任务模型，认为最终产出是由具体工作任务提供的产品或任务组成的。某项工作任务可由劳动力完成，也可由机器完成，由谁完成取决于技术的可行性。有些工作任务具有偶然性，需要人的认知以及经验积累去解决问题，那由机器解决就不太可能，但有些工作任务具有程序化特点，由机器解决问题就变得可行。当然，有些任务理论上能用机器完成，考虑到经济性，劳动力成本较低，机器成本较昂贵使得某些任务并没有被机器替代，仍由劳动者完成。因此，要深入了解我国就业技能结构变化趋势，就必须更细致考量工作任务类型。这里我们借助奥托（2006）的"常规性"模型，进一步将工作任务细化，并建立矩阵。一个维度是按照具体任务是否具有确定性与程序化性，将其分为常规性与非常规性任务；另一个维度是按照具体任务属于操作性还是认知性对任务进行分类。如表 12-3[①] 所示：常规认知性工作任务是指需要重复且非体力的任务，如数据录入、银行柜员等。常规操作性任务是指重复运动且需要体力的工作任务，如包装等。非常规认知性任务主要是指需要抽象思考与处理人际关系的工作任务，如投资决策、人事管理等。非常规操作性任务主要是指需适应复杂多变环境的工作任务，如外卖小哥等。随着人工智能的发展，常规性任务的执行所需成本下降，易对常规性工作任务对应的中等技能岗位进行替代，而非常规性工作任务所对应的高等、低等技能岗位不易被替代，造成中等技能劳动力就业减少，低、高等技能劳动力就业相对上升。

表 12-3　　　　　　　　　　工作任务分类矩阵

	常规性	非常规性
操作性	重复运动且需要体力	需适应复杂多变环境
认知性	程序化且非体力	需要抽象思考与处理人际关系

上述是基于理论对工作任务的划分，但在实际运用中遇到挑战，奥托（2013）提出了三种方法：方法一是用职业代替工作任务变量；方法二是

[①] 资料来源：作者根据 Autor 工作任务模型整理。

根据技能对职业重新分类；方法三是直接调查工作任务与技能。但方法一中同一职业的不同岗位，工作任务会有差异，而且不同职业间的工作任务具有类似性，使这样直接代替变得并不合理；方法二需要专业人士对职业与技能进行划分，可行性欠缺；方法三对数据可得性要求较高。因此，这里我们利用人力资源市场 2021 年行业劳动者供求关系数据及 2022 年缺工情况数据[①]，对行业劳动者需求变化进行考察，从动态变化中反映人工智能对就业技能结构的深刻影响。

金融业、商务及信息技术服务业等行业大多数岗位具有非常规性认知特点，这些高端服务业十分依赖技术进步，需要高技能从业人员与之匹配，对高技能劳动力需求较大。2021 年第一季度、第三季度科学研究和技术服务业用人需求分别与 2020 年同期相比增长了 80.7%、22.5%；2021 年第二季度信息传输软件和信息技术服务业用人需求与 2020 年同期比增长幅度较大，为 47.3%。同时，2022 年缺工情况显示，电子信息产业与 2021 年第四季度相比，招聘需求回升较慢，2022 年第二季度与 2022 年第一季度相比，电子信息产业缺工情况较为突出。

建筑业、住宿和餐饮业、居民服务业、农林牧渔业等行业大多岗位具有非常规体力与认知任务性特点，这些行业对人际关系、环境适应能力要求较高，人工智能对其影响也较小，对这类行业的就业需求也增加。我们观察 2021 年四个季度数据，发现 2021 年第一与第二季度住宿餐饮业用人需求分别增加了 18.9%、53.8%；2021 年第二与第三季度建筑业对劳动力需求分别提高了 8.7%、37%。

交通运输仓储和邮政业等行业大多数岗位具有常规性认知与操作性任务特点，这些类型行业对劳动者技能水平要求中等，但易受到人工智能影响，因此对这类行业就业需求下降。与 2020 年同期相比，交通运输仓储和邮政业这一行业在 2021 年第一、第三季度用人需求量分别下降了 2.4%、13.9%；第二季度交通运输仓储和邮政行业劳动力需求略有减少。但 2022 年第三季度、2022 年第四季度分别与上一季度相比，物流及运输行业缺工

---

① 数据来源：中华人民共和国人力资源和社会保障部。

程度有所增加，考虑到人们对快递物流的需求在一定程度上受疫情冲击的影响而有所增加，而快递物流行业劳动供给量也因疫情而有所削减，故呈现出用人需求明显增加的情况。

总的来说，对于工作任务的分析结果表明，我国近几年劳动力就业技能结构表现出了对非常规认知性工作任务的高技能从业者、非常规性操作性任务的低技能就业者需求增加，常规认知和体力具体任务的中等技能人员需求下降的规律。

12.3 人工智能对我国就业技能结构影响的实证分析及趋势预测

12.3.1 指标选取及模型构建

（1）指标选取。

人工智能指标（AI）：人工智能作为本书实证部分极为重要的变量，目前学术界未形成统一的衡量数据体系。参考杰夫和迈克尔（2017）的做法，本书选取"信息传输、计算机服务和软件业全社会固定资产投资额"这一指标来衡量人工智能的发展水平，这一数据虽然直接反映的是IT行业的发展，但人工智能与IT技术联系紧密，可间接体现人工智能的发展水平以及在不同行业中的应用程度。为了确保本书实证的稳健性，在基础回归后利用工业机器人安装数量这一指标进行稳健性检验，工业机器人在人工智能产品发展中占有重要作用，可间接体现人工智能的发展程度。

就业技能结构指标（CP）：从业人员的受教育程度很难在短时间内发生较大改变，因此，教育水平往往作为国内外学者衡量就业人员技能的变量。在劳动力市场中，就业技能结构可分为低等、中等及高等三种，考虑到数据的可得性，本书选取传统变量：初中及以下、高中、大专及以上三种教育程度的就业比重来反映上述三种技能水平的就业情况，进而反映我国就业技能结构。

鉴于数据的可得性与可比性，本书选取了 2003~2020 年作为样本期，选用我国 31 个省区市的人工智能与就业技能结构数据作为研究样本，研究变量的数据来源于 2004~2021 年《中国统计年鉴》与《中国劳动统计年鉴》。

（2）模型构建。

本书研究人工智能对就业技能结构的具体影响，使用 OLS 回归方法构建人工智能对低等、中等及高等三种就业技能结构影响的面板计量模型，回归基本模型如下：

$$low_{it} = \alpha_0 + \alpha_1 \ln AI_{it} + \alpha_2 X_{it} + \varepsilon_{it} \tag{12.1}$$

$$mid_{it} = \beta_0 + \beta_1 \ln AI_{it} + \beta_2 X_{it} + \varepsilon_{it} \tag{12.2}$$

$$high_{it} = \gamma_0 + \gamma_1 \ln AI_{it} + \gamma_2 X_{it} + \varepsilon_{it} \tag{12.3}$$

其中，low、mid、high 分别表示低等、中等、高等三种就业技能结构，AI 表示人工智能变量，X_{it} 表示一组对技能结构影响较大的控制变量，下标 i、t 分别表示省份与年份，ε_{it} 是误差项。其中加入的控制变量有：人均实际 GDP，以控制经济发展水平，本书选择 2002 年人均 GDP 作为基期对这一变量进行计算，并对其取对数；city 表示城镇化水平的城镇化率；gov 表示政府支出占 GDP 比重，以反映政府行为。

12.3.2 实证结果分析及稳健性检验

运用 Stata 软件，对各变量进行描述性统计分析。从表 12-4 可以看出，人工智能指标的最小值为 8.68，最大值为 15.88，平均值为 13.55，说明我国各省区市人工智能发展水平差异较大，发展极不平衡。衡量就业技能结构的低技能劳动者占比最小值为 19.5，最大值为 98.95，标准差为 13.85；中技能劳动力占比最小值为 0.72，最大值为 36.11，标准差为 4.99；高技能从业人员占比最小值为 0.25，最大值为 63.00，标准差为 10.01。可以说明，我国各省区市就业技能结构不均衡，且低技能就业占比各省区市差异最大，其次为高技能水平差异程度，而中等技能差异最小。我国部分省区市经济发展快且水平高，相应重视人工智能发展，对技能水平也提出较高要求,因此,通过描述性统计也能简单判断出人工智能对技能结构的影响方向。但不可忽视的是,我国省区市之间经济发展不平衡,人工智能技术亦是如此,这一不平衡引起了地区间差异较大的就业技能结构。

表 12-4　　　　　　　　　　变量描述性统计

变量	变量含义	样本量	平均值	标准差	最小值	最大值
low	低技能劳动者占比	558	70.11	13.85	19.5	98.95
mid	中技能劳动者占比	558	14.07	4.99	0.72	36.11
high	高技能劳动者占比	558	14.50	10.01	0.25	63.00
lnAI	人工智能取对数	558	13.55	1.12	8.68	15.88
lngdp	人均 GDP 取对数	558	10.33	0.76	8.17	12.01
city	城镇化率	558	52.61	15.16	13.89	89.60
gov	政府支出占 GDP 比重	558	24.54	18.72	7.92	137.92

如表 12-5 所示为人工智能影响就业技能结构的回归结果。人工智能探索阶段,对技能结构的影响观察表 12-5,当模型仅加入人工智能这一指标项时,人工智能对就业低技能结构的影响为负(模型 1),是 -7.257,对就业中等技能结构的影响仍具有负效应(模型 3),是 -0.782,对就业高等技能结构的影响为正(模型 5),是 5.464,表明人工智能对高等技能就业者的正效应大于对中等技能影响的效应,人工智能对低技能劳动者的负影响绝对值大于对高等技能的正影响,对中等技能就业者的负效应小于对低等技能影响的效应。也就是说,人工智能对我国高技能就业比重起到了重要的促进作用,而对低等就业比重的抑制作用更大,对中等技能就业比例的抑制作用减小,即就业技能结构呈现升级特点。在模型 1、模型 3、模型 5 的基础上,加入控制变量后,人工智能对就业低、中等、高等技能结构的影响系数仍然为负、负、正,且人工智能的显著性基本没有改变(模型 2、模型 4、模型 6),表明人工智能对就业技能结构的影响是较为稳健的,且对低等、中等、高等技能结构分别呈现负效应、负效应、正效应。分别对比模型 1 与模型 2、模型 3 与模型 4 以及模型 5 与模型 6 的回归结果,可以观察到,加入城镇化水平等控制变量后,人工智能对高等技

能从业者比重的促进作用虽仍显著且方向与未加入控制变量相同,但影响系数却减小,对中低等技能就业者的影响方向虽一致但系数也减小了。三个控制变量中实际人均 GDP 对技能结构影响系数最大,因为伴随经济发展水平的不断提高,知识经济时代的降临,中高技能水平在生产、消费及分配等过程中起着越来越重要的作用。

表 12-5　　　　人工智能对就业技能结构的影响回归结果

变量	模型 1	模型 2	模型 3	模型 4	模型 5	模型 6
	low	low	mid	mid	high	high
lnAI	-7.257*** (0.3340)	-1.719*** (0.3497)	-0.782*** (0.2433)	-0.677*** (0.2478)	5.464*** (0.2615)	1.314*** (0.2871)
lnpgdp		-7.967*** (0.6831)		2.368*** (0.4841)		4.932*** (0.5608)
gov		-0.0820** (0.0373)		-0.0104 (0.0264)		0.0747** (0.0306)
city		-0.0688* (0.0404)		-0.0738** (0.0286)		0.127*** (0.0332)
_cons	101.6*** (1.4728)	165.5*** (4.7528)	8.635*** (2.3965)	-3.317 (3.3683)	-9.239*** (1.1530)	-50.70*** (3.9020)
N	558	558	558	558	558	558
adj. R^2	0.4419	0.7171	-0.0067	0.0021	0.4214	0.6774

注:*、** 和 *** 分别表示在 10%、5% 和 1% 的水平上显著,括号内数字表示标准差。

总之,回归结果表明,人工智能技术探索阶段的发展能显著提高高等技能就业人员比重,反而造成中低等技能就业人员比重降低,这与前面提出的人工智能探索阶段影响就业技能结构呈现升级特点的作用机理相吻合,证明了机理的正确性与科学性。

12.3.3　发展趋势预测

(1)工业机器人安装数量递增。

中国机器人市场不断蓬勃发展,成为机器人产业发展的重要推动力,预计2022年,中国机器人市场规模将达到174亿美元,其中工业机器人发展极为迅猛,从2013年的9.54万台迅速增长到2019年的18.69万台,并且于2016年超过美国和日本,成为全球最大的工业机器人市场。目前已有多家数据咨询机构对我国工业机器人安装数量进行了预测,预测数据基本一致,这里我们选取BCG机构的预测结果①,如图12-9所示。可以发现,从我国工业机器人安装数量2018~2025年以年均6.77万台的增长量上升,2025年的数量更是达到2017年数量的6.7倍,足以见得我国未来机器人发展之快(见图12-9)。

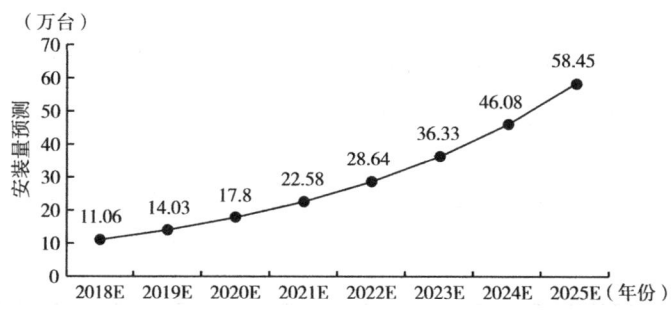

图12-9　2018~2025年我国工业机器人安装量情况预测

(2)职业被替代概率预测。

英国学者奥斯本和弗雷通过建立模型,分析得出一组预测未来职业被取代概率的数据体系,BBC公司公布了这一被淘汰具体概率②,数值见表12-6。通过观察可以发现,电话推销员、打字员、会计等程序化职业被替代概率较高,这类职业对创新性要求不高,属于中等技能职业,人工智能可大大提高效率减少错误率,将大量取代这类职业。工人、清洁工及木匠等第一、第二产业低等技能工作被替代概率60%~80%,比中等技能工作被替代概率低,这说明人工智能对中等技能就业造成的冲击大于对低等技能就业的冲击。而酒店管理者、教师、公关等高等技能职业,这类职业对人的组织协调能力、情感把握能力与自我认知能力提出极高要求,被替代

---

① 数据来源:BCG. *The Robotics Revolution—The Next Great Leap In Manufacturing*.
② 数据来源:根据学者奥斯本等人调查报告整理。

风险较低。总之，人工智能并不会对高等技能就业人员造成较大冲击，而且冲击最大的是中等技能劳动者。需要注意的是，这些替代会经过较长时间，但在未来相当一段时间会慢慢变成现实。

表12-6　　　　　　　　　　未来职业被取代概率

职业	被取代概率	职业	被取代概率	职业	被取代概率	职业	被取代概率
电话推销员	99%	人事	89.7%	化妆师	36.9%	科学家	6.2%
打字员	98.5%	保安	89.3%	写手、翻译	32.7%	音乐家	4.5%
会计	97.6%	房地产代理	86%	理发师	32.7%	律师、法官	3.5%
保险业务员	97.0%	一二产工作	60%-80%	运动员	28.3%	牙医、理疗师	2.1%
银行职员	96.8%	厨师	73.4%	警察	22.4%	建筑师	1.8%
政府职员	96.8%	IT工程师	58.3%	程序员	8.5%	公关	1.4%
接线员	96.5%	图书管理员	51.9%	记者	8.4%	心理医生	0.7%
前台	95.6%	摄影师	50.3%	保姆	8.0%	教师	0.4%
客服	91.0%	演员、艺人	37.4%	健身教练	7.5%	酒店管理者	0.4%

12.4　研究结论

人工智能深入发展，使我国就业技能结构已开始呈现极化特点。程承坪、彭欢（2018），潘文轩（2018）也都认为人工智能发展至成熟阶段，就业技能结构极化会明显。近年来，我国银行业柜员、打字员等中等技能水平的就业岗位大幅减少，而对外卖员、搬运工等低等技能水平的需求反而增加，但高等技能劳动者需求量持续旺盛。人工智能的爆炸发展将重塑中国的就业技能结构格局，高级认知技能将在未来就业市场上的重要性与日俱增。具体而言，对我国就业技能结构未来影响将呈现以下趋势：

（1）人工智能将替代具有简单程序、危害性特点的中等技能水平工作岗位。人工智能正处在感知智能阶段向认知智能阶段过渡过程之中，并逐步发展成熟进入融合应用阶段，这种替代将越来越多。例如，在我国煤炭、消防等行业中，大量工作岗位的环境较为恶劣，处于强辐射与固体尘埃中，会出现肺结核等各类职业病，对就业人员的身体会造成一定影响。

（2）人工智能必然会影响一部分中等技能水平的工作，但这种影响往往只是替代其中部分任务，引起工作模式的改造，因此整个职业消失可能性不大。机器人利用优势主要负责重复以及危险性的工作，而人类主要负责对技能水平要求较高的任务。例如，在金融、医疗等行业，人工智能会引起工作模式的改变，金融助手可以帮助金融经济师完成大量数据收集任务，医疗助手可以帮助医生完成筛查医疗影像片的工作。

（3）人工智能替代工作岗位将是一个缓慢发展的过程，其中部分中等技能工作任务会率先实行智能化，会使技能结构呈现出两极化特点。在制造业和服务业中可程序化的中等技能水平岗位受人工智能影响最大，如生产线装配、产品质量检验等。企业考虑到成本问题，对低技能服务型岗位的替代短期内难以出现。高技能水平工作并不会受到大规模冲击，反而会促使对高技能劳动者需求增加。

综上所述，目前，人工智能对就业的取代并非整个工作任务流程，而只能是实现其中某个或某些技术的自动化，大部分工作任务需要人机协同处理。但未来，劳动者将从重复性简单的工作任务中解放出来，提供相对更为智能、更能体现人类价值的岗位。在未来人工智能的爆发式发展背景下，就业人员将专注于高技能工作，提升技能水平。伴随着人工智能的持续发展，原来的就业技能结构已经无法存续，将发生深刻变化，此时就业人员需要进行技能组合，实现技能多元化发展。总之，人工智能将重新倒逼就业技能结构深度调整，高技能型工作岗位将被大量创造，即工作岗位实现从低价值劳动密集型生产向更高价值转移；从重复性任务职业向创造性岗位转移。就业技能结构在未来必然会发生变化，从长期发展来看，人工智能发展还有相当长的路要走，在未来将会替代大量的服务类型工作及中等技能就业者。因此，只有创造型高技能劳动力才能更好地适应人工智能时代。

第 5 篇

智能经济时代劳动力高质量就业制度保障

第 13 章 政策建议

13.1 创建健康有序的数字劳动力市场，拓展灵活就业新空间

紧跟智能经济时代不断衍生的消费需求，发挥人工智能广泛应用于各个领域和场景的技术优势，拓展创新创业发展新空间，以智能经济时代数字化创新带动劳动力就业，实现数字劳动者共享智能红利的发展目标，保障劳动力市场健康有序稳定运行。

强化创新创业扶持，以创业带动就业。破除束缚创新创业的各项制度壁垒，不断鼓励和激发劳动者创业的积极性和热情，通过优化创业担保贷款政策、加快创业孵化基地建设、开展创新创业技能大赛等，加大对各类创业群体的支持力度。引导大型平台完善用工制度，监督其履行社会责任。政府及相关部门应指导平台企业完善集体协商和职工代表大会制度，通过民主管理实现数字劳动者与平台企业共享企业发展红利。尽快细化和完善相关法律法规，明确界定数字劳动者和平台企业间的劳动关系，规范各自权益和职责，创新智能经济时代数字劳动者社会保障政策，保障其自由灵活、规范安全、优质高效的就业环境。充分利用互联网时代数字化和智能化等技术，实现企业工会组织的智能化服务，及时获取和回应数字劳动者的权益诉求，快速监测、预判、处理并化解劳动者与企业间纠纷，积极探索劳动权益保护的公益诉讼机制，建立劳动者权益保障新机制，对处于弱势地位的劳动者实行倾斜性、针对性保护政策。提升劳动者数字技能和职业素养，帮助劳动者适应新技术背景下劳动力市场的变化和岗位需求，完善劳动者岗位技能培训体系和制度，健全新时代与数字劳动者价值创造相

适应的收入分配制度，保障其作为新型数字工作者获得公平合理报酬的权益，有效缩小收入差距，让数字劳动者享受智能经济发展带来的红利。此外，对于广泛参与互联网企业数据流量要素生产的平台用户，应不断健全和完善数据资源归属权、加工使用权、经营收益权等产权机制，同时应根据用户参与企业数据产品生产的要素贡献，确定合理的数据要素报酬，从而实现有效激励数据要素所有者积极参与平台数据产品生产和分享，加速数据要素所有者的收益增值。

13.2 加快人工智能与实体经济深度融合，创造高质量就业新岗位

习近平总书记指出，"把新一代人工智能作为推动科技跨越发展、产业优化升级、生产力整体跃升的驱动力量，努力实现高质量发展"。大力发展人工智能新兴产业，在重点行业推广人工智能技术应用场景，以智能科技提高农业生产效率，依托智能制造提升产品附加值，推进新兴产业带动新业态，将人工智能发展和传统产业智能化改造升级相结合，加快我国产业结构转型升级，实现劳动力有序转移、高质量就业。

协同产业要素，构建开放市场机制。人工智能技术在实体经济的深度应用和推广，需要科研机构（包括高等院校）主持技术攻关队伍、企业组建自主研发团队、政府提供政策资金支持，多要素主体相互结合、共同参与，才能实现核心技术和重点领域的突破，完成智能化产品生产和服务升级。充分发挥企业主体功能，鼓励企业技术创新和智能化转型。鼓励企业开展人工智能等技术研发与应用推广，落实知识产权保护制度、研发费用加计扣除等减税降费政策，不断提升企业技术创新的积极性和主动性，发挥企业带动就业的社会功能。积极提供人工智能应用场景，加快技术创新速度，实现智慧农业、智能制造、智慧物流、智慧交通、智慧金融、智慧文旅、智慧医疗、智慧教育、智慧城市等创新创业发展新业态，带动各行业新增就业岗位，创造智能经济时代新型就业模式。地方政府应积极搭建

人工智能技术共享平台,加快人工智能技术成果的共享。一方面向欠发达地区企业提供技术服务,改善就业环境;另一方面通过人工智能技术提升地区生产率,为保障就业提供经济基础。搭建人工智能专项服务平台,采取专家培训、参与人工智能项目等方式,使劳动者通过该平台学习掌握相应技术,提升劳动者就业素质。深度把握我国经济结构优化调整方向,以实体经济发展和智能化转型为导向,发挥重点行业和领域的示范效应,形成新技术应用和产业发展的良性互动,破除束缚人工智能发展的体制机制障碍,在政策、资金和模式创新等方面积极探索、勇于实践,加强在基础理论和关键技术领域的治理合作和全球监管,提升算法、规则、数据的使用效率和治理能力。

13.3 推进劳动力要素有序流动,构建区域协同发展新格局

《中华人民共和国国民经济和社会发展第十四个五年规划和2035年远景目标纲要》提出"加快构建以国内大循环为主体、国内国际双循环相互促进的新发展格局",这是关系我国发展全局的一项战略任务。构建新发展格局,需要贯通生产、分配、流通、消费诸多环节,促进农业、工业和服务业相协调,推动区域间市场和资源相协同,推动劳动力有序流动将有助于提升市场资源配置效率,助力新发展格局的构建。

引导劳动力合理有序流动,优化劳动力空间分布结构,应对就业空间极化。实行区域经济发展战略,打造区域特色化智能经济,加速形成特色融合产业集群,因地制宜制定区域就业政策,实现以产业智能化带动高质量就业。全面深化城市群、都市圈数字经济领域的区域交流合作,以信息资源和基础设施共建共享为切入点,以人才流引领技术流、物质流和资金流实现有效配置,汇聚区域数字经济智库资源,促进区域数字经济合作发展,打造合作共赢的利益共同体。健全和完善劳动力跨区流动的就业保障机制,健全统一规范的人力资源市场体系,完善全国统一的人力资源社

保障公共服务平台，推动公共资源按实际服务管理人口规模配置。实施乡村振兴战略，加快劳动力市场融合，营造公平就业环境，保障城乡劳动者享有平等就业权利。促进政企合作的新型合作机制，完善社会保障体系解决劳动者的后顾之忧；依托互联网平台，打破劳动力空间边界，促进劳动力跨区域流动。深化国际合作，扩展劳动力国际空间，拓展对外劳务合作的范围，持续发挥"一带一路"的引领作用。

13.4　加大与"智"俱进的职业技能培训，培养大国工匠新人才

　　技能型人才是支撑中国智造的重要力量。党的十八大以来，习近平总书记关于技术技能型人才培养的系列论述中提到，"激励更多劳动者走技能报国之路，培养更多技能人才和大国工匠"，这是在深刻总结中国特色社会主义发展实践基础上，展望2035年远景目标的战略规划和部署。不断加大教育培训投入力度，完善人才培养政策支持，创新人才发展制度环境，提高技能型人才社会地位，为全面建设社会主义现代化国家、实现中华民族伟大复兴提供人才支撑。

　　适应人工智能等技术发展需要，建立健全多层次数字人才培养机制。培养与新产业相匹配的劳动力，有效扩大人工智能对就业的创造效应，提高劳动力素质，减少岗位匹配造成的结构性失业。加强基础教育，明确基础教育在培养人工智能人才环节中的重要位置，对初、高中课程进行设计，增加人工智能相关课程，为数字型专业人才培养奠定基础。高校作为引领人工智能技术发展的人才高地，应增设智能科学与技术相关专业和课程，推进人工智能涉及的基础学科及相关交叉学科教学宽度。加快构建现代职业教育体系，优化职业教育类型定位，大力发展职业本科教育，增强就业者与工作岗位的匹配性。构建适应智能经济和智能社会的职业技能培训制度，探索不同行业间的转岗机制，加快劳动者知识和技能更新速度，提升劳动者智能化技术通用技能，加速劳动者职业转换。建立健全智能化应用

对劳动力市场影响的跟踪研判及应对机制，关注低技能劳动力和失业人群，开展失业救济和再就业能力提升工程，给用人单位更多自主权缓解就业错配，保障劳动力市场平稳运行。政府相关部门应充分掌握智能制造对高技能人才的需求变化，明确新时代产业工人的培养路径，为劳动者提供岗位能力提升的就业指南。加大智能制造类职业、工种的技能标准开发力度，适时动态调整技能评价标准，发挥行业协会和龙头企业作用，对智能制造企业自主开发新工种职业技能评价规范给予支持和指导。

13.5 构建智能时代和谐劳动关系，共创社会主义美好新生活

习近平总书记提出"构建中国特色和谐劳动关系"这一重大命题，强调和谐劳动关系对于促进我国经济高质量发展、社会和谐稳定具有重大意义，同时和谐劳动关系有助于增强党的执政基础、巩固党的执政地位，对于实现国家长治久安、人民美好生活具有深远意义。

创新和完善构建中国特色和谐劳动关系协调机制，推动集体协商制度，健全劳动关系矛盾纠纷多元预防调处化解综合机制，提升劳动关系领域治理水平。明确数字平台企业与数字劳动者之间的雇佣关系，积极探索数字平台企业领域中劳资关系的认定标准，将数字劳动者的工作时长、工作强度以及工资标准等，以法律条文形式明晰数字平台企业与数字劳动者各自应承担的权利与义务，加强数字平台企业用工标准的规范与限制，切实保障数字劳动者的合理收入。完善数字劳动者权益保障机制，以弥补当前数字经济领域存在的劳动者权益保障方面的不足。探索数字经济灵活多样的劳动关系形态下，数字劳动者的医疗、养老、生育等社会保障体系。切实保障职工取得劳动报酬的权利、休息休假的权利、获得劳动安全卫生保护的权利、享受社会保险的权利和接受职业技能培训的权利。重视灵活就业人群的权益保护问题，改善劳动安全条件。推动集体协商制度在改善收入分配和提升劳动者工资水平的重要作用，增进民生福祉、推进共同富裕。

提升职工群体的工资增长预期，在强化保障安全感的同时，提升消费能力和动机。建立劳动关系群体性纠纷的经常性排查和动态监测预警制度，发挥政府、工会、企业、社会组织等多元主体在劳动关系治理中的协同作用，推动社会治理重心向基层下移，提升基层治理水平，让劳动关系协调以人民调解为主要方式，以协商民主为主要特征，积极化解劳动关系矛盾、维护社会和谐稳定；探索与新就业形态相匹配的劳动标准、社会保障、劳动监察体系。

参考文献

[1] 阿杰伊·阿格拉沃尔,乔舒亚·甘斯,阿维·戈德法布. AI 极简经济学. 湖南技术科学出版社, 2018.

[2] 白刚. 劳动的张力: 从斯密、黑格尔到马克思. 哲学研究, 2018 (07): 34-40.

[3] 蔡啸, 黄旭美. 人工智能技术会抑制制造业就业吗?——理论推演与实证检验. 商业研究, 2019 (06): 53-62.

[4] 蔡翼飞, 张车伟. 地区差距的新视角: 人口与产业分布不匹配研究. 中国工业经济, 2012 (05): 31-43.

[5] 车翼, 王元月, 马驰骋. 养老金影响退休者再就业决策的 Logistic 经验研究. 管理评论, 2006 (12): 44-49, 64.

[6] 陈秋霖, 许多, 周羿. 人口老龄化背景下人工智能的劳动力替代效应——基于跨国面板数据和中国省级面板数据的分析. 中国人口科学, 2018 (06): 30-42, 126-127.

[7] 陈卫民, 施美程. 发达国家人口老龄化过程中的产业结构转变. 南开学报 (哲学社会科学版), 2013 (06): 32-41.

[8] 陈心颖. 技术进步就业效应行业差异量变动实证分析 1997-2012. 东南学术, 2014 (05): 81-88.

[9] 陈彦斌, 林晨, 陈小亮. 人工智能、老龄化与经济增长. 经济研究, 2019 (07): 47-63.

[10] 陈悦, 陈超美, 刘则渊, 胡志刚, 王贤文. CiteSpace 知识图谱的方法论功能. 科学学研究, 2015 (02): 242-253.

[11] 程承坪, 彭欢. 人工智能影响就业的机理及中国对策. 中国软科学, 2018 (10): 62-70.

[12] 程杰. 养老保障的劳动供给效应. 经济研究, 2014 (10): 60-73.

[13] 楚永生, 于贞, 王云云. 人口老龄化"倒逼"产业结构升级的动态效应——基于中国30个省级制造业面板数据的空间计量分析. 产经评论, 2017 (06): 22-33.

[14] 邓洲. 工业机器人发展及其对就业影响. 地方财政研究, 2016 (06): 25-31.

[15] 翟振武, 张现苓, 靳永爱. 立即全面放开二胎政策的人口学后果分析. 人口研究, 2014 (02): 3-17.

[16] 董克用, 施文凯. 加快建设中国特色第三支柱个人养老金制度: 理论探讨与政策选择. 社会保障研究, 2020 (02): 3-12.

[17] 杜传文, 李晴, 芮明杰, 吕洁. 大规模工业机器人应用与异质性技能劳动力之间的替代互补关系. 中国科技论坛, 2018 (08): 174-182.

[18] 杜传忠, 韩元军, 杨成林. 中国影响就业因素的区域差异分析——基于省级面板数据的实证检验. 当代财经, 2011 (05): 16-23.

[19] 杜传忠, 许冰. 第四次工业革命对就业结构的影响及中国的对策. 社会科学战线, 2018 (02): 68-74.

[20] 杜亚倩. 配偶特征、代际支持与退休老年人再就业行为 (硕士学位论文). 暨南大学, 2018.

[21] 冯其云. 贸易开放和技术进步是否导致区域就业不平衡——基于省域数据的空间面板计量分析. 经济问题探索, 2015 (05): 47-53.

[22] 郭克莎. 外商直接投资对我国产业结构的影响研究. 管理世界, 2000 (02): 34-45, 63.

[23] 郭玉明. 创新型企业发展影响因素实证研究——以河北省创新型企业为例. 河北大学学报 (哲学社会科学版), 2013 (06): 129-132.

[24] 韩申山, 林君飞, 史兴民. 关中—天水经济区人口重心与经济重心的空间演变分析. 咸阳师范学院学报, 2016 (06): 78-84.

[25] 郝翠红, 李建民. 技术进步、研发投入与性别工资差距——基于CGSS数据的实证分析. 贵州财经大学学报, 2018 (05): 44-54.

[26] 郝楠. 劳动力就业"极化"、技能溢价与技术创新. 经济学家, 2017

(08): 27-32.

[27] 何宗樾. 互联网的减贫效应研究——基于CFPS2016数据的机制分析. 调研世界, 2019 (06): 8-13.

[28] 胡雪萍, 李丹青. 技术进步就业效应的区域差异研究——基于中国东、中、西部地区的比较分析. 上海经济研究, 2015 (08): 3-10.

[29] 黄解宇, 孙维峰, 杨朝晖. 创新的就业效应分析——基于中国上市公司微观数据的实证研究. 中国软科学, 2013 (11): 161-169.

[30] 黄先海, 徐圣. 中国劳动收入比重下降成因分析——基于劳动节约型技术进步的视角. 经济研究, 2009 (07): 34-44.

[31] 蒋南平, 邹宇. 人工智能与中国劳动力供给侧结构性改革. 四川大学学报(哲学社会科学版), 2018 (01): 130-138.

[32] 蒋子龙, 樊杰, 陈东. 2001—2010年中国人口与经济的空间集聚与均衡特征分析. 经济地理, 2014 (05): 9-13, 82.

[33] 敬莉, 王宇. 人口与产业空间分布的匹配性探析——基于新疆区域差异视角. 新疆财经, 2018 (02): 62-71.

[34] 康茜, 林光华. 工业机器人对就业的影响机制——产业结构高级化还是合理化?. 软科学, 2021 (04) 20-27.

[35] 克劳斯·施瓦布. 第四次工业革命. 中信出版社, 2016.

[36] 雷钦礼, 李粤麟. 资本技能互补与技术进步的技能偏向决定. 统计研究, 2020 (03): 48-59.

[37] 冷晨昕, 祝仲坤. 互联网对农村居民的幸福效应研究. 南方经济, 2018 (08): 107-127.

[38] 李嘉图, 斯拉法, 大力等. 李嘉图著作和通信集: 政治经济学及赋税原理(第一卷). 商务印书馆, 1962.

[39] 李实. 中国特色社会主义收入分配问题. 政治经济学评论, 2020 (01): 116-129.

[40] 李延军, 王海川. 区域经济发展视角下城市就业效应差异及成因——基于河北省面板数据的实证分析. 河北工业大学学报(社会科学版), 2015 (04): 51-54.

[41] 李彦宏. 智能革命: 李彦宏谈人工智能时代的社会、经济与文化变革. 中信出版集团, 2017.

[42] 李杨, 蔡卓哲, 邱亮亮. 中国服务业 FDI 对就业影响的区域差异——基于 25 个省市数据的实证研究. 人口与经济, 2017（01）: 85 - 94.

[43] 李正友, 毕先萍. 技术进步的就业效应: 一个理论分析框架. 经济评论, 2004（02）: 21 - 24.

[44] 厉以宁. 区域发展新思路. 经济日报出版社, 2000.

[45] 刘仁宝, 刘冠军. 科技进步对城镇职工性别工资差异的影响. 经济与管理研究, 2017（11）: 50 - 57.

[46] 刘玉飞, 彭冬冬. 人口老龄化会阻碍产业结构升级吗——基于中国省级面板数据的空间计量研究. 山西财经大学学报, 2016（03）: 12 - 21.

[47] 刘志彪. 以城市化推动产业转型升级——兼论"土地财政"在转型时期的历史作用. 学术月刊, 2010（10）: 65 - 70.

[48] 罗楚亮, 李实. 中国住户调查数据收入变量的比较. 管理世界, 2019（01）: 24 - 35, 226.

[49] 吕洁, 杜传文, 李元旭. 工业机器人应用会倒逼一国制造业劳动力结构转型吗?——基于 1990—2015 年间 22 个国家的经验分析. 科技管理研究, 2017（22）: 32 - 41.

[50] 吕明阳, 彭希哲, 陆蒙华. 互联网使用对老年人就业参与的影响. 经济学动态, 2020（10）: 77 - 91.

[51] 吕荣杰, 郝力晓. 人工智能等技术对劳动力市场的影响效应研究. 工业技术经济, 2018（12）: 131 - 137.

[52] 吕世斌, 张世伟. 中国劳动力"极化"现象及原因的经验研究. 经济学（季刊）, 2015（02）: 757 - 778.

[53] 马军旗, 乐章. 互联网使用对农村居民幸福感的影响研究. 调研世界, 2019（08）: 9 - 15.

[54] 马克思. 资本论（第一卷）. 人民出版社, 2004.

[55] 毛宇飞, 曾湘泉, 祝慧琳. 互联网使用、就业决策与就业质量——基

于 CGSS 数据的经验证据. 经济理论与经济管理, 2019 (01): 72 - 85.

[56] 孟捷. 劳动价值论与资本主义再生产中的不确定性. 中国社会科学, 2004 (03): 4 - 16, 205.

[57] 孟祺. 数字经济与高质量就业: 理论与实证. 社会科学, 2021 (02): 47 - 58.

[58] 孟园园, 陈进. 经济不平衡条件约束下, 人工智能对就业影响效应研究——以经济发展水平为调节变量. 中国劳动, 2019 (09): 40 - 52.

[59] 庞瑞芝, 薛宁, 丁明磊. 中国创新型试点企业创新效率及其影响因素研究——基于 2006~2010 年创新型试点企业非平衡面板数据的实证考察. 产业经济研究, 2012 (05): 1 - 10, 18.

[60] 彭代彦, 吴翔. 中国农业技术效率与全要素生产率研究——基于农村劳动力结构变化的视角. 经济学家, 2013 (09): 68 - 76.

[61] 齐建国. 中国总量就业与科技进步的关系研究. 数量经济技术经济研究, 2002 (12): 24 - 29.

[62] 瞿群臻. 论科技进步、经济增长与就业. 运筹与管理, 2005 (05).

[63] 全国科技进步综合评价课题组, 全国科技进步统计监测及综合评价研究. 统计研究, 1998 (02).

[64] 冉东凡, 吕学静. 退休人口再就业决策的影响因素研究——基于中国健康与养老追踪调查数据. 社会保障研究, 2020 (02): 29 - 37.

[65] 冉光和, 曹跃群. 资本投入、技术进步与就业促进. 数量经济技术经济研究, 2007 (02): 82 - 91.

[66] 任贤强. 基于 CSSCI 的新能源研究的文献计量分析. 科学与管理, 2019 (06): 80 - 88.

[67] 邵文波, 盛丹. 信息化与中国企业就业吸纳下降之谜. 经济研究, 2017 (06): 120 - 136.

[68] 盛丹, 王永进. 市场化、技术复杂度与中国省区的产业增长. 世界经济, 2011 (06): 26 - 47.

[69] 宋健, 王记文, 秦婷婷. 孙子女照料与老年人就业的关系研究. 人口

与经济, 2018 (03): 92-103.

[70] 宋天虎. 先进制造技术的发展与未来. 中国机械工程, 1998 (04).

[71] 苏海涛, 王秀丽. 人工智能对我国产业结构的影响分析. 产业创新研究, 2018 (10): 18-22, 51.

[72] 眭党臣, 曹献雨. 人工智能养老的内涵、现状与实现路径. 新疆师范大学学报(哲学社会科学版), 2019 (02): 111-119, 2.

[73] 孙文凯, 郭杰, 赵忠, 汤璨. 我国就业结构变动与技术升级研究. 经济理论与经济管理, 2018 (06): 5-14.

[74] 孙焱林, 李昕. 技术进步对收入不平等影响的实证研究. 中国人口·资源与环境, 2015 (S1): 363-366.

[75] 泰勒·皮尔逊. 未来工作: 智能时代的竞争力法则. 中信出版集团(中信出版社), 2018.

[76] 汪伟, 艾春荣. 人口老龄化与中国储蓄率的动态演化. 管理世界, 2015a (06): 47-62.

[77] 汪伟, 刘玉飞, 彭冬冬. 人口老龄化的产业结构升级效应研究. 中国工业经济, 2015b (11): 47-61.

[78] 汪伟. 人口老龄化、生育政策调整与中国经济增长. 经济学(季刊), 2017 (01): 67-96.

[79] 王峰明. 自由王国、必然王国与人的自由——《资本论》及其手稿中马克思的自由观辨析. 马克思主义研究, 2018 (01): 77-87.

[80] 王光栋, 叶仁荪, 王雷. 技术进步对就业的影响: 区域差异及政策选择. 中国软科学, 2008 (11): 151-160.

[81] 王光栋, 姜振波. 金融发展、技术进步与就业——基于省际面板数据的经验分析. 金融与经济, 2014 (09): 20-23, 50.

[82] 王君, 杨威. 人工智能等技术对就业影响的历史分析和前沿进展. 经济研究参考, 2017a (27): 11-25.

[83] 王君, 张于喆, 张义博, 洪群联. 人工智能等新技术进步影响就业的机理与对策. 宏观经济研究, 2017b (10): 169-181.

[84] 王领, 冯田田, 吕思思. 基于人口—产业匹配度的地区收入差距分

析：新经济地理学视角.湖南财政经济学院学报，2018（02）：90-98.

[85] 王文.数字经济时代下工业智能化促进了高质量就业吗.经济学家，2020（04）：89-98.

[86] 王晓刚，郭力.产业转移、经济增长方式转变与中国就业变动机制的区域差异分析.统计与决策，2013（07）：131-134.

[87] 魏下海，曹晖，吴春秀.生产线升级与企业内性别工资差距的收敛.经济研究，2018（02）：156-169.

[88] 魏燕，龚新蜀.技术进步、产业结构升级与区域就业差异——基于我国四大经济区31个省级面板数据的实证研究.产业经济研究，2012（04）：19-27.

[89] 温忠麟，张雷，侯杰泰，刘红云.中介效应检验程序及其应用.心理学报，2004（05）：614-620.

[90] 吴福象，沈浩平.新型城镇化、基础设施空间溢出与地区产业结构升级——基于长三角城市群16个核心城市的实证分析.财经科学，2013（07）：89-98.

[91] 向运华，王晓慧.国内老年健康的研究现状与反思 基于CNKI的文献计量分析.华中科技大学学报（社会科学版），2019（05）：20-27,48.

[92] 肖六亿.技术进步的就业效应量化研究.统计与信息论坛，2010（07）：47-52.

[93] 肖周燕.中国人口与经济分布一致性的空间效应研究.人口研究，2013（05）：42-52.

[94] 熊彼特.经济发展理论：对利润、资本、信贷、利息和经济周期的考察.商务印书馆，2009.

[95] 熊有伦，王瑜辉，杨文玉，尹周平.数字制造与数字装备.航空制造技术，2008（09）：26-31.

[96] 徐敏，姜勇.中国产业结构升级能缩小城乡消费差距吗？.数量经济技术经济研究，2015（03）：3-21.

[97] 许秀川,张卫国,刘新元. 农民工养老保险参与决策:一个OLG模型的考察. 华中农业大学学报(社会科学版),2018 (01):88-98,160.

[98] 薛德震,远志明. 人的需要与人的劳动. 中国社会科学,1983 (05):53-64.

[99] 亚当·斯密. 国富论. 北京:商务印书馆,1972.

[100] 闫东升,杨槿. 长江三角洲人口与经济空间格局演变及影响因素. 地理科学进展,2017 (07):820-831.

[101] 闫雪凌,朱博楷,马超. 工业机器人使用与制造业就业:来自中国的证据. 统计研究,2020 (01):74-87.

[102] 阳义南. 城镇养老保险金水平影响退休职工再就业决策的实证研究——以广东省为例. 江西财经大学学报,2014 (04):79-87.

[103] 杨胜利,高向东. 我国劳动力资源配置水平综合评价与分析——兼论区域差异与经济发展. 人口学刊,2015 (05):73-84.

[104] 杨雪,侯力. 我国人口老龄化对经济社会的宏观和微观影响研究. 人口学刊,2011 (04):46-53.

[105] 姚战琪,夏杰长. 资本深化、技术进步对中国就业效应的经验分析. 世界经济,2005 (01):58-67,80.

[106] 叶仁荪,王光栋,王雷. 技术进步的就业效应与技术进步路线的选择——基于1990~2005年中国省际面板数据的分析. 数量经济技术经济研究,2008 (03):137-147.

[107] 尹正,倪志伟. 出口贸易、技术进步与工资差距. 工业技术经济,2018 (04):85-91.

[108] 余源源. 中国技术进步的就业效应:基于VAR模型的实证分析. 软科学,2008 (06):11-15,21.

[109] 张川川. 养老金收入与农村老年人口的劳动供给——基于断点回归的分析. 世界经济文汇,2015 (06):76-89.

[110] 张刚,孙婉璐. 技术进步、人工智能对劳动力市场的影响——一个文献综述. 管理现代化,2020 (01):113-120.

[111] 张华初. 中国就业结构演变的SDA分析. 中国人口科学, 2008 (02): 42-49, 95.

[112] 张姣. 基本养老保险对城镇老年人口劳动参与的影响研究（硕士学位论文）. 华中科技大学, 2019.

[113] 张文娟. 中国老年人的劳动参与状况及影响因素研究. 人口与经济, 2010 (01): 85-89, 92.

[114] 张向葵, 柳杨, 田录梅. 认知评价与心理控制感在中年人对社会政策变化感受与心理健康之间的作用. 心理发展与教育, 2006 (04): 91-96.

[115] 张勋, 万广华, 张佳佳, 何宗樾. 数字经济、普惠金融与包容性增长. 经济研究, 2019 (08): 71-86.

[116] 张耀军, 柴多多. 京津冀人口与产业空间演变及相互关系——兼论产业疏解可否调控北京人口. 经济理论与经济管理, 2017 (12): 102-109.

[117] 赵利, 潘志远. 技术进步影响地区就业结构的实证分析. 中南财经政法大学学报, 2012 (06): 113-118.

[118] 赵利, 王振兴. 技术进步的就业效应：基于中国数据的经验分析. 北京工商大学学报（社会科学版）, 2010 (05): 113-117.

[119] 赵莎莎, 张东辉, 司传宁. 城镇化水平、全要素生产率与城乡收入差距——基于区域异质性及交互效应的实证分析. 现代经济探讨, 2018 (11): 93-100.

[120] 钟仁耀, 刘苇江, 刘晓雪, 张熠. 科技进步对上海就业影响的实证分析——基于分行业的视角. 人口与经济, 2013 (02): 78-85.

[121] 周广肃, 李力行. 养老保险是否促进了农村创业. 世界经济, 2016 (11): 172-192.

[122] 周广肃, 孙浦阳. 互联网使用是否提高了居民的幸福感——基于家庭微观数据的验证. 南开经济研究, 2017 (03): 18-33.

[123] 朱翠华, 李建民. 技术进步就业效应新解. 财经科学, 2012 (04): 53-61.

[124] 朱翠华. 技术进步就业效应的研究述评——兼论全要素增长率驱动型经济增长条件下的就业创造. 首都经济贸易大学学报, 2017 (02): 96 – 101.

[125] 朱浩, 易龙飞. 社会保险对城乡低龄老年人再就业的影响——基于 CHARLS 数据的实证分析. 西北人口 2015 (03): 53 – 58.

[126] 朱梦冰, 李实. 精准扶贫重在精准识别贫困人口——农村低保政策的瞄准效果分析. 中国社会科学, 2017 (09): 90 – 112, 207.

[127] 朱勤, 魏涛远. 老龄化背景下中国劳动供给变动及其经济影响: 基于 CGE 模型的分析. 人口研究, 2017 (04): 8 – 21.

[128] 朱相宇, 乔小勇. 2000—2012 年城镇化研究综述. 中国经济问题, 2014 (03): 101 – 108.

[129] 祝慧琳, 曾湘泉, 毛宇飞. 子女租房对老年人就业的影响——来自中国老年社会追踪调查的证据. 学术研究, 2019 (06): 85 – 92.

[130] 邹华康, 翟振武. 养老保障对老年人就业的影响及其城乡差异研究. 老龄科学研究, 2019 (09): 3 – 18.

[131] Acemoglu D.. "Why do New Technologies Complement Skills? Directed Technical Change and Wage Inequality", *The Quarterly Journal of Economics*, 1998, 113 (4): 1055 – 1089.

[132] Acemoglu D.. "Technical Change, Inequality, and the Labor Market", *Journal of Economic Literature*, 2002, 40 (1): 7 – 72.

[133] Acemoglu D.. "Patterns of Skill Premia", *Review of Economic Studies*, 2003, 70 (2): 199 – 230.

[134] Acemoglu D., Restrepo P.. "Low – skill and High – skill Automation", *Journal of Human Capital*, 2017a, 12 (2): 204 – 232.

[135] Acemoglu D., Restrepo P.. "Secular Stagnation? The Effect of Aging on Economic Growth in the Age of Automation", *American Economic Review: Papers & Proceedings*, 2017b, (5): 174 – 179.

[136] Acemoglu D., Restrepo P.. "Robots and jobs: Evidence from US labor markets", 2017c.

[137] Acemoglu D., Restrepo P.. "Demographics and Automation", Working Paper 24421, 2018 (3).

[138] Aghion P., Ljungqvist L., Howitt P., et al.. Endogenous growth theory, MIT press, 1998.

[139] Andrewr, Thomas. "How robots can save and create manufacturing jobs", Industry Week, 2015.

[140] Angrist J. D., Pischke J.. "Mostly Harmless Econometrics: An Empiricists Companion", Princeton: Princeton University Press, 2008.

[141] Autor D. H., Katz L. F., Krueger A. B.. "Computing Inequality: Have Computers Changed the Labor Market?", *The Quarterly Journal of Economics*, 1998, 113 (4): 1169 – 1213.

[142] Author D. H., Katz L. F., Kearney M. S.. "The Polarization of the US Labor Market", *The American economic review*, 2006, 96 (2): 189 – 194.

[143] Baumol W. J.. "Macroeconomics of Unbalanced Growth: The Anatomy of Urban Crisis", *The American Economic Review*, 1967, 57 (3): 415 – 426.

[144] Bernd Ebersberger, Andreas Pyka. "Innovation and Sectoral Employment: A Trade – off between Compensation Mechanisms", *LABOUR*, 2002, 16 (4).

[145] Bessen J. E.. "How Computer Automation Affects Occupations: Technology, Jobs, and Skills", *SSRN Electronic Journal*, 2015.

[146] Bessen J.. "AI and Jobs: the Role of Demand", NBER Working Papers, 2018.

[147] Bessen J.. "Automation and Jobs: when technology boosts employment", *Economic Policy*, 2019, 34 (100): 589 – 626.

[148] Borland J., Coelli M.. "Are Robots Taking Our Jobs?", *Australian Economic Review*, 2017 (4): 377 – 397.

[149] Brynjolfsson E., McAfee A.. "The Second Machine Age", New York:

Norton, 2014a.

[150] Brynjolfsson E., McAfee A., "The Second Machine Age", *W. W. Norton & Company*, 2014b: 1 - 320.

[151] Carnoy M., "The new Information Technology - International Diffusion and its Impact on Employment and Skills: A Review of the Literature", *International Journal of Manpower*, 1997, 18 (1 - 1): 119 - 159.

[152] Carnoy, Martin, "The New Information Technology—International Diffusion and its Impact on Employment and skills", *International Journal of Manpower*, 2013, 20 (1/2): 119 - 159.

[153] Chen C., "CiteSpace Ⅱ: Detecting and Visualizing Emerging Trends and Transient Patterns in Scientific Literature", *Journal of the American Society for Information Science and Technology*, 2006, 57 (3): 359 - 377.

[154] Chiacchio F., Petropoulos G., Pichler D., "The Impact of Industrial Robots on EU Employment and Wages: A Local Labour Market Approach Bruegel Working Paper Issue 02/18 April 2018", Working Papers, 2018.

[155] Czernich N., Falck O., Kretschmer T., et al., "Broadband Infrastructure and Economic Growth", *The Economic Journal*, 2011, 121 (552): 505 - 532.

[156] Dauhth W., "German Robotic: the Impact of Industrial Robots on Workers", CEPR Discussion Paper, 2016.

[157] Dauth W. et al., "German Robots: The Impact of Industrial Robots on Workers", IAB - Discussion Paper, 2017 (30): 3 - 62.

[158] Dauth W., Findeisen S., J. Dekum, et al., "German Robots—The Impact of Industrial Robots on Workers", Cepr Discussion Papers, 2017.

[159] Dauth W., Findeisen S., Suedekum J., et al., "Adjusting to Robots: Worker - Level Evidence", Opportunity and Inclusive Growth Institute Working Papers, 2018.

[160] Deaton D., Nolan P., "The Nature of Unemployment under Technical

Progress", Palgrave Macmillan UK, 1983.

[161] Del Rio F., "Embodied Technical Progress and Unemployment", *Journal of Economic Literature*, 2001, 24 (J60): O33.

[162] Deming D. J., "The Growing Importance of Social Skills in the Labor Market", *The Quarterly Journal of Economics*, 2017 (5): 77 – 87.

[163] Easterlin R. A., "Does Economic Growth Improve the Human Lot? Some Empirical Evidence", *Nations and Households in Economic Growth*, 1974: 89 – 125.

[164] Easterlin R. A., Wang F., Wang S., "Growth and Happiness in China, 1990 – 2015", World Happiness Report, New York: Sustainable Development Solutions Network, 2017.

[165] Eriksson C., "Is There a Trade – Off between Employment and Growth?", Oxford Economic Papers, 1997, 49 (1): 77 – 88.

[166] Ferrer – I – Carbonell A., Frijters P., "How Important is Methodology for the Estimates of the Determinants of Happiness?", *Economic Journal*, 2004, 114 (497): 641 – 659.

[167] Filho I., "Old – Age Benefits and Retirement Decisions of Rural Elderly in Brazil", *Journal of Development Economics*, 2008, 86 (1): 129 – 146.

[168] Fougere M., Mercenier J., Merette M., "A Sectoral and Occupational Analysis of Population Aging in Canada Using a Dynamic CGE Overlapping Generations Model", *Economic Modelling*, 2007 (4): 690 – 711.

[169] Frey C. B., Osborne M. A., "The Future of Employment: How Susceptible are Jobs to Computerisation?", *Technological forecasting and social change*, 2017, 114: 254 – 280.

[170] Gorle P., Clive A., "Positive impact of industrial robots on employment", IFR International Federation of Robotics, Metra Martech London, 2013.

[171] Goss E. P., Phillips J. W., "How Information Technology Affects Wa-

ges: Evidence Using Internet Usage as a Proxy for IT Skills", *Journal of Labor Research*, 2002 (3): 463 – 474.

[172] Gradstein M., Kaganovich M., "Aging Population and Education Finance", *Journal of Public Economics*, 2003 (12): 2469 – 2485.

[173] Graetz G., Michaels G., "Robots at Work", CEP Discussion Papers, 2015.

[174] Graetz G., Michaels G., "Robots at Work: The Impacts of Productivity and Jobs", *The Review of Economics and Statistics*, 2018 (5): 753 – 768.

[175] Gronau R., Leisure, "Home production, and Work – the Theory of the Allocation of Time Revisited", *The Journal of Political Economy*, 1977, 85 (6): 1099 – 1123.

[176] Hayes A. F., "Beyond Baron and Kenny: Statistical Mediation Analysis in the New Millennium", *Communication Monographs*, 2009 (4): 408 – 420.

[177] Ho C., "Grandchild Care, Intergenerational Transfers, and Grandparents Labor Supply", *Review of Economics of the Household*, 2015, 13 (2): 359 – 384.

[178] Hoedemakers L., The Changing Nature of Employment: How Technological Progress and Robotics Shape the Future of Work, 2017.

[179] Ian Roderick, "Representing Robots as Living Labour in Advertisements: the New discourse of Worker – employer Power Relations", *Critical Discourse Studies*, 2013, 10 (4).

[180] Imrohoroglu S., Kitao S., "Labor Supply Elasticity and Social Security Reform", Marshall School of Business Working Paper, No. MKT 2009, 13 – 08.

[181] Jeremy Rifkin, "Preparing Students for 'The End of Work'", *Educational Leadership*, 1997, 54 (7): 30 – 33.

[182] Jim randle, "Humans Seek New Skills as Robots Eat Millions of Manu-

facturing Jobs", Voice of America News, 2016.

[183] John Ross, "Piketty and Marxs Rising Organic Composition of Capital: Review of Capital in Thetwenty – first Century by Thomas Piketty", *International Critical Thought*, 2015, 5 (2).

[184] John Zysman, Martin Kenney, "Intelligent Tools and Digital Platforms: Implications for Workand Employment", *Intereconomics*, 2017, 52 (6).

[185] Jones D., "Technological Change, Demand and Employment", Palgrave Macmillan UK, 1983.

[186] Kafouros M. I., "The Impact of the Internet on R&D Efficiency: Theory and Evidence", *Technovation*, 2006, 26 (7): 827 – 835.

[187] Kaivo – Oja J., Roth S., Westerlund L., "Futures of Robotics, Human Work in Digital Transformation", *EconStor Open Access Articles*, 2016, 73 (4): 176 – 205.

[188] Katz L. F., Murphy K. M., "Changes in Relative Wages, 1963 – 1987: Supply and Demand Factors", *The Quarterly Journal of Economics*, 1992, 107 (1): 35 – 78.

[189] Knight J., Gunatilaka R., "Income, Aspirations and the Hedonic Treadmill in a Poor Society", *Journal of Economic Behavior & Organization*, 2012, 82 (1): 67 – 81.

[190] Kraut R., Patterson M., "Lundmark V. Internet Paradox: A Social Technology that Reduces Social Involvement and Psychological Well – being?", *American Psychologist*, 1998, 53 (9): 1017 – 1031.

[191] Kraut R., Kiesler S., Boneva B., "Internet Paradox Revisited", *Journal of Social Issues*, 2002, 58 (1): 49 – 74.

[192] Kromann L., Skaksen J. R., Srensen A., Automation, labor productivity and employment—a cross country comparison, 2011.

[193] Krueger A. B., "How Computers Have Changed the Wage Structure: Evidence from Microdata, 1984 – 1989", *The Quarterly Journal of Eco-*

nomics, 1993, 108 (1): 33 - 60.

[194] Krugman P., "Increasing Returns and Economic Geography", *Journal of political economy*, 1991, 99 (3): 483 - 499.

[195] MacCulloch R. J., Rafael D. T., "Andrew J O. Preferences over Inflation and Unemployment: Evidence from Surveys of Happiness", *American Economic Review*, 2001, 91 (1): 335 - 341.

[196] Machin S., Van R. J., "Technology and Changes in Skill Structure: Evidence from Seven OECD Countries", *The Quarterly Journal of Economics*, 1998, 113 (4): 1215 - 1244.

[197] Manne S., Glassman, M., "Perceived Control, Coping Efficacy, and Avoidance Coping as Mediators between Spouses Unsupportive Behaviors and Cancer Patients Psychological Distress", *Health Psychology*, 1998, 19 (2): 155 - 164.

[198] Martin A., R. S., "Endogenous Retirement and Public Pension System Reform in Spain", *Economic Modelling*, 2010, 27: 336 - 349.

[199] Mastrobuoni G., "Labor Supply Effects of the Recent Social Security Benefit Cuts: Empirical Estimates Using Cohort Discontinuities", *Journal of Public Economics*, 2009, 93 (11 - 12): 1224 - 1233.

[200] Matuzeviciute K., Butkus M., Karaliute A., "Do Technological Innovations Affect Unemployment? Some Empirical Evidence from European Countries", *Economies*, 2017, 5 (4): 48.

[201] Mda D., Mfb D., Ioc D., "Service Robotics and Human Labor: A first technology assessment of substitution and cooperation", *Robotics and Autonomous Systems*, 2017, 87: 348 - 354.

[202] Morgan R., Wang F., "Well - being in Transition: Life Satisfaction in Urban China from 2002 to 2012", *Journal of Happiness Studies*, 2018, 20 (11): 2609 - 2629.

[203] Mortensen D. T., Pissarides C. A. "Technological Progress, Job Creation, and Job Destruction", *Review of Economic dynamics*, 1998, 1

(4): 733-753.

[204] Perez C., "Microelectronics, Long Waves and World Structural Change: New Perspectives for Developing Countries", *World Development*, 1985, 13 (3): 441-463.

[205] Philippe A., Peter H., "Growth and Unemployment", *Review of Economic Studies*, 1994 (3): 477-494.

[206] Pleau R., Shauman K., "Trends and Correlates of Post-retirement Employment, 1977-2009", *Human Relations*, 2013, 66 (1): 113-141.

[207] Roger M., Wasmer M., "Heterogeneity Matters: Labour Productivity Differentiated by Age and Skills", *SSRN Working Paper*, 2011 (4): 3-41.

[208] Ruhm C. J., "Do pension Increase the Labor Supply of Order Men?", *Journal of Public Economics*, 1994, 59 (2): 157-175.

[209] Sachs, Jeffrey D., Benzell S. G., LaGarda G., "Robots: Curse or Blessing? A Basic Framework", Nation. al Bureau of Economic Research, 2015.

[210] Shelly L., Elaina R., "The Effects of Sons and Daughters on Mens Labor Supply and Wages", *Review of Economics and Statistics*, 2002, 84 (2): 251-268.

[211] Siliverstovs B., Kholodilin K. A., "Thiessen U. Does Aging Influence Structural Change? Evidence from Panel Data", *Economic System*, 2011 (2): 244-260.

[212] Silva H. C., Lima F., "Technology, Employment and Skills: A look into Job Duration", *Research Policy*, 2017, 46 (8): 1519-1530.

[213] Stephen J., DeCanio, "Robots and Humans Complements or Substitutes?", *Journal of Macroeconomics*, 2016: 49.

[214] Svensson J., Yanagizawa D., "Getting Price Right: the Impact of the Market Information Service in Uganda", *Journal of the European Economic Association*, 2009 (2): 435-445.

[215] Takashi O., Akiko S. O., Satoshi S., "Social Security Reforms and Labour Force Participation of the Elderly in Japan", *Japanese Econimic Review*, 2011, 62 (2): 248 – 271.

[216] Trehan B., "Productivity Shocks and the Unemployment Rate", *Economic Review – Federal Reserve Bank of San Francisco*, 2003: 13 – 28.

[217] Tuffley, David, "Job Survival in the Age of Robots and Intelligent Machines", Australian Mining, 2015.

[218] Verhaeghen P., Salthouse T. A., "Meta – analyses of Age – cognition Relations in Adulthood: Estimates of Linear and Nonlinear Age Effects and Structural Models", *Psychological Bulletin*, 1997 (3): 231 – 249.

[219] Voturba M. E., "Social Security and Retirees Decision to Work", CEPS Working Paper, No. 95, 2003.

[220] Weiss M., Garloff, "A. Skill Biased Technological Change and Endogenous Benefits: the Dynamics of Unemployment and Wage Inequality", *Applied Economics*, 2011, 43 (7): 811 – 821.

[221] Wright P. K., Bourne D. A., "Manufacturing Intelligence", Addison—Wesley, 1988.

后　记

关注人工智能技术始于对我国人口结构和劳动力就业问题的思考。非常荣幸得到教育部青年基金资助，可以集中精力对智能经济时代劳动力就业问题展开深入研究，期间到中国人民大学劳动人事学院做访问学者，有幸受易定红老师指导和帮助，有机会与人民大学劳动经济学专业博士研究生一起听课、定期参与学术研讨活动，受益匪浅。长期以来，持续跟踪国内外劳动力市场面临智能化冲击的机遇与挑战，学习并吸收专家学者对就业问题的新观点、新思想，每次找到答案后的释怀，很快就被新的困惑冲淡，研究也由此不断推进和深入。然而，学无止境思无边！时值截稿之际，仍有很多问题尚未求解，仍在奋力探索中挣扎，但心中加了一份笃定与坚持、多了一份踏实和自信，坚信自己会初心不改，会继续热爱并坚定地走下去。

在书稿完成过程中，得到了诸多老师和同学的支持与帮助。感谢刘维奇老师、王瑞瑜博士、赵一凡博士为研究框架的确定提供了有益的思路和帮助，感谢闫永琴老师和吴青荣老师对人工智能就业效应、劳动形态演进的文献收集和整理工作提供了坚强有力的支持。感谢冯欢、韩佳宾、徐鑫三位已经踏上工作岗位的研究生，在就读期间协助完成劳动力就业的技能结构、空间结构和产业结构的数据收集与实证研究。感谢雷彩霞、高华和叶挺博同学在问卷调查、回收和处理过程中付出的辛苦，以及成稿之际三位同学反复协助数据更新、资料整理、稿件校对、排版等工作，为书稿顺利完成提供了非常大的支持。

对于家人，始终怀有感激之情。父母、爱人和女儿，对我无限宽容、理解、支持和帮助，让我可以从容安定、自信乐观，让我可以爱我所爱并全力投入。每一次成长和进步，都有他们的爱在支撑和守护。

对自己，始终充满期待！时反省，常反思。点滴进步，向阳而生！也希望始终怀着对科学研究工作的敬畏之心勤思敏学，再接再厉！

个人学识有限，认知不足，书中多有不妥之处，恳请各位专家学者批评指正。

孙晓芳

2023 年 3 月

于山西财经大学修德楼